DEBUT D'UNE SERIE DE DOCUMENTS EN COULEUR

CARTULAIRE

DE

CHAMALIÈRES-SUR-LOIRE

EN VELAY

PRIEURÉ CONVENTUEL

DÉPENDANT

DE L'ABBAYE DE SAINT-CHAFFRE

PUBLIÉ PAR

AUGUSTIN CHASSAING

Juge au Tribunal civil du Puy,
Membre de la Société de l'École des Chartes,
Correspondant du Ministère de l'Instruction publique
pour les travaux historiques,
de la Société des Antiquaires de France,
de l'Académie des sciences, belles-lettres et arts de Clermont,
de la Société d'émulation de l'Allier,
de la Société archéologique du Forez (La Diana),
Chevalier de la Légion d'honneur,
Officier d'Académie.

AVEC INTRODUCTION ET TABLES

PAR

ANTOINE JACOTIN

Archiviste départemental.

PARIS

ALPHONSE PICARD ET FILS, ÉDITEURS

82, RUE BONAPARTE, 82

1895

DU MÊME AUTEUR :

Recueil des Chroniqueurs originaux du Puy-en-Velay.

I. Le livre DE PODIO ou Chroniques d'Étienne Médicis, bourgeois du Puy (1475-1565), 2 vol., 1869-1874, in-8°.

II. Mémoires de Jean Burel, bourgeois du Puy (1540-1620), 1875, in-4°.

III. Mémoires d'Antoine Jacmon, bourgeois du Puy (1602-1651), 1885, in-4°.

Spicilegium Brivatense. Recueil de documents historiques sur le Brivadois et l'Auvergne; Paris, Imprimerie nationale, 1886, in-4°.

Notice sur un denier carlovingien frappé au Puy et portant le nom du roi Raoul; le Puy, 1868, in-8°.

Cartulaire des Templiers du Puy-en-Velay; le Puy, 1882, in-8°.

Calendrier de l'église du Puy-en-Velay au moyen âge; Paris, 1882, in-8°.

Notes sur l'orfèvrerie du Puy-en-Velay au moyen âge; le Puy, 1874, in-8°.

Notice historique sur un sceau de Jeanne de Jambes, dame de Luguet, veuve de Jean de Polignac, seigneur de Beaumont; le Puy, 1874, in-8°.

Chartes de coutumes seigneuriales de Chapteuil et de Léotoing (1253-1261); Paris, 1882, in-8°.

Ordonnance de Louis XI sanctionnant des articles arrêtés entre les consuls et les habitants du Puy-en-Velay pour l'administration de cette ville (nov. 1469); Paris, 1884, in-8°.

Trois documents historiques relatifs à la Haute-Loire : Cahier du Tiers-État (1789); Démarcation et division du département (1790); Dénominations révolutionnaires (1793); le Puy, 1884, in-8°.

Cartulaire des Hospitaliers (Ordre de Saint-Jean de Jérusalem) du Velay; le Puy, 1888, in-8°.

Le Puy. — Imprimerie Régis Marchessou, boulevard Carnot, 23.

CARTULAIRE

DE

CHAMALIÈRES-SUR-LOIRE

EN VELAY

DU MÊME AUTEUR :

Recueil des Chroniqueurs originaux du Puy-en-Velay.

I. Le livre DE PODIO ou Chroniques d'Étienne Médicis, bourgeois du Puy (1475-1595), 2 vol., 1869-1874, in-8º.

II. Mémoires de Jean Burel, bourgeois du Puy (1540-1620), 1875, in-4º.

III. Mémoires d'Antoine Jacmon, bourgeois du Puy (1602-1651), 1885, in-4º.

Spicilegium Brivatense. Recueil de documents historiques sur le Brivadois et l'Auvergne; Paris, Imprimerie nationale, 1886, in-4º.

Notice sur un denier carlovingien frappé au Puy et portant le nom du roi Raoul; le Puy, 1868, in-8º.

Cartulaire des Templiers du Puy-en-Velay; le Puy, 1882, in-8º.

Calendrier de l'église du Puy-en-Velay au moyen âge; Paris, 1882, in-8º.

Notes sur l'orfèvrerie du Puy-en-Velay au moyen âge; le Puy, 1874, in-8º.

Notice historique sur un sceau de Jeanne de Jambes, dame de Luguet, veuve de Jean de Polignac, seigneur de Beaumont; le Puy, 1874, in-8º.

Chartes de coutumes seigneuriales de Chapteuil et de Léotoing (1253-1264); Paris, 1882, in-8º.

Ordonnance de Louis XI sanctionnant des articles arrêtés entre les consuls et les habitants du Puy-en-Velay pour l'administration de cette ville (nov. 1469); Paris, 1884, in-8º.

Trois documents historiques relatifs à la Haute-Loire : Cahier du Tiers-État (1789); Démarcation et division du département (1790); Dénominations révolutionnaires (1793); le Puy, 1884, in-8º.

Cartulaire des Hospitaliers (Ordre de Saint-Jean de Jérusalem) du Velay; le Puy, 1888, in-8º.

CARTULAIRE

DE

CHAMALIÈRES-SUR-LOIRE

EN VELAY

PRIEURÉ CONVENTUEL

DÉPENDANT

DE L'ABBAYE DE SAINT-CHAFFRE

PUBLIÉ PAR

AUGUSTIN CHASSAING

Juge au Tribunal civil du Puy.
Membre de la Société de l'École des Chartes,
Correspondant du Ministère de l'Instruction publique
pour les travaux historiques,
de la Société des Antiquaires de France,
de l'Académie des sciences, belles-lettres et arts de Clermont,
de la Société d'émulation de l'Allier,
de la Société archéologique du Forez (La Diana),
Chevalier de la Légion d'honneur,
Officier d'Académie.

AVEC INTRODUCTION ET TABLES

PAR

ANTOINE JACOTIN

Archiviste départemental.

PARIS

ALPHONSE PICARD ET FILS, ÉDITEURS

82, RUE BONAPARTE, 82

1895

INTRODUCTION

INTRODUCTION

Le cartulaire de Chamalières constitue à peu près la seule source d'informations historiques que nous ayons, du xe au xiiie siècle, sur la partie septentrionale du Velay. A ce titre, il est d'un puissant intérêt. Mais, par ses noms de personnes ou de lieux difficiles à identifier, par la confusion chronologique de ses chartes, ce document n'avait jusqu'ici offert aux érudits qu'un ensemble de textes diffus et incorrects. Il convenait donc de débrouiller ce chaos, en donnant une édition définitive de ce précieux monument diplomatique. Pour atteindre ce but, il fallait non seulement n'ignorer aucun des secrets de nos dépôts d'archives, mais surtout avoir une connaissance approfondie de la topographie vellave. Nul mieux que le regretté M. A. Chassaing ne possédait à un si haut degré ces deux qualités, et son savoir solide et varié, heureusement servi par une patience monacale, le signalait à tous comme seul capable d'entreprendre ce grand et pénible labeur. C'est ce qu'il fit dès l'année 1868, poursuivant, avec une persévérance et une ténacité inébranlables, la solution des multiples problèmes soumis à sa clairvoyante sagacité. Au moment où il touchait au port et entrevoyait déjà la réalisation d'un rêve si longtemps caressé, la mort vint brusquement l'arracher à ses chères études. Mais, fort heureusement pour nos sciences historiques, sa famille ne voulut pas qu'une œuvre si consciencieusement édifiée ne vît point le jour et, dans une pensée de pieux hommage à sa mémoire, elle nous chargea de poursuivre la tâche inachevée. Malgré la témérité de l'entreprise, nous n'avons pas cru devoir hésiter devant la proposition qui nous était faite, heureux de pouvoir contribuer, pour notre faible part, à divulguer une publication dont le réel mérite sera certainement apprécié par tous les curieux du passé.

Nous ne reviendrons pas sur la description du cartulaire manuscrit dont la rédaction fut entreprise, vers l'an 1162, par le prieur Pierre de Beaumont, et continuée sous ses successeurs Pons de Chalencon (1172-1176) et Raymond de Mercœur (1212-1213). Nous préférons renvoyer nos lecteurs à l'analyse si exacte qu'en a faite le savant chanoine M. U. Chevalier, dans son cartulaire du Monastier-Saint-Chaffre (page VIII) [1]. Du reste, les soins jaloux et méfiants qui entourent ce document [2], ne nous ont point permis d'en faire un examen sérieux. Contentons-nous de rappeler, en peu de mots, les origines et les transformations du modeste prieuré qui a su résister aux tourmentes des âges, et dont les noires constructions dorment aujourd'hui silencieuses dans les gorges profondes de la Loire.

Au commencement du xe siècle, Chamalières n'était qu'un modeste oratoire, dédié à la sainte Vierge et desservi par quelques prêtres menant la vie monastique. Objet, d'abord, des persécutions de l'évêque du Puy, Guy [3], ce couvent put, sous l'épiscopat de Gotescalc, se développer paisiblement et, lorsque Dalmas de Beaumont, abbé de Saint-Chaffre, l'unit définitivement à son monastère (vers 950), sa prospérité s'accrut de jour en jour. Devenu le lieu de dévotion le plus célèbre des contrées environnantes, par suite du transport du corps de saint Gilles et du dépôt d'un saint Clou rapporté, dit-on, de Constantinople par Charlemagne, il vit de toutes parts affluer les libéralités. Les plus puissantes familles du pays, les de Beaumont, dont il avait été jadis le fief, les vicomtes de Polignac, les de Roche-en-Régnier, de Rochebaron, de Montrevel, le dotèrent abondamment : la petite noblesse, vassale de ces grandes maisons, suivit cet exemple et, grâce à ces nombreuses générosités, ses biens dépassèrent bientôt les villages voisins, pour s'étendre au-delà des limites de notre département, dans les cantons de Saint-Anthème, Viverols, Saint-Bonnet-le-Château, Roanne, Givors et Argental.

---

1. Paris, Picard, 1884, in-8°.
2. Archives de l'évêché du Puy.
3. *Cartulaire du Monastier*, l. cit., LXXIII, et dom Estiennot, *Antiq. Bened. in diœc. Podiensi*, cap. XXIX.

Aussi, vers 1097, Chamalières comptait vingt-sept moines et, dans son enceinte fortifiée, s'élevaient soixante et onze maisons avec jardins. Ses richesses lui permirent alors d'élever la remarquable église romane qui, à part le clocher qu'on s'est hâté de démolir pour ne pas avoir à l'étayer, s'est conservée jusqu'à nous dans toute son uniformité sévère et ses détails vraiment artistiques.

Cet historique de notre prieuré serait certainement par trop écourté, si nous ne le faisions point suivre de la liste chronologique des prieurs qui se succédèrent dans son administration. On comprendra aisément que, dans un travail de ce genre, des omissions aient pu se produire : la dispersion des documents, pour les époques les plus reculées, les rares et courtes apparitions en Velay des possesseurs de ce bénéfice, dans les temps modernes, expliquent ces lacunes que nous ne demanderions pas mieux de combler, si d'autres, plus heureux que nous dans leurs investigations, voulaient bien nous les signaler.

I. Dalmas Ier de Beaumont (937-945) fut à la fois, et pendant plusieurs années, abbé de Saint-Chaffre et prieur de Chamalières. Il se démit de cette dernière charge avant 946, mais continua ses fonctions d'abbé du Monastier jusqu'à sa mort survenue en 954. Ce fut lui qui réunit à cette abbaye le prieuré de Chamalières, dans lequel il fit déposer le corps de saint Gilles (2). Le cartulaire le mentionne en outre à deux reprises différentes (191 et 253).

II. Lanfred (946) n'est connu que par une seule charte datée de la dixième année du règne de Louis IV d'Outremer (117).

III. Amblard Ier (981-987) figure d'abord comme prieur de Chamalières (55 et 183), puis comme doyen (30 et 109). Sous son administration, le couvent s'enrichit de plusieurs libéralités et, notamment, de celle faite vers 986 par *Gauzna*, dame de Beaumont (109).

IV. Bertelaicus (989-990) ne paraît seulement que deux fois dans le cartulaire, à l'occasion de dons faits à son prieuré (50 et 190).

V. Amblard II (vers 996-999) est mentionné, dans une charte du règne de Robert, avec la qualification de doyen (56).

VI. Adémar (1000-1012), dont le nom nous est révélé par la donation pieuse de dame Blismodis et de son fils Galbert de Mézères à Chamalières (174).

VII. Eldebert ou Ildebert (1014-1020) est toujours qualifié de doyen dans les divers actes qui le mentionnent (21, 25, 248, 257).

VIII. Pierre Ier (1021-10 février 1028), se trouve cité dans un grand nombre de chartes, attestant l'accroissement des biens du monastère sous sa gestion (28, 49, 54, 63, 160, 171, 189, 284).

IX. Dalmace II (1035) nous est connu par le don qu'Arbert, abbé de Saint-Pierre-Latour du Puy, fit à Chamalières, de l'église de Saint-Flour en Auvergne (252).

X. Pierre II (8 juillet 1037-1038) (224).

XI. Beraud (vers 1050) est signalé à deux reprises (188 et 310).

XII. Ébrard (1082-4 juillet 1096). Les faits les plus saillants qui se produisirent sous ce prieur, furent l'union à Chamalières des églises de Saint-Maurice-de-Roche (195) et de Saint-Pierre-du-Champ (210).

XIII. Jarenton (1096-1098) se signala par le zèle qu'il mit à accroître les revenus de son prieuré, auquel Héracle, vicomte de Polignac, et sa femme Richarde de Montboissier unirent l'église de Saint-Jean de Rosières, vers l'année 1096 (31).

XIV. Armand (1100?-1130?). Ce prieur est mentionné à l'occasion de donations diverses, remontant au commencement du xiie siècle (45, 173, 209, 242).

XV. Jean Chauchat (vers 1142), (22, 215 et 237).

XVI. Silvius de Fay (vers 1145), (47 et 234).

XVII. Maître Géraud ou Giraud (1158), dont le passage se trouve marqué dans deux actes seulement (69 et 281).

XVIII. Pierre III de Beaumont (1162-1172) était issu, comme l'un de ses prédécesseurs, Dalmas Ier, de la puissante famille de Beaumont, originaire d'Auvergne, et qui vint se fondre, avant 1245, dans celle non moins ancienne de Chalencon (Chabrol, *Coutumes d'Auvergne*, t. IV, p. 88). Célèbre par ses grandes vertus, par sa science des lettres, son passage à Chamalières se signala particulièrement par le soin qu'il mit à réunir tous les actes intéressant son prieuré et à les faire consigner dans le précieux cartulaire qui s'est conservé jusqu'à nous. A ce titre, son souvenir nous est cher et nous rend agréable la tâche de nous associer aux justes éloges que l'un de ses successeurs, Raimond de Mercœur, lui décerne avec une touchante sincérité (159).

XIX. Pons Ier de Chalencon (1172-23 avril 1176) appartenait à cette vieille race féodale que l'on voit figurer, dès 1031, parmi les bienfaiteurs de Chamalières (202) et qui se confondit, dans les premières années du xvᵉ siècle, avec celle de Polignac. Son nom apparaît plusieurs fois (94, 121, 162, 164, 175, etc.).

XX. Pierre de Servissas (1179?-1200 ?) s'attacha à suivre les traditions de Pierre III de Beaumont, en enrichissant son prieuré et en faisant poursuivre la rédaction du cartulaire par le moine Gilbert de Mézères (159).

XXI. Raymond de Mercœur (1212-1213) apporta un soin particulier à sauvegarder les intérêts qui lui étaient confiés (333), ce qui inspira, à l'un de ses successeurs, la pensée d'attribuer à son administration un acte notoirement faux, mais qui probablement pouvait utilement servir dans un procès douteux (148).

XXII. Durant Coiron (1226) était primitivement moine, et figure, en 1226, à l'occasion de la garde du château de Mézères (271). Il fut l'un des principaux rédacteurs du cartulaire (159 et 273).

XXIII. Pierre V Aurelle (*Auriculæ*) (1231) vendit, le 18 mars 1231 (n. st.), au nom du couvent de Chamalières, à Artaud Payan, prieur de Saint-Sauveur-en-Rue, moyennant 40 livres viennois, la terre de Combres, mandement d'Argental [1]. Le 25 novembre suivant, il acquiesça à une sentence arbitrale rendue par Roland, prieur de Saint-Romain-la-Monge, et Durand Coiron, obrier (*operarius*) de Saint-Chaffre, entre Pierre Datbert, prieur de Confolent, et B. de Rochebaron, seigneur de Beauzac, sur la garde de Confolent, les clames tant réels que personnels des hommes et la taille que réclamait ce seigneur, en cas de mariage de sa sœur ou de sa fille, et de nouvelle chevalerie pour lui ou son fils.

XXIV. Guy de Montlaur (1268) concéda, le 21 septembre 1268, en emphytéose perpétuelle, à Jean, Pons et Guillaume André, frères, de Chamalières, la moitié du mas d'Ollias, qui fut depuis appelé de leur nom « la Grange des Andrés [2] ».

XXV. Gaucelin de Barjac (1285-1300). Le livre « des compositions de l'évêché » signale, en 1292, une transaction entre l'évêque du Puy et ce prieur, pour raison de la justice de Beauzac, et, en 1299, ses droits de franc-fief sur toute l'étendue de son prieuré [3].

---

1. Comte de Charpin-Feugerolles et M. C. Guigue, *Cartulaire de Saint-Sauveur*, charte 101.
2. Arch. de la Haute-Loire, série H, fonds de Chamalières.
3. Arch. de la Haute-Loire, série G, fonds de l'évêché 2.

XXVI. Ponce II de la Garde (1301), prieur de Chamalières et de Confolent, transigea, en l'année 1301, avec Jean de Comines, évêque du Puy, sur le différend qu'ils avaient au sujet de la justice haute, moyenne et basse de Confolent [1].

XXVII. Maître Bernard Ier de Mostuéjols (*de Mostueiolis*), docteur ès décrets (1309-1310), sortait d'une famille de chevalerie de Rouergue. Il fit hommage, en 1309, à l'évêque du Puy, Bernard de Castanet, et, la même année, passa procuration à Jean et Aimery de la Chapelle, à Jean Maurin, prêtre, et à Bernard Giraud, à l'effet de le représenter, en son absence, dans les affaires ou procès de son prieuré. Le 18 octobre 1310, l'un de ses procureurs transigea avec un nommé Pierre Dessimond, relativement au droit de mainmorte que le prieur prétendait exiger sur la succession de Poncette Rochelimagne [2].

XXVIII. Étienne Hugonet (1320-1332) était originaire de Séverac-le-Château, en Rouergue, dont le prieuré dépendait de l'abbaye de Saint-Chaffre, depuis l'année 1104. Il était fils de Déodat Hugonet. Un titre du 15 juillet 1315 le qualifie de sacristain de Séverac, et c'est le 17 décembre 1320 qu'on le voit figurer, pour la première fois, comme prieur de Chamalières, dans un accord qu'il passa avec les paroissiens de Rosières, à propos des dîmes qui lui étaient dues en sa qualité de chapelain perpétuel de l'église de ce lieu [3]. Le 8 février 1327 (n. st.), il promit, devant Jean Masse, official du diocèse du Puy, de tenir compte aux chanoines de Saint-Agrève du Puy, des offrandes et droits de sépulture qu'il recueillerait au sujet de l'inhumation de Guillaume, sire de Chalencon, décédé au Puy dans leur paroisse et qui, par son testament du 27 avril 1324, avait choisi sa sépulture dans le tombeau de ses prédécesseurs, édifié dans le cimetière de Chamalières [4].

XXIX. Bernard II Hugonet (1333-1334) avait été précédemment prieur de Saint-Pierre-le-Monastier (1317) et vicaire général de l'évêque du Puy, Durand de Saint-Pourçain (1321). Le 2 avril 1334, Hugues la Guillelmie, bailli, pour l'évêque, du comté de Velay et de

---

1. Arch. de la Haute-Loire, série G, fonds de l'évêché 2.
2. Arch. de la Haute-Loire, fonds de l'évêché et de Chamalières.
3. *Cartulaire de Chamalières*, édit. Fraisse, page 125.
4. Arch. de la Haute-Loire, série G, fonds de l'évêché 5.

son ressort, avec le consentement de ce prieur et de Guigon de Malbosc, prieur de Saint-Pierre-le-Monastier, vicaires généraux de l'évêque Bernard V Le Brun, consentit à noble Pierre de Mirmande, damoiseau, le bail et nouvelle assense d'un moulin situé au-dessous du château de Cayres et qui, après avoir appartenu à feu Armand Salabrun et à ses hoirs, avait dûment fait retour à l'évêque. Ce moulin appelé actuellement de Trintinhac, était le moulin banal du château de Cayres et de son mandement [1].

XXX. HÉRAIL DE JOYEUSE (1343-1344), d'abord prieur de Saint-Pierre-le-Monastier [2], puis de Chamalières, résidait au château de la Bastide de Virac [3]. Il soutint, à propos de dîmes, un procès contre Pierre Pradel, moine de la Chaise-Dieu, prieur de Saint-Étienne-Lardeyrol, sur les limites de cette paroisse. Après une longue enquête, qui eut lieu, le 18 octobre 1343, à Rosières, Jean Bonamy, chanoine de Billom, chancelier de l'officialité du Puy et commissaire député par l'évêque Jean Chandorat, détermina les limites en litige, par sentence du 23 mars 1344 (n. st.). Dans cette instance, Hérail eut pour procureur Pierre de Montjou, damoiseau et sacristain de Saint-Pierre-le-Monastier, et se qualifiait *nobilis, religiosus et potens vir*, ce qui prouve son extraction de la grande maison de Joyeuse [4].

XXXI. JEAN II FAURE (1349) rendit hommage, en 1349, à l'évêque du Puy. Le *Répertoire des hommages,* auquel nous empruntons ce renseignement, l'appelle à tort Fabre, la vraie forme de *Fabri* étant Faure. Cette famille, originaire de Chamalières, est très ancienne. Noble Lancelot Faure était, en 1529 et 1535, seigneur d'Allemances [5]. Les Faure, en Velay, portaient d'or, à un arbre de sinople [6].

XXXII. PIERRE VI DE NOZIÈRES (1366-1398), hommagea son prieuré aux évêques du Puy en 1366, 1385 et 1389. Le 23 mars 1375 (n. st.), Pierre de Murat, doyen de Bourges, et Beraud du Blau (*Blavi*), for-

---

1. Arch. de la Haute-Loire, série G, fonds de l'évêché 5.
2. Titres des 9 décembre 1339 et 2 février 1340 (n. st.), arch. de la Haute-Loire, série H, fonds de Saint-Pierre-le-Monastier.
3. Arrondissement de Largentière (Ardèche).
4. Chartrier de Chamblas, rouleau sur parchemin.
5. Chartrier de Chamblas, *loc. cit.*
6. Le P. Marc-Gilbert de Varennes, *le Roy d'Armes*, 2ᵉ édit. Paris, 1640.

doyen du Puy, vicaires généraux de l'évêque Bertrand II de la Tour, et Pierre de Nozières, prieur de Chamalières et de Confolent, arrentèrent à J. Mazel, prêtre, et à J. Chizeneuve, leur vie durant, l'écluse ou pêcherie qui se construisait, aux frais communs de l'évêque et du prieur, sur la Loire, aux terroirs appelés à l'ouest Peyregrosse, et à l'est la Rostanheyre. L'entretien de l'écluse restait à la charge des rentiers; en cas de destruction, elle devait être refaite par moitié aux frais de l'évêque et du prieur, et par moitié aux frais des preneurs. Le quart des saumons, capturés dans l'écluse ou dans les paniers à saumons devait revenir à l'évêque, un autre quart au prieur, et les deux autres quarts aux rentiers, auxquels étaient aussi attribués tous les autres poissons. L'évêque avait le privilège d'acheter aux fermiers de la pêche, à un prix juste et modéré et outre sa propre part, tout le poisson qui lui était nécessaire. Le 2 septembre 1381, sous ce prieur, et devant le bailli de Chamalières, Raymond Nicolas rendit compte aux hommes du bourg et du mandement, de la taille répartie et recouvrée sur eux, pour la réparation de la forteresse de Chamalières, dont on redoutait la surprise par les Anglais. Enfin, les 2 et 13 novembre 1383, Pierre VI accorda l'investiture à Jean Cussonel, pour fonds de terres sis au terroir de Jussac [1].

XXXIII. Guillaume Ier Grégoire (1430-1433) échangea, le 17 août 1430, avec noble Gilles Pasturel, de Ventresac, des cens assis sur la borie de Ventresac, tenue par ce dernier en emphytéose du prieuré de Chamalières, et reçut en contre-échange d'autres cens assis à Orsinhac, que Gilles Pasturel tenait en fief du seigneur de Roche-en-Régnier et promettait d'affranchir, en les remplaçant par une assiette équivalente, selon la coutume du Velay, à arbitrer par Jean du Bois, chevalier. Il est encore mentionné, le 17 novembre 1432, dans une reconnaissance par Raymond Faure. Sa mort survint dans les derniers jours d'octobre 1433, car, le 2 novembre de la même année, l'abbé de Saint-Chaffre, Bompar, sollicitait de l'évêque Guillaume de Chalencon, la levée de la mainmise sur les biens et dépouilles du prieur de Chamalières, nouvellement décédé [2].

XXXIV. Tandon Gautier (1446-1464 n. st.) figure dans des recon-

1. Arch. de la Haute-Loire, série H, fonds de Chamalières.
2. Arch. de la Haute-Loire, série H, fonds de Chamalières.

naissances de censitaires du prieuré, s'étendant du 11 octobre 1446 au 3 mars 1464 (n. st.)[1].

XXXV. Jean III de Scorailles (1474) n'est connu que par un acte d'investiture passé à Chamalières, le 17 mai 1474, dont son père, Guillaume de Scorailles, seigneur de Borrein, diocèse de Rodez, fut témoin[2].

XXXVI. Odon du Bois était prieur à une date incertaine, postérieure à 1432 et probablement voisine de 1480. De son temps, une crue extraordinaire de la Loire envahit les bâtiments du couvent de Chamalières, et submergea les terriers du prieuré qui furent ensuite entièrement perdus, lorsque ce prieur fut violemment expulsé par les gens du vicomte de Polignac, vraisemblablement Claude-Armand XIV, le même qui fit don à l'église de Chamalières, le 1er juin 1487, d'un reliquaire en argent doré et en cristal, pour y placer le saint Clou[3].

XXXVII. Antoine de Flaghac (1524-1527) fut très probablement, après le concordat de 1516, le premier prieur commendataire de Chamalières. Son nom a été conservé par des reconnaissances du terrier Tourette, de l'année 1524[4]. Il était simultanément vicaire général de l'ordre de Saint-Antoine de Viennois, et fut élu abbé de cet ordre après Théodore de Saint-Chamond, décédé à Nancy le 28 décembre 1527. Son élection, contestée pendant deux ans, fut reconnue grâce à l'appui de l'archevêque de Bourges, François de Tournon, depuis cardinal et premier ministre. Il était encore abbé en 1533, année où frère Aymar Falcon, précepteur de Bar-le-Duc, mit sous presse et lui dédia son histoire de l'ordre de Saint-Antoine[5].

XXXVIII. Maître Guillaume II de Flaghac (1528-1552), prieur commendataire après le précédent, dont il était sans doute le neveu, figure dans des reconnaissances du terrier Tourette, dont la plus

---

1. Arch. de la Haute-Loire, série H, fonds de Chamalières.
2. Arch. de la Haute-Loire, série H, fonds de Chamalières.
3. Arch. de la Haute-Loire, série H, fonds de Chamalières, et *cartulaire* page 170.
4. Arch. de la Haute-Loire, série H, fonds de Chamalières.
5. Imprimé à Lyon, par Thibaud Payen, 1534, gothique, in-f°, 106 feuillets, plus 2 feuillets d'*errata*. La bibliothèque publique du Puy possède un bel exemplaire de ce livre rare, resté inconnu à Brunet et à ses continuateurs MM. P. Deschamps et G. Brunet.

ancienne remonte au 9 mars 1528 (n. st.). Il ne résidait pas à Chamalières; son mandataire, Bernard de Rochebonne, transigea le 9 mai 1529, avec Lancelot Faure, seigneur d'Allemances, et le 16 avril 1546, un autre de ses procureurs, Antoine de Pieyres, accorda à Pierre Rogier, le droit de pêcher dans la Loire sur l'étendue du mandement du prieuré. Son nom apparaît, pour la dernière fois, dans un titre du 30 avril 1552 [1].

XXXIX. Jacques Castrès, alias Chastrès (1559) n'est connu que par une procuration passée au château de Soubrey, près Saint-Pierre-Salettes, le 24 mars 1559 (n. st.), et recueillie dans un registre de Vidal Vacharel, notaire de Roche-en-Régnier [2].

XL. Jean IV Jaloux (avant 1571) nous est révélé par le titre suivant : Le 19 novembre 1571, Jacques d'Apchon, chevalier de l'ordre du roi, seigneur et baron de Saint-Germain-des-Fossés, Noailly et Cerzat, averti de la nouvelle acense (ferme) consentie par Claude Dalbos, prieur de Saint-Germain-des-Fossés « comme procureur fondé par venerable homme Messire Jehan Jaloux, prieur pour lhors du prieuré de Chamallières et de ses dependances », en faveur de Jean Marcon, de la Grouleyre, d'un bois sis au terroir de Confolent appelé de Chambolives, à la censive annuelle de huit cartons de seigle, mesure de Confolent, confirma et ratifia la dite acence au profit dudit Marcon. A cette date, Jean Marquès, notaire royal du Puy, était le fermier principal de la parcelle de Confolent, et Jean Marcon le sous-rentier [3].

XLI. Nicolas Ier d'Émery ou d'Esmery (1571-1572), écuyer, prêtre, habitant de Saint-Germain-des-Fossés, fut pourvu du prieuré de Chamalières, par bref du pape Pie V, du 8 août 1571. Le 23 janvier 1572, il en prit possession par son procureur, frère Jacques Tourrette, sacristain, qui se présenta à la porte de l'église Saint-Gilles, à l'heure de la grand'messe; et de ce requis, frère Barthelemy de Montchalm, vicaire de Chalencon, assisté des autres religieux, mit ledit procureur en possession réelle « par le bail du verroilh et ouverture de la porte de l'esglise, sonnement des cloches, bailh du

---

1. Arch. de la Haute-Loire, série H, fonds de Chamalières.
2. Arch. de la Haute-Loire, série E.
3. Arch. de la Haute-Loire, série E, protocole de Claude Girard.

missal, baysement d'autel, serement en forme de religion et] toutes aultres solempnités requises en tel faict [1] ».

XLII. CLAUDE DE MONTVERT (1579) est mentionné comme prieur de Chamalières, le 11 décembre 1579, au terrier Claude Girard, dans une reconnaissance passée par Gabriel Charitat [2].

XLIII. GUILLAUME III REYMOND (1584), bachelier ès décrets, présenta, le 10 août 1584, François Ayel, prêtre, de l'Herm, paroisse de Boisset, à la nomination de l'évêque du Puy, pour la cure de Saint-Georges-Lagricol, dont il était le collateur, et qui était vacante par suite du décès d'Antoine Ponsier, dernier titulaire [3].

XLIV. NICOLAS II DE FAY DE LA TOUR-MAUBOURG (1598-1624) était le cinquième fils de Jean, seigneur de la Tour-Maubourg, Chabrespine, l'Herm et Saint-Quentin, et de Marguerite du Peloux. Henri IV récompensait volontiers par des bénéfices ecclésiastiques, la fidélité et le dévouement de ses partisans. On peut supposer que le prieuré de Chamalières lui fut conféré en rémunération des services que son père avait rendus à la cause royaliste, et de la part que prirent ses frères et lui-même à la malheureuse tentative de la porte Saint-Gilles, dans la nuit du 16 au 17 octobre 1594, si funeste à la noblesse du Velay. Par acte du 26 novembre 1607, Nicolas s'engagea, au nom de sa communauté, à faire célébrer quatre messes pour le repos de l'âme de sa mère, Marguerite du Peloux, qui avait légué, dans ce but, à Chamalières, une somme de 300 livres tournois. Le 6 mars 1609, il reçut une reconnaissance féodale, transigea, le 23 février 1613, avec Jacques Robert, des Roberts, paroisse de Beauzac, afferma, le 3 février 1614, « les ponhadeyres » du prieuré de Rosières à M. Margerit, curé de ce lieu [4], et, le 28 juin 1618, fit une donation entre vifs à son frère Jacques [5].

XLV. NICOLAS III DE COMBRES (1633-1640) était présent aux États du Velay [6], tenus le 16 avril 1633, et recevait, le 15 juin 1640, une reconnaissance censitaire de Jacques Rivier [7].

1. Arch. de la Haute-Loire, série E, protocole de Claude Girard.
2. Arch. de la Haute-Loire, série H, fonds de Chamalières.
3. Arch. de la Haute-Loire, série H, fonds de la Chaise-Dieu, liasse Saint-Georges-Lagricol.
4. Arch. de la Haute-Loire, série H, fonds de Chamalières.
5. *Tablettes historiques du Velay*, tome VIII, page 507.
6. Arch. de la Haute-Loire, série C.
7. Arch. de la Haute-Loire, série H, fonds de Chamalières, terrier Cleyssac.

XLVI. Jean V de Fay de la Tour-Maubourg (1642-1673) siégea le 27 juin 1642, comme prieur de Chamalières, aux États du Velay [1]. En juin 1657, il plaidait, devant le sénéchal du Puy, contre les habitants de Roche, qu'il accusait de fraudes dans la livraison de la dîme à la gerbe [2]. Nommé abbé de Saint-Vosi, il prit possession de cette abbaye le 13 novembre 1660. En 1673, il était prieur de Saint-Maurice-de-Roche [3].

XLVII. Vital de Roux de Revel de Montbel, dit l'abbé de Revel ou Monsieur de Montbel (1674-1700), chanoine de la cathédrale de Carcassonne, siégea, le 21 février 1674, comme prieur de Chamalières, aux États particuliers du diocèse. En 1676, il reçut à Chamalières la visite de Dom Claude Estiennot de la Serre, qui préparait ses *Antiquitates in diœcesi Podiensi Benedictinæ*, et ses *Fragmenta Historiæ Aquitinicæ* : c'est là que l'infatigable et savant bénédictin eut communication de notre cartulaire, dont il inséra plusieurs passages dans le premier de ses ouvrages, avec quelques notes chronologiques sur les prieurs, et en fit des extraits utilisés par Du Cange dans son *Glossaire*. Il existe une reconnaissance consentie à ce prieur, le 31 octobre 1688 [4]. Il donna quittance, le 28 mars 1692, à dame Agnès de Cusson, femme d'André-Dominique d'Apchon, baron de Vaumières, pour des arrérages de censives dus sur le domaine de Saint-Agnat [5] et, le 5 août 1698, il afferma le domaine de la Cartive, sis à Pieyres et Granou.

XLVIII. Joseph-Vital de Roux (1701-1710), abbé de Villelongue, neveu du précédent, résidait à Carcassonne. Le 21 décembre 1701, il pourvut de l'office de juge et bailli de Confolent, Henri Bresson, docteur ès droits, lieutenant criminel de Saint-Didier [6]. Il était en Languedoc, lors du passage à Chamalières, le 29 octobre 1710, du bénédictin, Dom Jacques Boyer, qui ne put visiter les archives, faute de la clef qui se trouvait aux mains du prieur [7].

XLIX. Pierre VII de Soulages de Lamée (1717-1770), clerc tonsuré

---

1. Arch. de la Haute-Loire, série C.
2. Arch. de la Haute-Loire, série B, *dictums* des sentences de l'année 1657.
3. *Gallia christ.*, tome II, *Eccl. Anic.*, col. 761.
4. Arch. de la Haute-Loire, série H, fonds de Chamalières.
5. Arch. de la Haute-Loire, série E.
6. Arch. de la Haute-Loire, série B, 42.
7. A. Vernière, *Journal de voyage de Dom Jacques Boyer*, page 31.

du diocèse de Carcassonne, chevalier des ordres royaux et hospitaliers de Notre-Dame-du-Mont-Carmel et de Saint-Lazare-de-Jérusalem, tant de çà que de là les mers, comte palatin, connu sous le nom de chevalier de Lamée, apparaît pour la première fois, comme prieur temporel de Chamalières et baron de Confolent, dans une reconnaissance du 22 novembre 1717. Le 5 mai 1731, il donna à divers habitants du lieu de Granou, la permission d'aller au bois de Gerbizon, moyennant une rente annuelle de 10 sous. Par un accord du 12 septembre 1739, il consentit à ce que le curé de Saint-Georges-Lagricol, récemment nommé par l'évêque François de Beringhen, soit maintenu dans ses fonctions, sous réserve toutefois, pour l'avenir, de son droit de patronage sur cette cure [1]. On le trouve ensuite cité dans des actes peu importants de l'année 1759, et il paraît, pour la dernière fois, le 13 mai 1770, dans la procuration spéciale qu'il donna, à l'effet de résigner son bénéfice « entre les mains de notre Saint-Père le Pape », en faveur d'Étienne-Henri de Soulages de Lamée, sous-diacre et chanoine du chapitre abbatial de Saint-Sernin de Toulouse [2]. Une fois en possession du cartulaire de Chamalières, égaré par l'un de ses prédécesseurs, et qui avait été retrouvé, en 1729, lors de la vente mobilière de François Arcis, abbé de Saint-Vosi, ce prieur donna carrière à son humeur procédurière. Pendant plus de quarante années, il épuisa tous les degrés de juridiction, et alla même jusqu'à insérer sur des feuillets en blanc du cartulaire, quatre actes faux forgés en vue de ses multiples procès.

L. Charles-Borromée de Laval (1774-1790), fils de Louis de Laval, lieutenant-général, juge-mage et premier président présidial à la sénéchaussée et siège présidial du Puy, et de Françoise-Hyacinthe Bonnefoux. Il était docteur en Sorbonne, chanoine du chapitre cathédral, vicaire général et official sous l'évêque Le Franc de Pompignan. Il plaidait, en qualité de prieur de Chamalières, en 1774, contre Louis-Marie-Augustin Liogier, sieur de Pieyres, seigneur direct de la Bourange, Bordes et la Fayole, au sujet des dîmes du domaine de Ventresac [3]. Devenu prévôt du chapitre, après la mort

---

1. Arch. de la Haute-Loire, série H, fonds de Chamalières.
2. Minutes de Plagnieu, notaire à Chamalières, déposées dans l'étude de M° Jamon, notaire à Vorey.
3. Arch. de la Haute-Loire, série H, fonds de Chamalières.

d'Antoine Sordon de Créaux, il soutint contre son évêque la dépendance immédiate de l'église du Puy auprès du Saint-Siège. En 1781, il était témoin de l'ouverture de la châsse où étaient déposées les reliques de saint Georges, premier évêque du Velay, et, en 1786, siégea aux États de la province. Dès les premiers troubles de la Révolution, il s'éloigna du Puy, pour se retirer dans le prieuré de Saint-Michel-de-Connexe [1], dont il était titulaire, et y mourut le 18 octobre 1790 [2].

Antoine JACOTIN.

1. Canton de Vizille, arrondissement de Grenoble (Isère).
2. Abbé Payrard, *Nouvelle série de mélanges historiques*, tome I, pp. 117 et 118.

CARTULAIRE

DE

CHAMALIÈRES-SUR-LOIRE

EN VELAY

PRIEURÉ CONVENTUEL

DÉPENDANT

DE L'ABBAYE DE SAINT-CHAFFRE

1

[*Petrus de Bellomonte, primus auctorum hujusce cartularii, narrat reformationem monasterii Sancti Teohtfredi ab abbate Dalmacio de Bellomonte.*]

Camaleriarum.

. . . .

| congruebant (1); at venerabilis Dalmacius, quoniam didicerat in adversis pacem habere, dissimulata ira, expectabat a Domino vindicte retribucionem, quem legerat dixisse : « Michi vindictam et ego retribuam (2). » Interea monasterium Sancti Teohtfredi in eam dessolacionem devenerat quam prelibavi.

---

(1) Dans les huit premiers feuillets qui formaient le cahier initial du ms. actuellement en déficit, Pierre de Beaumont avait, entr'autres choses, consigné, comme nous l'apprend le n° 176, la donation des églises de Chamalières et de Saint-Martin de Rosières faite en 937-8 par Gotescalc, évêque du Puy, à l'abbaye de Saint-Chaffre. La charte de cette donation a été conservée par le *Cartulaire de Saint-Chaffre* (édit. de M. l'abbé Ulysse Chevalier, p. 47) : on la trouvera à l'appendice du présent cartulaire.

(2) Hebr., x, 30.

Quapropter episcopus Gotiscalcus ad illud regendum sepedictum vocarat Dalmacium, qui, precibus illius et precepto patris sui Arnulfi abbatis Aureliaci, illud suscepit: quo suscepto, mirabili ordine regebat utrumque. Nec tamen interea monachi Sancti Egidii cessabant a malignitate sua; perseverabant etenim in iniquitate et inpietate sua. Loquebantur adversus eum lingua dolosa, et sermonibus odii circumdabant eum. Ille autem tanquam surdus non audiebat, et sicut mutus non aperiebat os suum.

2

[*Dalmacius de Bellomonte abbas corpus sancti Ægidii ad locum Camaleriarum transfert.*]

v° | Tandem, divina inspirante clemencia que nil inpunitum relinquit, consultus duos consodales suos quos illuc secum adduxerat, alter quorum erat sacrista, alter cellararius, in quorum manibus omnes erant tesauri monasterii, quadam nocte, corpore sancti Egidii clam suscepto cum quibusdam ornamentis et pluribus sericis indumentis et libris, ad locum istum qui Camalarie nuncupatur, ovanter est regresus: hic illud cum laudibus honorifice collocavit. Locus etenim iste laicali more ex ereditate ei succedebat; frater namque illius Roiravus de Bellomonte, post donum ecclesiastici juris quod fecerat dominus Gotiscalcus episcopus, donaverat illum monasterio Sancti Teohtfredi: unde illum specialius diligebat sicut in sequenti patebit.
f° 10 Et hec lacius alibi scripta erant; | set ad ostendendum quantam dileccionem circa locum augmentandum habuerit, michi dignum narratu videbatur.

3

[*Petrus de Bellomonte pristinam parvitatem loci Camaleriarum comparat cum magnificentia ejusdem loci tempore suo*].

Camalerias.

Nunc accedendum est ad cetera narranda; set prius dicendum puto quod tunc temporis locus iste parvissima res erat, nunc vero cum ego susceperim (1), per gratiam Dei in tantum magnificatus erat ut in eo .lxxi. domus vestite, destitute .xiii. et .c.iiii. orti computarentur : de singulis quorum tam de domibus quam de ortis exitus est dimidia gallina, .vi. denarii, .i. carta de civata, et quesita, et opera, et cetera que dominio congruunt. Est et clausus in quo est .i. vinea, de quo exit .i. sextarius vini, et tres vinee de quibus exeunt .iiii. emine vini, et due vinee de quibus exeunt .ii. *quartairo*, et in his et ceteris quartus et decime. Est deinde usus Vallis, silicet ville hujus et Ventreciaci, quod res divise nullo modo | transeunt ad eredes, v° exeptis legitimis liberis, absque consensu prioris. In vineis *del Mas* sunt .xxviii. versane; singularum exitus est .i. emina vini. Est et clausus de quo exeunt .iiii. sextarii, et est notandum quod dimidium vinum censuale est purum, et dimidium temperatum in omni loco. In Poietis quartus et decime; et cetera que dominio conveniunt, hec subpetunt presenti ville Camalariarum.

In perochia de Retornac.

Nunc de Ventreciaco que vicinior est, et ejusdem doni (2).

In Ventreciaco sunt domus vestite .xxi., destitute .viiii. et orti .xlvii. et dimidius. Comunis eorum census est dimidia gallina, .vi. denarii, .i. *cartal* civate, et est alius cujus census est tantum .i. *cartal* civate, .iiii. denarii, et sunt .ii., cujusque horum .i. *cartal* frumenti. Est et alius de quo .i. *cartal* frumenti, .i. gallina. Est etiam campus et .ii. orti, cujusque horum exitus est .iii. | *meitenc* civate, .i. gallina, et plus unus eorum .vi. f° 11 denarii. Preterea de pratis : in uno .xv. denarii, in alio .vi. denarii, in tercio .xii. denarii, in prato Molini .vi. denarii, in prato Verdiarii .viii. denarii. In vineis (sic).

(1) Pierre de Beaumont devint prieur de Chamalières en 1162 (voir le n° 71).
(2) Cette ligne et la précédente sont écrites au vermillon.

4

[Petrus de Bellomonte hujusce cartularii rationem explicat.]

Nunc michi congruum videtur ut prius de his que in Valle sunt, sive in parrochia hujus ville, que sint aut qualiter adquisite, describam. Propono etiam ut deinde illa que in parrochiis cujusque ecclesie monasterium istud habet, singulariter pertractem, ita ut, prius ecclesia nominata, que in ejus parrochia fuerint, designem; dehinc simili modo de ceteris.

5

[Jarento prior Camaleriarum terram de Combris acquirit.]

In perochia Camaleriarum.

[1097]

v° | Virtutis et sapientie patris, domini ac salvatoris nostri Jhesu Christi millesimo nonagesimo. VII^{mo}. ab incarnacione anno, Romane sedis episcopatui patrocinante Urbano, Galliarumque cure rege invigilante Philipo, presulatus quoque Aniciensis cathedre presidente Ademaro, sub cujus diocesi constitutum coenobium Kamalariacense, vicenorum septenorumque Dei cultorum continens numerum monachorum, inculpabiliter, immo laudabiliter, tunc temporis domnus abbas. IIII. Willelmus et Jarento prior disponeba[n]t. Ab hoc itaque monesterio versus partem occidentalem trecentis ferme passibus, fundus quidam distat super Ligeris alveum positus, cui annosa patrum *f° 12* auctoritas, res pro libitu, eventu vel habitu, | vocabulis discernens, *Conbrus* indiderat. Qui locus, prout fide et annis credibilis senum predicat audienda narratio, temporibus priscis, pratis foeniferis, segetibus copiosis ac vinetis uberrimis, territoriis omnibus prestancius eminebat adjacentibus. Verum, sicut ait qui non fallitur : « Omne regnum in seipsum divisum desolabitur(1) », veridica et in hoc territorio Domini profetia ostentatur.

(1) Luc., XI, 17.

Nam cum vicenorum aut eo amplius sub dominorum dicione positum sit, non solum pro Domini verbo id desolari, ceterum temporum diuturnitate labencium silvam non modicam in eo adolevisse intuemur. Hoc tamen licet ita desertum, licet tanta dominorum numerositate et altercacionibus sic dixerimus destitutum, quo et facilius in jus monachile | transigi deberet, nemo v° tamen priorum antecessorum, quo pacto quibusve ingeniis hoc perfici valeret, racione ulla quivit vel scivit addiscere, quoad usque ad eum de quo superius mencionem fecimus, perventum est, Jarentonem. Hic igitur Jarento territorium prefatum, quanto monasterio Kamalariarum propinquius, tanto cernens esse melius, tocius insuper generis messibus emittendis potissimum fore, si cura adhiberetur, plurimorum relatu conprobans, super hoc mentis archano sagacis, qualiter in jus monasteriale traduceret, sepe et sepius secum coepit volutare, et quanquam hac spe priores suos omnes fere frustratos fuisse noverat, nequaquam tamen Deo et in diebus suis hoc possibile fieri diffidens, impendio ma- | gis quod intenderat finiri sategebat. Nec f° 13 mora, citus ut erat animo, paucorum obsequentium fultus adminiculo, per singulos loci dominos singulis in opidis vel villulis degentes strenue peragrans, et, ut Salaomont ait : « Verba sapientis quasi stimuli in altum defixi (1) », cœpit eorum mentes velut quibusdam verborum clavis medullitus perforare, quodque fundum predictum pro animarum remedio Kamalariis donare deberent, instancia precum multiplici perorare, ostentans nichilominus qualiter ælemosina munda danti cuncta redderet, Deo sociaret, et, ut aqua ygnem, peccatum extingueret. Quid plura? multum licet denegantibus plurimumque renitentibus, Dei tamen adjutorio opitulante in omnibus, confecit brevi ut omnes | equanimiter terram unde agebatur, Deo Sanctoque Egi- v° dio et conventui Kamalariarum religioso, perpetuo traderent possidendam, acceptis ab eodem priore singuli quibusdam census quantitatibus, non venditionis nomine, sed vicario karitatis

---

(1) Eccle., xii, 11.

munere. Set ut hoc donum firmum maneat et heredum invidorum calumpnia cassa ruat, dantium nomina ne posteros lateant, cartule testi fideliter comittere luchrosum duximus. Quisquis donationem hanc quominus firma perseveret, debilitare presumpserit, sit anatema maranata, id est, in adventu justi judicis secundo poenis plectatur perennibus.

6
[Donum Ugonis Guillelmi et Stephanæ in Combris.]

Camaleriarum.

[1097]

Ego Ugo Guillelmus et uxor mea Stephana et filii mei, pro redemptione animarum nostrarum et parentum | nostrorum, terram de Combris cum omnibus apendiciis suis quam actenus juste aut injuste possedimus, penitus, absque ullo retinaculo, Deo Sanctoque Teohtfredo, necnon et Sancto Egidio, omnique congregacioni Kamalaricensis coenobii future et presenti dimittimus et donamus. Pro hac autem donatione, domnus abbas Guillelmus et Jarento prior cum aliis monachis, filium meum Guillelmum in congregatione susceperunt, et ego a Jarentone priore. IIII^{or} .c^{tum}. solidos accepi, et uxor mea triginta. Hanc vero donationem in manu Jarentonis prioris, super altare Sancti Martini de Rosariis, sub jurejurando firmavi, in presencia Poncii Calcati monachi, et Rainerii monachi, et Galberti clerici, et Girberti clerici, et Galberti militis, et Ugonis Dentem, et Poncii Blanchi. Isti | quoque supradicti, Galbertus videlicet et alii quatuor, quisque eorum, quinque solidos a Jarentone priore pro hac donatione acceperunt. Isti quinque pignoratores pro filiis Ugonis sunt ut, cum ad intelligibilem aetatem pervenerint, eodem modo quo et ipse firmavit, firment, videlicet sub jurejurando.

7
[*Donum Jarentonis et Poncii Bargæ in Combris.*]
[1097]

Deinde, Jarento Barga et uxor ejus, et Poncius frater ejus, hanc supradictam terram Domino Deo Sanctoque Teohtfredo et Sancto Egidio, in presentia Jarentonis prioris et Bertrandi monachi et Geraldi de Sancto Pauliano, certissime concesserunt. Et ipse Jarento Barga a supradicto priore sexaginta solidos accepit, et uxor ejus .xx^{ti}., et Poncius Barga quadraginta.

8
[*Donum Aichardi et Agatæ in Combris.*]
[1097]

Post haec, Aichardus et uxor ejus | Agata, Petrus et Beraldus f° 15 filii ejus, in presencia Jarentonis prioris et aliorum monachorum in loco Kamalariascensis cenobii manencium, firmiter hanc donacionem supra memoratam Deo et Sancto Teohtfredo Sanctoque Egidio concesserunt et firmius super altare tradiderunt. Ipse vero Aicardus a supradicto priore .xxx^{ta}. solidos accepit et uxor ejus .xv^{cim}. Hanc donacionem laudaverunt et confirmaverunt Petrus Gotiscalcus et Gauzfredus avunculus ejus. Ipse autem Gauzfredus a priore Jarentone pro hac laudatione .x. solidos accepit.

9
[*Donum Gaucerandi de Muris et Guillelmæ in Combris.*]
[1097]

Dehinc, Gaucerandus et uxor sua Guillelma et filii sui hanc supradictam terram cum omne quod in ea videtur abere, Deo et Sancto Teohtfredo Sanctoque Egidio omnique congregationi supradicti | cenobii certissime concesserunt. Hujus vero dona- v° tionis testes sunt Jarento prior, et Poncius Calcatus monacus, et Rainerius monacus, et Raimundus miles de Insula, et Petrus Guigo. Pro hac autem donatione, ipse Gaucerandus de Muris et uxor ejus et filii ejus a Jarentone priore centum solidos acceperunt, et ipse Petrus Guigo, pro hac laudatione, ab ipso priore quinque solidos accepit.

10

[Donum Aicelenæ uxoris Gotiscalchi de Sancto Agrippano in Combris.]

Camaleriis.

[1097]

His peractis, uxor Gotiscalchi de Sancto Agrippano, et filii sui Jarento et Guillelmus, Domino Deo et Sancto Teohtfredo Sanctoque Egidio, omnibusque monachis in supradicto loco manentibus futuris et presentibus, hanc terram de Combris supra memoratam cum omnibus ad eam pertinentibus, firmiter concesserunt et firmius | donaverunt. Hanc etiam donationem laudaverunt et confirmaverunt Petrus de Rigmanda et Maifredus de Castronovo et Jarento Amido. Quisque horum pro hac laudatione a priore Jarentone .x. solidos accepit, et Arimandus de Porta .x. solidos. Ipsa quoque mulier nomine Aicelena et filii ejus, Jarento videlicet et Guillelmus, a supradicto priore pro hac donatione .c. solidos assumpserunt.

11

[Donum Petri Pagani et Raimodis in Combris].

Camaleriarum.

[1097]

Postea, Petrus Paganus et uxor ejus Raimodis, et filii ejus Geraldus et Jarento, hanc supradictam terram Deo et Sancto Teohtfredo necnon et Sancto Egidio et supradicto loco firmissime dimiserunt et donaverunt, in presencia Ademari de Senoculo, et Gauzfredi de *Rocos*, et filii sui Ademari, et Petri Capelli, et pro hac donacione ipse Petrus Paganus a supradicto priore centum .x. solidos | accepit, et uxor ejus .xx^{ti}.v. Laudatores v^o vero Ademarus de Senoculo .xv. solidos, et alius Ademarus Gaufredi .v., pro hac laudatione ab ipso priore acceperunt.

12

[Donum Adraldi de Ispalido et Luciæ in Combris].

Camaleriarum.

[1097]

Interea, Adraldus de Ispalido et uxor ejus Lucia et filii eorum Guillelmus et Ugolenus supradictum honorem, in presencia Jarentonis prioris et Poncii Calcati et Rainerii de Malis Evernatis et Petri Bèraldi de Ispalido, Deo et Sancto Teothfredo et Sancto Egidio et supradicto coenobio certissime donaverunt. Pro hac autem donatione, a supradicto priore ipse Adraldus sexaginta solidos accepit, et uxor ejus .xv., et filii eorum .x.

13

[Donum Caruli de Ispalio et Guillelmi Ebraldi in Combris].

Camaleriarum.

[1097]

Post hec, Carulus de Ispalio et Guillelmus Ebraldus, in presencia Jarentonis Camalariacensis prioris, et | alii Jarentonis f° 17 Lingoniacensis, et Ebrardi monachi de *Rocho*, et Poncii Calcati, et Aviti et Adraldi de Ispalido, hanc supradictam terram Deo et Sancto Teohtfredo Sanctoque Egidio et supradicto loco firmiter donaverunt. Pro hac autem donatione, ipse Carulus a supradicto priore sexaginta solidos accepit, et Guillelmus Ebraldus similiter.

14

[*Donum Aviti de Ispalido et Guillelmæ in Combris*].

Combris, in perochia Camaleriarum.

[1097]

Deinde, Avitus de Ispalido et uxor ejus Guillelma et filius ejus Petrus Beraldus hanc supra memoratam terram Deo et Sancto Teohtfredo Sanctoque Egidio et supradicto loco certissime concesserunt; et pro hac donacione, ipsi a Jarentone priore quandam partem de decima de Masso Marcii quam Geraldus de Merchorio injuste abstulerat, sed in sua fine pro anima sua dimiserat, a supradicto priore acceperunt, tali tamen conveniencia ut, post mortem ipsius Aviti, pro anima ejus, a supradictum locum videlicet *Camalarias* remaneat, laudante uxore sua et filio, in presencia Jarentonis prioris, et alii supradicti Jarentonis, et Poncii Calcati et Galberti clerici et Adalardi de Ispalido.

15

[*Petrus de Bellomonte prædia et census de Combris computat.*]

Combris.

In hoc territorio tria sunt prata : in unoquoque .i. mina civate, .xii. denarii. Sunt etiam .iii. orti : in unoquoque .i. *cartal* civate, .vi. denarii, dimidia gallina. Est et dimidius ortus cujus census est .i. *meiteinc* civate, .iii. denarii et quarta pars galline. Est et saina de qua exit .i. *meiteinc* civate. Sunt etiam .xxii. versane vinearum : de singulis exeunt *per brasatje* .i. emina vini. Preterea in eisdem et in ceteris terris, tercium in | omni fructu, excepta una vinea cujus census est .ii. sextarii vini.

16

[*Donum Benigni in Chambolivis*].

[985-1001]

Tempore Guigonis abbatis, quidam Benignus nomine dedit huic loco, pro sepultura, unum campum in villa de Chambolivis, juxta terram Archimbaudi.

17

[*Donum Aldiardis uxoris Bernardi ad Cambolivas*].

Chambolivas, in perochia de Vourei.

[958]

Anno ab incarnatione Domini DCCCC.LVIII, .II. regni Lotarii, Golfaldo abbacie Sancti Teohtfredi presidente, obiit quidam Bernardus, cujus uxor Aldiardis, et fratres ipsius defuncti, Guido et Eraclius et Domnolenus, donaverunt Deo et huic monasterio Sancti Egidii, pro redemtione anime illius et pro animabus omnium parentum suorum, unam apendariam in villa que vocatur *Cambolivas*. Testes sunt Agarnus, Benignus, Adalbaldus, Nizetius. Exitus est.

18

[*Donum Benigni sacerdotis in Chambolivis*].

Ad Chambolivas.

[985]

Anno ab incarnacione Domini .DCCCC.LXXXV., .xxvIIII. regni Lotarii, Arimanno monasterii Sancti Teohtfredi exsistente abbate, Benignus | sacerdos donavit Deo et huic monasterio *v*° unam domum et unum ortum et unam vineam in villa de Chambolivis, pro redemptione anime sue, in remissione peccatorum suorum. Testes Aicardus, Archimbaldus, G. vicarii, Adalgerius. Exitus est.

19

[*Donum Lambergæ in Chambolivis.*]

In perochia Sancti Simph[o]riani de Vourei.

[Vers 985]

Eodem tempore, quedam nomine Lamberga dedit, in eadem villa, unam domum cum orto, pro redemptione anime sue. Testes Gaufridus, Adalbaldus. Exitus est.

20

[*Donum Benigni laici.*]

De Vourei.

[990-1]

Anno .IIII. regni Ugonis, dum Guigo esset abbas monasterii Sancti Teohtfredi, quidam Benignus laicus dedit unum campum, pro remedio anime sue. Testes sunt Guigo, Archim- | baldus, Jausbertus. Exitus est.

21

[*Donum Adalberti et Girberni in Cambolivis*].

In perochia de Vourei.

[1016?-1020]

Rotberto rege regnante, dum domnus W. esset abbas et Eldebertus decanus, quidam Adalbertus et filius ejus Girardus, et Girbernus et frater ejus Adalbaldus et filius suus Bernardus, in remissione peccatorum suorum et pro animabus omnium parentum suorum, donaverunt Deo et huic monasterio .I. domum cum orto, et .x. opera vinearum, et .I. *sestairada* de terra, in villa de Cambolivis. Testes sunt Teohtbertus, Raimbertus.

22

[*Permutatio mansi Versiliaci pro manso de Baisac.*]

[Vers 1142]

Posteritati significare desidero quod mansus Versiliaci diu extiterat Camalariarum, et hic proximus fuerat terre Podiensis ecclesie, et quidam cannonicus Podiensis Girbertus possidebat man- | sum de *Baisac,* nomine sue ecclesie, qui contiguus erat terre Camalariarum. Unde placuit Johanni priori et predicto Girberto ut eos commutarent: quod factum est, laudante domino W. abbate et fratribus Camalariarum, conlaudantibus etiam cannonicis Podiensibus, silicet Petro Urbano, Petro W°.,

Wº. Galdino, Bosone de Lardairolo (1), Jarentone de *Rocha* et plures aliis. Census est.

23

[*Donum mansi de Lingurinis pro monachatu Blismodis, neptis Ebrardi prioris*].

Roseriis.

[1082-9]

Presencium facta, cum memoria digna sunt, ut venturis innotescant, scripturarum avicibus (2) confirmare debemus. Unde describere cupio quod, tempore Ebrardi prioris loci hujus, frater illius Austorgius habebat filiam Blismodem nomine, que cum nubta esset Ugoleno de Ispalido, contigit ut infirmaretur membrorum contractione ; quapropter vir ejus illam repudiavit. Unde predictus Austorgius et Petrus Beraldus filius ejus, adducentes eam, donaverunt Deo et huic Sancti Egi- | dii monaste- fº 20 rio mansum de Lingurinis totum, absque omni retencione, ut prior et ceteri fratres reciperent eam et monacharent. Juraverunt etiam super altaræ et textum ne ulterius ullo modo hoc donum inquietarent. Testes Jarento Podii prior, Jarento cannonicus, Ildebertus *Trencacosta* et plures allii. Census est.

24

[*Donum Otonis et Blitgardis ad Pigerias*].

In perochia Camaleriarum.

[959]

Anno ab incarnacione Domini .DCCCC.LVIIII., iiiº. etiam regni Lotarii, dum Golfaldus preesset congregacioni Sancti Teothfredi, quidam Oto nomine et uxor ejus Blitgardis, humane fragilitatis casum considerantes, et pertimescentes diem judicii

---

(1) Boson de Lardeyrol, chanoine du Puy, figure comme témoin dans deux chartes datées l'une de 1142 (*Cart. de Pébrac*, ch. 77), l'autre de 1144 (*Hôtel-Dieu*, B 125).

(2) Apicibus.

in quo Dominus eos vocaturus erat ad reddendam racionem, donaverunt Deo et huic Sancti Egidii monasterio unam apendariam in villa que vocatur *Pigerias*, in remissionem peccato-
v° rum suorum, et pro redemcione animarum | parentum suorum. Testes Tothtardus, Guigo, Guido, Rainerius, Leotgerius, Galterius, Teohtbertus. Census est.

25

[Donum Tehotberti et Annæ in Pigeriis].

In perochia Camaleriarum.

[Vers 1014]

Tempore Guigonis abbatis et Eldeberti decani, Tehotbertus et uxor ejus Anna, ut a Domino peccatorum suorum veniam mererentur, donaverunt Deo et huic monasterio Sancti Egidii in eadem villa (1), unam apendariam et domum cum orto et viridario. Testes Stephanus, Airaldus, Teohtbertus, Adalbertus, Galterius. Census est.

26

[Donum Umberti Crispi in Pigeriis, Faiola et Granosc.]

In perochia Camaleriarum.

[1082-9]

Philipo regnante, dum Ebrardus esset prior Camalariarum, quidam Umbertus Crispus, ut Dominus Jhesus Christus vi-
f° 21 tam ejus concederet | sempiternam, et parentum suorum animabus remedium daret, donavit, in villa (2) de Pigeriis, unam apendariam, et boscum de *Faiola*, et issartarias de bosco de *Granosc*. Testes Girinus nepos ejus, W. et Ugo filii ejus, Galbertus clericus, Stephanus Platellus, W. Blancus. Census est.

(1) Villam. *Ms*.
(2) *Id*.

27

[Donum Desiderii et Ermessendis in Donazaeris.]

In mandamento de Rocos.

[1021-8]

Regnante Rotberto rege, domno W. existente abbate Sancti Tehotfredi et Petro priore loci hujus, quidam Desiderius nomine et Ermessendis filia ejus donaverunt Deo et huic loco Camalariarum unum mansum in villa que vocatur Donazæris, in remissionem peccatorum suorum, et ut vitam mererentur eternam. Exitus est.

28

[Donum W. et Cautburgiæ in Donazeris et Vessa].

In mandamento de Rocos.

[1021-8]

| Eodem tempore, quidam W. et uxor ejus Cautburgia et filii eorum Ugo, Bertrandus, Arnaldus, considerantes peccata que fecerant, ut Dominus Jhesus illis ea dimitteret, donaverunt Deo et huic Sancti Egidii monasterio unum mansum in villa de Donazeris, et boscaticum de Vessa, et quartum et decimam, sine omni retentacione. Testes sunt Galbertus frater W., Falco qui erat feudotarius, Aribernus qui erat bajulus de Vessa, Redentus. Exitus est .v. *cartals segel*, .ii. sextarii civate, .i. mina *ordi*, .iii. *sols e mai*, .iii. *sols a kalendas*.

29

[Donum Blismodis et Galberti in Olliacio].

In perochia de Roseriis.

[Vers 1014]

Regnante Rotberto rege, Guigone abbate Sancti Tehotfredi, hujus [loci] Ildeberto decano, quedam nomine Blismodis et filius ejus Galbertus donaverunt Domino Deo et huic loco unam apendariam in villa que dicitur Olliacius, pro anima domini sui Ugo-

f° 22 nis quem ibi sepeliri fecerunt. Testes presbiter | Geohtbertus, Girardus, Aspasiana, Bernardus sacerdos.

30
[Donum cellarii de Rosariis a Girberto factum].

In villa de Roseriis.

[985]

Anno ab incarnacione Domini .DCCCCXCV. (*corr.* : DCCCCLXXXV), .xxxviiii (*corr.* : xxviiii). (1) quo rex Lotarius regnare cepit, Guigone abbate Sancti Tehotfredi monasterio presidente, et Amblardo decano ecclesie Camalariarum, quidam Girbertus, pro redemcione anime sue, dedit Deo et monasterio huic cellarium de Rosariis. Testes sunt Eraclius, Rainerius, Rainoardus, alter Rainoardus, Aldebertus, Aldebrandus, Austorgius. Exitus est.

31
Donum ecclesie Sancti Johannis de Roseriis ab Heraclio vicecomite factum.

[Vers 1096]

Certum est inevitabiliter, licet ignoto tempore et etiam hora, universam carnem mortis subire finem, qui omnibus Christianis pre oculis habendus est, ne per hoc mundanum curriculum tran- *v°* seundo merito pravorum operum | aeternas penas subeant, set bonis operibus insistendo et mala que fecerint emendando, ad eterna gaudia, dante misericordia Redemptoris, perveniant. Quod ego Heraclius (2) vicecomes totum considerans, emenda-

---

(1) Lothaire étant mort en 986, les dates de cette charte présentent l'une et l'autre une même erreur de dix ans. En 985 Guy I succéda, comme abbé de Saint-Chaffre, à Armand (cf. *Cart. de St-Chaffre*, n°s 135 et 378). En se reportant au catalogue des prieurs de Chamalières (voir l'Introduction), on remarquera que ce couvent fut, à une dizaine d'années d'intervalle, gouverné par deux prieurs homonymes, Amblard I (981-7) et Amblard II (996) entre lesquels s'intercale Bertalaicus (989-990).

(2) Le vicomte Hérail fut, on le sait, le porte-étendard (*vexillifer*) de l'évêque Adhémar de Monteil, légat du pape à la première croisade; blessé à l'escarmouche

cione mali quod Beato Tehotfredo et Beato Egidio et loco de Camalariis feceram, ut vitem poenas et eterna gaudia subeam, dono et concedo, cum Richarda uxore mea (1), ecclesiam de Roseriis in honore Sancti Johannis consecratam, licet modo longitudinis tempore ad heremum redactam, Deo et Beato Tehotfredo et Beato Egidio et loco de Camaleriis, cum omnibus meis ad illam pertinentibus, caliscumque racione vel occasione ea ibi habebam vel in dominio, vel feodales per me tenebant. Et hoc facio ex toto, absque ullo retinaculo(2) michi vel alicui meorum presencium vel successorum, presente mecum Poncio Mone- | tario, *f° 23* et Raimundo de Insula, et Johanne de Pauliano, et Jarentone ipsius loci priore, cui pro sanctis donum feci, et Rainerio et Poncio Calcato monachis, et Jarentone priore de *Langonia;* et feci hoc etiam donum cum laude episcopi Anniciensis aecclesie, videlicet Ademari, et cum laude cannonicorum suorum. Et si qua persona hoc donum calumpniari vel infringere voluerit, non efficere valeat, sed iram Summi Judicis incurrat donec conpunctus emendare festinet. Pro hac autem donacione, ipse Eraclius vicecomes accepit a Jarentone Camalariacensi priore centum duodecim solidos, et Ricarda uxor sua triginta solidos. Laudatores vero eorum, videlicet Poncius Monetarius et Raimundus de Insula, acceperunt ab ipso priore scilicet Jarentone, quisque ipsorum, quatuor saumarios honeratos vini. Supradictus quoque Ugo W. | ab ipso priore pro hac donacione .xx. so- *v°* lidos accepit. Deinde feodales Jarento Barja et Poncius Barja

---

du Pont de Fer, sous les murs d'Antioche, le 28 juin 1098, il mourut le 9 juillet suivant, d'après l'obituaire de l'église Saint-Andéol du château de Polignac : *VII° idus julii, obiit Antiochiæ vicecomes Heraclius, Christi miles.* (G. Chabron, *Hist. de la maison de Polignac,* liv. VII, chap. 5).

(1) Le prénom de la vicomtesse Richarde n'était pas connu; on savait seulement qu'elle sortait de la maison de Montboissier; elle était la sœur de Pons Maurice de Montboissier qui devint évêque du Puy (1116?-1128). Ce prélat confirma la donation faite (vers 1117) par son neveu le vicomte Pons (fils et successeur d'Hérail) de l'église de Bilhac à l'abbaye de Pébrac, *Poncio Aniciensi episcopo avunculo suo laudante* (Chabron, *op. laud.,* VII, 5 ; *Gallia christ,* II, col. 704).

(2) Retinacinaculo. *Ms.*

et Petrus Paganus dederunt a supradictum locum sepulturam ipsius aecclesie, et omnia ad eam pertinencia que ipsi juste aut injuste hactenus possederunt, excepto decimo; et acceperunt a Jarentone priore, unusquisque eorum, viginti solidos et unam saumatam vini. Illud autem decimum supradicte aecclesiae Jarentoni priori pacti sunt nullatenus dare aut vendere alicui loco vel homini, nisi a supradictum locum.

32

[*Girinus de Miseris annuale prandium dimittit*].

Roseriis.

[1082-9]

Regnante Filipo rege, dum W. esset abbas monasterii Sancti Tehotfredi et Ebrardus prior Camalariarum, Girinus de Miseris, cognoscens injuriam quam Domino Deo et aecclesiae de Rosariis diu intulerat, silicet annuale prandium quod ei censualiter a rectoribus aecclesiae persolvebatur, ne prandii hujus orribilis et temporalis delectacio in penam perpetuam verteretur, perpetue dimisit illud Deo et eidem aecclesie et monasterio Camalariarum, in remissione peccatorum suorum. Hoc etiam factum fuit consilio et laude Adalaidis uxoris sue et filiorum suorum Jarentonis, Bertrandi, Silvii, Raimundi. Testes W. Roiravus, Petrus Genesii.

f° 24

33

[*Donum Umberti Crispi in Bonavilla*].

Roseriis.

[1082-9]

Scripturarum testatur auctoritas quod, sicut aqua extinguit ignem, ita elemosina extinguit peccatum. Unde Umbertus Crispus, optans peccatorum suorum extinguere penas, et omnipotentis Dei piissimam misericordiam querens, donavit Deo et huic Beati Egidii monasterio unum mansum in Bonavilla, que est in parrochia de Rosariis. Testes Rotbertus, Petrus, Arimannus. Exitus est.

v°

34

[Donum Guorgoriæ et Smidonis in villa del Chalmez].

In perochia Roseriis.

[Fin du x° s.]

Quedam domina Guorgoria nomine et vir suus Smido donavit huic loco, in predicta parrochia, in villa *del Chalmez,* unum mansum. Census est (1).

35

[Donum Rainerii de Rocha in Floiraco].

[xii° s.]

Dominus dicit in euvangelio : « Date et dabitur vobis (2) ». Quod Rainerius de *Rocha* audiens, fidissima aure percepit (3), et, ut Deus omnipotens sibi veniam peccatorum suorum tribueret, donavit huic Camalariarum loco unum mansum in territorio Desfloiraco (4) quod est in parrochia de Rosariis. Exitus est .iiii. solidi, .i. sextarius civate et quartus. Testes (*sic*).

36

[Donum Julianæ de Rocha in Floraco].

Roseriis.

[xii° s.]

Quedam domina de *Rocha* nomine Juliana, dum mortis infirmitate gra- | varetur, ut a Domino peccatorum suorum veniam mereretur, dimisit Deo et huic Beati Egidii monasterio, in parrochia de Rosariis, in territorio de Floraco, unum mansum. Exitus est .vi. solidi, .i. mina civate et quartus. f° 25

---

(1) Cf. n° 187.
(2) Luc., vi, 38.
(3) Aurem precepit. *Ms.*
(4) *Corr.:* de Floiraco.

37

[Donum Stephani Guidonis a Floirac].

Roseriis.

[xii⁰ s.]

Stephanus Guido, cum sue mortis instaret dies, dimisit Deo viventi et huic loco, pro sepultura sua, in redemcionem anime sue et animarum omnium tocius generis sui, in parrochia de Rosariis, in territorio de *Floirac,* unum mansum. Exitus est .v. solidi, .iii. *cartals segel,* .i. sextarius civate.

38

[Donum Willelmi de Rochabarone in Floiraco].

Roseriis.

[xii⁰ s.]

Presentibus et futuris significamus quod W. de Rochabarone, longo tempore dum vixit, loci hujus societatem habuit | et merito. Procurabat enim semper quadragesimali tempore refectorium pane triticeo. Deinde, cum adpropinquaret ad finem vite sue, donavit ad hoc fieri, in parrochia de Rosariis, in territorio de Floiraco, unum mansum. Exitus est .v. solidi, .i. sextarius civate. Hoc etiam laudaverunt et confirmaverunt filii sui Poncii et Lamberti *(sic).*

39

[Donum Aldesendis a Volnac].

In perochia d'Isingau.

[985-6]

Anno .xxxiii. (1) Lotarii regis, tempore Guigonis abbatis Sancti Tehotfredi, quedam domina Aldesendis, cum vir ejus nomine Jarento obisset, donavit, pro anima illius, manssum *del Poiolar*

---

(1) Cette charte ne peut être postérieure à 986, date de la mort de Lothaire, ni antérieure à 985, année où Guy I devint abbé de Saint-Chaffre.

in villa que dicitur *Volnac,* in parrochia de Issinguaudo, Domino
Deo et huic mo- | nasterio Camalariarum. Hoc laudavit Arnal- f° 26
dus filius ejus et confirmavit. Exitus est *mai* .xviii. denarii,
kalendis .xviii. denarii, .i. sextarius civate, .i. gallina et quartus terre, .i. *disnar meissonenc.*

40

[*Donum Leohtguardis a Volnac.*]

In perochia Isingau.

[Vers 1014]

Eodem tempore Guigonis (1) abbatis Sancti Tehotfredi, dum
quidam Ildebertus esset prior Camalariarum, quedam domina
Leohtguardis nomine et filii ejus Arricus, Bernardus, Arnaldus, [donaverunt] Domino Deo et huic monasterio Camalariarum, pro redemtione animarum suarum et pro animabus omnium parentum suorum, in supradicta villa de *Volnac,* unam
apendariam in qua erat mansio cum orto. Exitus est *mai* .ii. denarii *e medala,* kalendis similiter, .i. *cartal* civate, .i. gallina et
quartus terre.

41

[*Donum Aspasiæ in Volnaco*].

In perochia Isingau.

[993-4]

| Anno .vii. regni Ugonis, tempore Guigonis supradicti abba- v°
tis, quedam domina nomine Aspasia, pro redemtione anime
sue, et pro anima Umberti mariti sui, et pro animabus omnium
parentum suorum, donavit in eadem villa de Volnaco apendariam de Fatio (2). Exitus est *mai* .vi. denarii, kalendis .vi. denarii, .i. mina civate, .i. gallina et quartus terre.

---

(1) Il s'agit ici de Guy II (1001-1014), et non plus, comme au n° 39, de Guy I (985-1001).

(2) *Peut-être* favo, *pour* fevo?

42

[Donum Austorgii in Volnaco].

In perochia d'Isingau.

[1016?-1020]

Rotberto rege regnante, tempore W. abbatis Sancti Tehotfredi et Ildeberti prioris Camalariarum, quidam Austorgius nomine, pro sepultura sua, in redemtione anime sue et pro animabus omnium parentum suorum, donavit unum manssum in predicta villa (1) de Volnaco, totum *alo e feu*. Guigo et Agnus filii ejus laudaverunt et confirmaverunt. Exitus est .vIIII. denanarii, .I. *cartal* civate, .I. gallina et quartus terre.

43

[Donum Bertrandi Disderii de Miseris a Volnac].

In perochia de Vourei.

[1100?-1130?]

| Notum sit omnibus tam futuris presentibus, quod Bertrandus Disderii de Miseris donavit Domino Deo et huic monasterio Camalariarum, in villa de *Volnac*, unam apendariam. Exitus est .I. sextarius civate, .XXII. denarii, .II. galline et quartus terre. Hoc laudaverunt Bertrandus Willelmi, et W. Disderii, et Petrus clericus.

44

[Donum Arimandi Blanci in Volnaco et Pigeriis].

In perochia Isingau.

[1082-9]

Philipo rege regnante, tempore Ebrardi prioris hujus monasterii, Arimandus Blancus donavit Domino Deo et uic loco Camalariarum, pro redemcione anime sue, unam apendariam in villa que dicitur *Volnac*, et alteram in villa de Pigeriis.

(1) Predictam villam. *Ms.*

45

[Donum Petri Disderii de Miseris in Maximiaco].

In perochia Isingau.

[1100?-1130?]

Notum sit omnibus hominibus tam futuris quam presentibus, quod Petrus Disderii de Miseris donavit | Domino Deo et huic v° loco Camalariarum, pro anima matris sue Ermenguarde, in villa que dicitur Maximiacus, medietatem decimarum de carne et de annonis et .III. gallinas censuales. Hoc donum fecit in presencia domni Arimandi, prioris ejusdem loci.

46

[Donum Austorgii de Glavenas a Bedals].

In perochia Isingau.

[1100?-1130?]

Eodem tempore, Austorgius de *Glavenas,* pro peccatis suis, ut Deus omnipotens eorum remissionem sibi tribueret, donavit unum mansum *a Bedals,* qui vocatur *Pisa,* consilio et laude Leuze uxoris sue. Hoc idem concesserunt et laudaverunt Guigo et Austorgius, filii eorum. Exitus est .I. sextarius annone.

47

[Donum Geraldi de Senuil in Vadiliis].

[Vers 1145]

Tempore Silvii de *Fai* prioris Camalariarum, obiit Geraldus senex de *Senuil,* qui, pro redemtione anime sue, in remissionem peccatorum | suorum, donavit Deo et huic loco Camala- f° 28 riarum unum molendinum in villa de Vadiliis, de quo exeunt .I. sextarius annone, .III. solidi; et est notandum quod iste G. diu ante donaverat, in predicta villa, in uno manso, .III. solidos censuales, pro salute anime filii sui Petri.

48

[*Donum W. de Salsac in Monte Calvo, Villanova et Apillac*].

In perochia Isingau.

[10 février 1028]

Anno ab incarnacione Domini M°. C°. XX. VII. (*corr.*: M° .XX. VII.), regnante Rotberto rege, .iiii. idus februarii, W. de *Salsac* et uxor ejus Adalguardis, et filii ejus, Guido et Avitus, donaverunt Deo viventi et huic monasterio Camalariarum .i. mansum qui dicitur *Brugaireta* Montis Calvi, et .i. mansum in Villanova, .i. apendariam in *Apillac* : hec sunt in parrochia de Issingaudo. Pro his omnibus Petrus prior donavit eis .c. solidos. De *Brugaireta* exeunt .iix. denarii et quartus, de Villanova kalendis .vii. solidi et quartus, de *Apillac* .i. *cartal* annone, .i. mina civate, .i. gallina.

49

[*Donum Suficiæ de Beljoc a Becet*].

In perochia Isingau.

[1021-8]

v° | Regnante Rotberto rege, tempore W. abbatis monasterii Sancti Teohtfredi et Petri prioris Camalariarum, quedam domina nomine Suficia de *Beljoc* donavit Domino Deo et huic loco Camalariarum, pro redemcione anime sue et animabus filiorum suorum Asterii et Willelmi, dimidium mansum in villa de *Becet*, que est in parrochia de Issingaudo. Exitus est .vi. denarii, .i. *cartal* civate et quartus. Post hec hunc laudavit P. Calatra et habuit .lx. solidos, P. *d'Arsenc* .x. solidos. Testes P. *d'Arsenc*, Willelmus *Meschis*.

50

[*Donum Odalrici et Radgundis in Maximiaco*].

Isingau.

[989-990]

Anno .iii. regni Ugonis, tempore Guigonis episcopi qui erat abas monasterii Sancti Teohtfredi et Bertalaici prioris Camalariarum, quidam Odalricus et Radgundis uxor ejus donaverunt Domino Deo et huic monasterio Camalariarum dimidium mansum, in parrochia de Isingaudo, in villa que dicitur Maximiacus. Exitus est *mai* .xii. denarii, *meisos* .xii. denarii, kalendis .xii. denarii, .i. mina civate, .i. gallina | et quartus.   f° 29

51

[*Donum Asterii et Gauznæ in Maximiaco*].

In perochia Isingau.

[1016?-1020]

Rotberto rege regnante, tempore Willelmi abbatis monasterii Sancti Teohtfredi et Ildeberti prioris Camalariarum, quidam Asterius nomine et mater sua Gauzna donaverunt Domino Deo et huic loco Camalariarum, in remissionem peccatorum suorum, unam domum cum orto, et unam eminatam de terra, in eadem villa de Maximiaco. Exitus est *mai* .v. denarii, kalendis .iiii. denarii, .i. mina civate, .i. gallina et quartus.

52

[*Donum Dalmacii Aterioli in Filice et Maximiaco*].

In perochia Isingau.

[1082-9]

P[h]ilipo rege regnante, tempore Willelmi abbatis monasterii Sancti Teohtfredi et Ebrardi prioris Camalariarum, quidam miles nomine Dalmacius Ateriolus, obtans remissionem peccatorum suorum, donavit Deo viventi et huic loco Camalariarum v° unum mansum in villa que dicitur Filis, et alium mansum | in villa que dicitur Maximiacus, alodum *e* feudum, et quicquid ad mansos pertinebat. Testes Galbertus, S. Platelli. Exitus est *mai* .viii. denarii, *meisos* .viii. denarii, kalendis .viii. solidi,. viii. denarii, .ii. sextarii annone, .i. civate, .i. gallina, et quartus terre, .i. *disnar meissonenc*.

53

[*Donum Aldecensis in Volnaco*].

In perochia Isingau.

[985-6]

Regnante Lotherio rege, sub abbate Guigone, quedam Aldecensis nomine donavit huic loco unum medium mansum in villa de Volnaco, ut Dominus ei tribueret suorum veniam peccatorum. Testes sunt Arnardus filius ejus, Galbertus, Umbertus. Census est.

54

[*Donum Willelmi et filiorum suorum in Volnaco*].

In perochia Isingau.

[1021-8]

Rotberti regis tempore, sub abbate Willelmo et Petro priore domus hujus, quidam Willelmus nomine, cum consensu filiorum Petri, Austorgii et Willelmi, donavit Deo et Beato Egidio, in predicta villa, unam mansionem cum orto. Exitus est.

55

[*Donum Odalrici junioris in Maximiaco*].

In perochia Isingau.

[981-6]

Notum sit omnibus presentibus et futuris quod, tempore Lotherii regis, Amblardo hujus domus existente priore, quidam Odalricus junior nomine dedit huic loco Chamalariarum, in villa de Maximiaco, unam | mansionem et ortum, et campos quosdam f° 30 et prata. Testes sunt Adalburgis uxor sua, Umbertus, Alnardus, Girbernus. Census est.

56

[Donum Audiardis et Berneldis in Maximiaco].

In perochia Isingau.

[Vers 996]

Item, regnante rege Rotberto et domno Amblardo existente decano, Audiardis quedam et Berneldis illius filia donaverunt Deo et Beato Egidio, in eadem villa, unum cortilium cum orto, et attinentia sua. Testes sunt Asterius et quidam alii qui hoc donum viderunt. Census est.

57

[Donum Isarni in Chasalis].

In perochia Isingau.

[1021-8]

Presentibus et futuris notum fieri cupimus quod, tempore dompni Willelmi abbati[s] et Petri hujus domus decani, Isarnus quidam, cogitans retributionem Domini Jhesu Christi, donavit Deo et Beato Egidio, in anime sue remedio et parentum illius, in parrochia de Issingaudo, in villa de Chasalis, terciam partem unius mansi quem laborat Bernardus. Census est.

58

[Donum Agni ad Arzilarium et podium de Glavenas].

In perochia Isingau.

[1021-8]

| Eodem tempore, Agnus et fratres sui Guigo clericus et v° Guigo laicus, Austorgius et Arimandus, expectantes Christi misericordiam et retributionem eternam, donaverunt Deo et Beate Marie et monasterio huic Sancti Egidii unum mansum ad Arzi-

larium, in parrochia Isingaudi, et donaverunt etiam podium de *Glavenas*, ut Dominus Jhesus Christus eis tribueret suorum veniam delictorum. Testes sunt Rainaldus, Odalricus, Umbertus. Exitus est.

59

[*Donum Willelmi et Adalgardis in Marniaco*].

In perochia Isingau.

[1027]

Eodem quoque tempore, anno ab incarnacione Domini. M. .XXVII., Willelmus quidam et uxor sua nomine Adalgardis, cogitantes Christi retributionem eternam, pro animabus suis et parentum suorum, donaverunt huic loco sanctissimo Dei et Beati Egidii unum mansum in Marniaco, et omnia pertinentia ei. Testes sunt Girinus, Gaucerandus, Jarento, Guigo, Galbertus. Census est.

60

[*Donum Rotberti*].

[Vers 1027]

Item, eodem tempore, Rotbertus quidam, cogitans Christi misericordiam, et obtans veniam suorum delictorum. . . . (1)

61

[*Donum Giraldi et Umberti in Montelleto*].

Sancti Evodii.

[1021]

f° 31 | Futuris et presentibus per hoc scriptum appareat quod, anno ab incarnatione Domini .M. XXI., regnante rege Rotberto, Willelmo Sancti Theotfredi presidente abbate et Petro hujus domus decano, Giraldus quidam nomine et ejus nepos Umbertus, misericordiam sperantes Domini et eternam ejus

---

(1) Ici trois feuillets ont été coupés à une époque contemporaine du cartulaire et antérieurement à sa pagination marginale au vermillon qui date du XIIIe s.

salutem, donaverunt Deo et Beate Marie et huic loco Sancti Egidii dimidium mansum in villa que dicitur Montelletus, in parrochia Sancti Evodii, in territorio Bonacense, pro sua anima et fratris sui Umberti, ut Dominus eas absolveret ab omni vinculo delictorum. Testes sunt Truannus, Hector, Amblardus sacerdos. Census est.

62

[*Donum Godolenæ in Chalmeta*].

In perochia de Lapte.

[1021-8]

Eodem vero tempore et eisdem regnantibus, Godolena et filii sui Guido et Silvius, expectantes Dei misericordiam, et veniam suorum delictorum sperantes, dimiserunt Deo et huic monasterio quintam partem unius mansi qui vocatur *Chalmeta*, in parrochia et territorio de *Lapte*. Testes Guitardus, Avitus. Exitus est.

63

[*Donum Rotberti et Agiardis in Sangatis*].

In perochia Sancti Georgii.

[1021-8]

Item, ipso tempore, Rotbertus quidam et uxor sua nomine Agiardis, obtantes Domini misericordiam et ve- | niam pecca- v° torum suorum, donaverunt Deo et Beate Marie et omnibus sanctis, necnon monasterio huic Sancti Egidii, dimidium mansum in villa que dicitur Infangati (1), sita in parrochia Sancti Gorii, et acceperunt .xii. solidos a prefato Petro priore, in tanti doni remunerationem. Testes sunt Hector, Girbertus, Johannes scriptor. Census est.

---

(1) *Corr.* : Insangati *pour* Sangati, *les Changeas*.

64

[Donum Stephani in Monte Godone].

[1021-8]

Eodem vero tempore, presidente Petro decano, Stephanus quidam, credens et expectans videre bona Domini in terra viventium, in remissionem peccatorum suorum et in remedio animarum Leotardi patris et Galberge matris et parentum suorum, dimisit Deo et Beato Egidio unam masatam de terra, medietatem silicet de Monte Godone, et pro hoc dono habuit in remunium .xlv. solidos a Petro supradicto. De hoc dono testes sunt Garento, Guido, Jeohtbertus scriptor. Post aliquot vero tempus, utilitate inspecta, hec terra fuit commutata cum sanctimonialibus Belacumbe.

65

[Donum Gauceranni et Raimodis in villa Catonis].

In perochia Beate Marie Tencianensis.

[998 9]

f° 32 | Preterea, futuris et presentibus scripto presenti mittimus quod, anno .iii. regni Rotberti regis, Guigone existente abbate, Gaucerannus quidam, in Dei nomine, et ejus uxor Raimodis, expectantes misericordiam Dei Patris et Domini Jhesu Christi, donaverunt huic loco sanctissimo, pro sepultura filii sui Arnaldi et in remedio animarum suarum, unum mansum in villa que vocatur Catonis, in parrochia Beate Marie Tencianensis. Testes sunt Aimo, Silvio, Bernardus. Census est.

66

[Donum Geraldi et Umberti in Montelieto].

[1021]

Anno ab incarnatione Domini .M°. XXI., regnante rege Rotberto, sub domno Willelmo abbate et Petro decano, Geraldus quidam et nepos suus Umbertus, cogitantes Christi misericordiam et ejus retributionem eternam, donaverunt Deo et Sancto Theot- | fredo atque Egidio medietatem unius mansi *v°* quem excolit Golfardus, in parrochia Sancti Evodii Bonacensis, in villa ubi dicitur ad Montelietum. Testes sunt Hector, Geraldus, Amblardus. Census est.

67

[Donum Annæ in Cubleziis et Malo Verneto].

In perochia Sancti Georgii.

[Vers 1021]

Eodem vero tempore, quedam domina Anna vocabulo, obtans misericordiam Domini Jhesu Christi, pro remedio sue et animarum ejus parentum, donavit Deo et Beato Egidio campos et quasdam brugerias in parrochia Sancti Georgii, in villa de Cubleziis et de Malo Verneto. Testes sunt Willelmus, Girinus, Umbertus, Guigo, Lambertus.

68

[Petrus de Bellomonte incipit, ea quæ suis temporibus acquisita sunt, commemorare].

| In hoc libro continentur ea que nostris temporibus adqui- *f° 33* sita fuerunt, et quia de illis cerciores sumus, sicut de his que audivimus et vidimus et partim fecimus, sic ea cercius disponemus. Ad plenum etenim, Deo propiciante, notabimus nomina personarum a quibus res adquisite sunt et unde fuerunt. Et quamvis operis nostri principio positum sit quo tempore ceperimus, et sub quibus principibus, annos tamen et dies, iterum et principes, si mutentur, sub quibus res oblate fuerint, ut sequentibus evidencius clareant, designabimus. Set primum dignum duximus adnotare quedam que nostri precessores adquisierunt, quorum remuneraciones et pacta usque ad nos prolata persolvimus.

69

[Donum Mariæ, uxoris W. Arimanni de Artigiis, in Sentiniaco et Chareis].

In perochia Sancti Johannis de Retornac.

[Vers 1158]

Et ut hec ordine prosequamur, tempore magistri Geraldi, Maria quedam domina, que fuit uxor W. Arimanni de Artigiis, et Rainerius filius ejus, venientes ad conversionem, donaverunt Deo et huic loco Ca- | malariarum .I. mansum in villa que vocatur Sentiniacus, qui pignori positus fuerat pro .v. marchis argenti : hunc redemit ipse prior Geraldus. Exitus est .I. *cartal* frumenti, .III. sextarii annone, .III. mine civate, .VIIII. solidi, .II. *gallinas.* In eadem villa, terciam partem mansi qui dicitur Lacus, unde quartus habetur. Hec omnia *alo et feu.* Donaverunt iterum alodum unius mansi in villa de Chareis, et hic erat pignori pro .CCC. solidis. Exitus est.

70

[Donum ejusdem ad Arnosc et Malivernat].

In perochia Sancti Johannis de Bauzac.

[Vers 1158]

P[r]eterea donaverunt quartam partem unius mansi in villa de *Arnosc.* Alteram quartam dimiserat diu ante Umbertus Arimandi, patruus hujus Rainerii, et hec pars posita erat pignori pro .IX. solidis. Exitus est .II. sextarii annone, .I. multo, .I. agnellus, .I. gallina. Donaverunt deinde unam apendariam, in parrochia de *Bauzac,* quam vocant *Malivernat,* et hec erat pignori pro una marca argenti. Census est .II. sextarii annone, IIII. solidi, .I. gallina et ser- | vicium. Hanc dimisit Beraldus Datberti qui eam habebat, pro beneficio anime sue, et pro filio suo Bertrando quem diu ante monacaverat absque omni mercede. Et notandum quod, pro his duobus Rainerio silicet et

Bertrando, ego obtuli monasterio Sancti Teohtfredi .ccc. solidos ut illic susciperentur.

71

[Donum Petri Disderii ad Laurec, Pigairolas, Sostellas, Branzac et Vaure].

De Bauzac.
[1162 et 4 janvier 1163]

Anno ab incarnacione Domini .M. C. LXII., rege Lodovico regnante, domino Petro Podiencium exsistente episcopo, Petrus Desiderii quidam, miles de Miseris, qui apud Trenorcium monacus factus fuerat, voluit filium suum Girbertum monacum fieri in hoc loco qui Camalarie dicitur; pro beneficio cujus, dimisit decimas quas habebat in parrochia de *Bauzac,* silicet *Laurec,* in uno manso quartam partem decime, *Pigairolas* dimidiam decimam in uno manso, *Sostellas* (1) quartam partem, *Branzac* .I. minam annone, *Vaure* .I. sextarium annone; preterea promisit .c. solidos et illum vestitum vestibus et lecto. | Deinde, v° pridie nonas januarii, mater pueri Florencia et fratres ejus W. et Bertrandus adduxerunt illum sic paratum, sicut pater promiserat, et laudaverunt et confirmaverunt hec que pater dimiserat, in presencia nostra qui tunc temporis, sub domno Beraldo abbate, hunc locum tenebam. Testes sunt Poncius A...rici, W. de Miseris, Petrus Joannis, omnisque conventus ...nilia domus. Et est notandum quod ego Petrus de Bellomonte donavi predictos .c. solidos et plus .L. monasterio Sancti Teohtfredi pro placito pueri.

72

[Definitio Duranti de Bellomonte super baillia Sancti Johannis de Bracos.]

In perochia Sancti Johannis deus Bracos.
[30 mars 1163]

Notum fieri volo tam futuris quam presentibus quod quidam bajulus Camalari[ar]um, qui vocabatur Agnellus, tenuerat no-

---

(1) « Chazalet. » (Note marginale du chevalier de Lamée).

mine baillie, in villa Sancti Joannis de *Bracos,* unam apendariam, unum brolium de quo donabat omne fenum quod opus erat equitaturis sive saumariis Camalariarum, et ortos ab agricolis | destitutos, et .ⅠⅠ. domos cum ortis, de singulis quarum census erat .Ⅰ. mina civate, .ⅩⅡ. denarii, .Ⅰ. gallina, et in unaquaque sepultura .Ⅰ. sextarius vini, et in una apendaria que dicitur *Mazelet* .Ⅰ. panem, .Ⅰ. gallinam, et unam apendariam in villa que dicitur *Charaizac,* et retrodecimas tocius parrochie, et hec possederat .ⅩⅩⅩ. annis sive .ⅩⅬ. Unde, anno ab incarnacione Domini .M. C.LXIII., Lodovico rege regnante, Petro Podiensium existente episcopo, .ⅠⅠⅠ. kalendas aprilis, ego Petrus de Bellomonte, prior loci, traxi eum in causam ante Durantum de Bellomonte, dominum ipsius opidi, qui, utriusque partis allegacionibus auditis, in eis concordiam posuit ut, dimisso omni usu sepulture et retrodecimis et pane et gallina de *Mazelet,* donarem sibi .ⅩⅩⅩ. solidos et unam pelliceam. De apendariis, illam de *Charaizac* cognovit esse bajuli, alteram cognovit esse nostram, exceptis illis que in ea testibus comprobaret sibi dimissa a Joanne Calcato priore istius loci, et in hac apendaria erat una do- | mus ex supradictis cum orto, alteram domum cum orto omnino dimisit. De ortis dictum est, ut nullomodo sibi vendicaret absque voluntate prioris. De brolio cautum est ut testibus abprobaret quod pater suus illud ex eremo projecisset, sin autem illud dimitteret. Et hec omnia fide firmavit in manu nostra ut sic ulterius teneret et nullomodo removeret. Preterea, post fidem suam, dedit fidejussorem ipsum Durantum de Bellomonte. Testes sunt W. de Altaripa, tunc prior Podii, Petrus Sancti Joannis monacus, et famuli nostri Umbertus et Bernardus, et milites ipsius castri, Oto silicet, Bertrandus Giberti, Poncius filius ejus, *Bertrans* de Alamanciis, et W. frater ejus, et presbiteri W. Joannis, Petrus Vaiserie, Juvenellus, Durantus de Pireto, et plures alii.

73

[Donum Arberti Rufi a Laizac, Trenchaborsa, Monbuza, la Brugaireta et Varscenac].

In perochia Sancti Mauricii, Sanctorum Agricole et Vitalis [et de] Retornac.

[1160]

Presentibus et futuris alibi significatum est per scriptum quod, anno ab incarnacione Domini .M. C. LX., Arbertus | f° 36 Rufus de *Roca* dedit Deo et monasterio Sancti Egidii in perpetuum decimam de *Laizac* et .II. solidos, *a Trenchaborsa* (1). III. sextarios siliginis et .X. solidos, *a Monbuza* (2) quatuor apendarias, *alla Brugaireta* .I. minam frumenti, .I. minam siliginis et .I. minam civate, .XII. denarios, .I. gallinam, et mansum de *Varscenac* (3), ad alodum et feudum. Et est notandum quod dimidius mansus iste fuerat W[illelmi] Agnonis de Linone, pro quo Arbertus Rufus donaverat illi, causa comutacionis, plura majora et valenciora eo. Propter hoc, prior istius loci debuit filiolum suum Arbertulum, quem ipse et uxor sua adoptaverant pro Dei amore, nutrire et docere et monachare. Testes sunt Umbertus de Chasluco, Ebrardus Medicus, Airaldus de Sancto Mauricio, Johannes de *Chalmo*, Jaucerandus.

---

(1) *Tranchebourse,* lieu détruit, commune de Saint-Georges-l'Agricol, sur la voie romaine dite la Bolène, à son point d'intersection avec la route de Craponne à Saint-Georges. Au moyen-âge, il y avait là une maladrerie, et ce terroir est actuellement dénommé « la Malouteyre » par le cadastre. Une reconnaissance féodale de 1496 mentionne la chapelle de la maladrerie de Tranchebourse. (Communication de M. Paul Le Blanc).

(2) *Le suc de Montbuzat,* terroir, aux appartenances de Lingoustre, commune de Retournac (Haute-Loire, prieuré de Chamalières, reconnaissance de Mathieu Civet, 8 octobre 1732).

(3) Deux reconnaissances féodales déterminent la situation de cette localité dont le nom moderne est *Vassenac* : c'est un terroir sis aux appartenances de Retournaguet et attenant au communal de Changue, commune de Retournac (Haute-Loire; même fonds, 6 mars 1528 (n. st.) et 1688).

74

[Demissio villæ de Ram W. Agnoni facta].

[14 avril 1163]

Set, Arberto mortuo, W. Agno arripuit totum mansum de *Varsennac,* eo quod Bertrandus Calanconis abstulerat ei quasdam possessiones supradicte comutacionis. Unde, anno incarnacionis Domini .M. C. LXIII., xviii. kalendas maii, epacta .xiii., v° | domino Petro Podiensium existente episcopo, domno Beraldo abbacie Sancti Teohtfredi presidente, ego Petrus de *Belmont,* prior loci, traxi W. Agnonem in causam, in qua ita decisum est : quod ego donarem ei quicquid prioratus habebat in villa que dicitur *Ram* (1), silicet .iii. minas annone et .iii. solidos, et redimerem pignora que ibi W. posuerat pro .cx. solidis, et propter hoc ipse firmavit in manu Aumari de Artigiis ut, omnino manso dimisso, nichil ulterius in eo exigeret. Testes sunt Aumarus, G. Ebraldi, P. Johannis, et plures alii.

75

[Donum Umberti de Chaslus juxta Mans].

In perochia Sancti Mauricii.

[1163]

Anno a[b] incarnacione Domini .M. C. LXIII., Lodovico rege regnante, domino Petro de Sollemniaco Podiensium existente episcopo, Beraldo monasterii Sancti Theotfredi abbate, Petro Camalariarum priore, obiit quedam domina de *Rocha,* Bernarda nomine, pro cujus anima Umbertus de *Chaslus,* filius ejus, do- f° 37 navit Deo [et] monasterio Camalariarum ubi sepulta | fuit, unum campum quem habebat juxta *Mans* : W. Martini excolit. Exitus est .i. *meiteinc* frumenti et quartus. Testes sunt omnis conventus, Gaufridus bajulus.

---

(1) Le hameau de *Ram,* auj. disparu, était situé à l'ouest et non loin de Blanlhac, commune de Rosières, sur les bords du ruisseau de *Rang,* jadis *Ram,* puis *Ranc,* qui se jette dans la Loire, au-dessous de Margeaix, commune de Beaulieu.

76

[Donum Dalmatii de Montibus in Cumba juxta Jussac.]

In perochia Sancti Johannis de Retornac.

[30 avril 1163]

Eodem anno, .ii. kalendas maii, luna .xxiiii., obii[t] W. de Montibus in obsidione Crapone, pro cujus anima Dalmatius frater ejus et ceteri amici donaverunt Deo et monasterio Camalariarum ubi sepultus fuit, .i. minam civate et .ii. solidos censuales, in terra que vocatur Cumba, et est juxta *Jussac*, nichil in ea retinentes. Hujus doni testes sunt omnis conventus, Gaufridus bajulus, Poncius de Rialeriis et Petrus frater ejus, et omnis familia domus.

77

Constitucio refecturarie [a Petro de Belmont priore] (1).

[1er septembre 1163]

Eodem anno, kalendis septembris, in festivitate sancti Egidii, Lodovico rege regnante, domino Petro de Sollemniaco Podiensium existente episcopo, ego Petrus de *Belmont*, miserante Deo Camalariarum dictus prior, sub Beraldo abbate Sancti Teohtfredi, ad hoc ut pisctancia (2) fratribus Camalariarum | semper donaretur, concessi terram quam prioratus habebat in villa de Rosariis sive in parrochia, et in parrochia de Isingaudo, et quodcumque citra Ligerim possidebam, sive censum, sive quartum, sive decimas, exepto terrarum dominio, silicet earum investituris, et clamorum justitiis, et quesitis.

---

(1) En marge, on lit cette annotation tracée de la main du chevalier de Lamée : « Scellé à Roche le 24 novembre 1762. »

(2) Ici et plus bas le mot *pisctantia* a été gratté et remplacé par le mot *refectio*. Cette surcharge faite en vue d'un procès au siècle dernier me paraît être incontestablement l'œuvre du chevalier de Lamée. L'encre blanchâtre renforcée de noir de fumée dont il s'est servi a une couleur caractéristique. Il est à remarquer que c'est avec cette même encre qu'ont été écrits sur des feuillets en blanc du ms. les quatre actes faux nos 125, 252, 286, 312.

Donavi etiam in Valle quartum et decimas omnis annone terrarum que tunc cultive erant. Retinui etenim michi domos et ortos et omne vinum et censum denariorum et guallinarum et avene, sicut ministri Camalariarum et Ventreciaci diu acceperant, in villa de Pigeriis, in villa de Chambolivis, in Combris, in hac villa, in Ventreciaco. Preterea donavi ultra Ligerim, in villa de Bezis .i. minam annone, .i. civate, .xii. denarios, et decimas de *Laizac,* in ecclesiis Calanconis .xv. sextarios annone, in molendinis .viiii. sextarios annone, et quicquid habebam in villa que vocatur *Oleiras,* et in Fevo, et in Ufargis, et decimas

f° 38 Sancti Agricole, et quicquid habebam in *Piasac,* | in *Fraise,* in *Marnac,* in Atuis, in *Ursairolas,* in *Pont Asteir* (1), in *Vosairac,* in *Monzia,* in *Fevet,* in *Fraise Jurios,* in *Soils,* in *Boiset,* in Draosangis, in *Bezet,* in *Genestos,* in *Concas,* in *Pigerias.* Set in his omnibus villis que in ditione Sancti Pauli sunt vel in mandamento, ut ita dicam, retinui .v. sextarios annone, quos censualiter priori redere debet quisquis sit refectorarius, et .lx. solidos quos iterum redere debet circa festum sancti Andree (2), et .x. gallinas. Hec omnia comendavi Geraldo monaco, tali pacto, ut fratribus Camalariarum, sicut supra dictum est, pisctancia semper donetur, et non tantum hic comorantibus, set etiam omnibus regularibus hic venientibus; et ad id perficiendum, predictus Geraldus promisit se daturum .m. solidos ex parte matris sue Jordane, adpresens .d. et sequenti anno .d. Hec concessio facta fuit in presentia totius conventi, in capitulo, in quo etiam, post me horum institutorem, ut a me et a sequentibus prioribus hujus loci hec omnia ita perpetuo servarentur, aposui fidejussores et assertores Rainerium *Derroca* (3) et

v° Guigonem | fratrem ejus, Aumarum de Artigiis et Durantum fratrem ejus, Bertrandum Maleti et Umbertum fratrem ejus,

---

(1) *Pont-Astier*, terroir, commune de Saint-Pal-de-Chalencon. « Terra sita en Champeyroux sive *Post Asteir*. » 1419, Loire, A 89, terrier d'Anne Dauphine, duchesse de Bourbonnais et comtesse de Forez, f° 236 verso.

(2) 30 novembre.

(3) *Corr. :* de *Roca.*

Poncium Derrocabarone (1), *Foraias* (2), W. de Mercorio. Hoc idem feci laudare domno Beraldo abbati et domino Petro Annitie[n]ti episcopo.

Deinde statutum est ab eodem conventu ut, in crastino festivitatis sancti Egidii, .IIII. scilicet nonas septembris (3), annuale oficium pro animabus patris et matris mee, et patris et matris ipsius Geraldi, totiusque generis nostri, et omnium fidelium defunctorum, a fratribus hic commorantibus, pro tanto beneficio, semper celebretur.

78

[*Donum Willelmi Arberti ad Cortil*].

In perochia de Bauzac.

[21 octobre 1163]

Eodem anno, .XII. kalendas novembris, luna .XX., obiit W. Arberti, miles Calanconis, qui, pro injuriis quas diu intulerat huic monasterio Camalariarum, dimisit Deo et eidem monasterio, in villa de *Cortil*, annualem refeccionem | et .I. minam frumenti censualem. Testes sunt Petrus cappellanus de Calancone, W. de *Retroroca*, et plures alii. Ugo filius ejus laudavit in capitulo.

f° 39

---

(1) *Corr.* : de Rocabarone.

(2) *Foraias, Foragas* est le nom patronymique d'une famille qu'on rencontre souvent, au moyen-âge, dans les chartes du Velay. — En 1238, Guillaume Foragas vendit aux clercs de Saint-Mayol une rente de 12 sols assise sur des vignes situées au-dessous du roc de Saint-Maurice, commune de Coubon (Haute-Loire, inventaire de Saint-Mayol). — Par son codicille du 10 février 1270 (n. st.), Guillaume du Prat, chanoine de Saint-Agrève du Puy, ordonna à ses exécuteurs testamentaires de verser à Guillaume Foragas, alors au service de Guy de Montlaur, doyen du Puy et évêque élu de Valence, quinze livres Viennois, pour son équipement afin qu'il passât outre-mer au secours de la Terre-Sainte (Haute-Loire, Saint-Agrève, orig. sur parch.). — Au XIVe s., cette famille possédait la seigneurie du Rullier, commune de Chamalières. Le terrier vieux de la rente de Rosières dressé, en 1342, au profit de Bertrand des Beaulx *(dos Bals)* de Ceyssac, cite Raymond Foragas, *de Ruylherio*, damoiseau, fils d'Armand *de Ruylherio*, damoiseau. (Coll. César Falcon, reg. en parch.).

(3) 2 septembre : la fête de saint Gilles est le 1er septembre.

79

[Donum Aumari de Artigiis clerici in Casota].

In perochia de Bauzac.
[11 novembre 1163]

Eodem anno, luna .xii., .iii. idus novembris, Lodovico rege regnante, domino Petro de Sollemniaco Podiencium existente episcopo, Beraldo vero monasterii abbate, Petro de Bellomonte priore, Aumarus de Artigiis clericus obtulit Deo viventi et Beate Marie et omnibus sanctis, et monasterio Sancti Teohtfredi et loco Camalariarum, Durantum filium suum quem ibi voluit monacari; pro quo donavit eidem monasterio Camalariarum unam apendariam in villa que vocatur *Casota*, et hec ex genere contingebat ei. Dedit ibidem et alteram quam emerat de Johanne Surrardi-de Bauzaco, de quibus exeunt .i. mina frumenti, .i. mina annone, [.i.] sextarius civate, et, ad festum sancti Andree, .iiii. solidi et .ii. galline. Donavit iterum nemus quod est desuper. Testes sunt Guigo de Chareis miles, W. de Miseris sacrista. | Hec omnia sine omni conditione, sine omni impedimento, sicut ipse tenebat et possidebat, donavit, cum consilio fratri[s] sui Duranti de Artigiis qui ea laudavit; laudavit eadem Poncius, filius Duranti. Testes sunt Guigo de Chareis miles, W. de Miseris sacrista, Petrus Johannis operarius, omnisque conventus, Poncius de Rialeriis et Petrus frater ejus, et plure[s] alii. Deinde, post paucum tempus, comutavimus predictum nemus cum eodem Duranto, pro quo dedit nobis .ii. solidos censuales et .i. gallinam in mancione et orto quod tenet Mic[hael] : quod laudavit iterum Poncius.

80

[Donum Ebrardi clientis de Artigiis ad Lingustras].

In perochia de Retornac.
[7 mars 1165]

Anno ab incarnacione Domini. M.C.LXIIII., nonas marcii, Lodovico rege regnante, domino Petro de Sollemniaco Podiencium existente episcopo, P[etro] de *Belmunt* Camalariarum priore sub domno Beraldo abbate monasterii Sancti Teohtfredi, obiit Eschiva, uxor Ebrardi clientis de Artigiis, pro cujus anima ipse Ebrardus donavit Deo et huic monasterio Camalariarum censualiter .I. *cartal* annone, .I. civate, in villa que vocatur *Lingustras*, in manso abbaticio. Hoc etiam dono concessum est hujus monasterii beneficium ipsi et omni generi suo, tam vivis quam defunctis, ut Dominus Jhesus vivos ad emendationem | vite perduceret, et defunctis requiem sempiternam f° 40 daret. Testes sunt W. de Miseris sacrista, Poncius Aimarici prior clau[s]tralis, P. Johannis operarius, omnisque conventus, Ugo de *Cerveira*, Poncius [de] Rialeriis et P. frater ejus.

81

[*Donum Ermidonis de Roca, mariti Fainæ, in Pigeriis*].

In perochia Camaleriarum.

[13 mars 1165]

Eodem anno, .III. idus marcii, obiit *Faina* (1), uxor Ermidonis *Derroca* (2), pro cujus sepultura ipse Ermido (3) donavit .I. apen-

(1) *Faina, Fayna* (c'est le nom *Fain, Fayn* féminisé) désignait, au moyen-âge, une demoiselle de la maison de Fay. — En 1368, Bertrand seigneur de Loudes épousa noble *Fayna* qui lui apporta une rente sur des censitaires de Polignac et des villages voisins, dont il reçut cette année-là, comme maître de la dot de sa femme, les reconnaissances. De ce mariage naquit Guillaume seigneur de Loudes et de *Sancta Naumaya*, écuyer de corps du roi Charles VI et chambellan du duc de Berry en 1404 et 1408; marié à Alasie de Saint-Didier, il mourut sans enfants; ses armes étaient un écu portant trois chevrons, timbré d'un heaume cimé d'un oiseau de vol, supporté par deux lions (G. Demay, *Sceaux de la coll. Clairambault*, I, 5377-8). En lui s'éteignit la première race des barons de Loudes dont — et c'est ce qui excusera cette digression — l'histoire est encore des plus obscures. En 1425, sa veuve se qualifiait dame de Loudes. (Drôme, terrier de la rente de Loudes, reg. in-4°, papier).

(2) Corr. : de *Roca*.

(3) *Ermido, Esmido, Smido*, formes archaïques et plus ou moins régulières du nom *Hermio, Hermios*, qui est celui d'une famille de chevalerie, vassale des seigneurs de Roche-en-Régnier et possessionnée à Roche, Artias, etc. — Le 10 mars 1257 (n. st.), Jaucerant Hermion *(Hermios)*, chevalier, d'Artias, récapitule dans un acte collectif les ventes antérieures par lui faites à Guigon seigneur de Roche de ce qu'il possédait à Mans (mai 1246), au Chambonnet sous Retournac (mars 1249), à Orsier et à Artias (février 1251), etc. Pons Hermion, chevalier, de Roche, était fidéjusseur ou garant de ces ventes (Arch. nat. P. 1398[3], cote 738).

dariam in villa de Pigeriis, et simili modo concessum est ei hujus monasterii beneficium et omni generi suo. Testes sunt W. de Miseris sacrista, Poncius Aimarici prior claustralis, P[etrus Johannis], operarius, omnisque conventus, Aumarus et Durantus frater ejus, G. de Chareis, P[oncius] de Rialeriis et P[etrus], frater ejus, Jaufridus bajulus. Post paucos annos, dedit .LX. solidos filiis suis ut eam laudarent.

82

[*Donum Geraldi de Turre ad Serroilz*].

In perochia de Rozeriis.

[3 juin 1165]

Anno .M°. C° .LXV. ab incarnatione Domini, .XII. kalendas mai[i] (1) in abbatem electus, .III. idus [maii] (2) a domino Petro Podiencium episcopo per gratiam Dei benedictionem suscepi.

Deinde, III. nonas junii, obiit Geraldus de Turre, qui, cum mortem juxta adesse dinosceret, vovit se Deo viventi et monasterio Camalariarum, | donans ibi decimas quas habebat in villa de *Serroilz* (3), de quibus fieret ibi annualis refectio, tam pro animabus parentum suorum omnisque generis sui, quam pro sua. Quapropter, ego Petrus, dictus abbas et prior Camalariarum, precepi fieri pro eis annuatim officium defunctorum, et concessi eis partem in omni beneficio nostre congreguacionis, et specialiter pro eo fieri, sicut pro uno professo. Set est notandum quod, pro his decimis, sequenti anno donavi .C. solidos Jordano de *Rocos* et Geraldo Pagani, quoniam asserebant illas a se teneri.

---

(1) 20 avril.
(2) 13 mai.
(3) *Farouil*, commune de Rosières, est un terroir situé entre Rosières et les Pautuds, attenant à celui de Florac et qu'on dénomme aussi Florac-Haut.

83

[*Donum Airaldi de Roca in Mannis*].

In perochia Sancti Mauricii.

[1166]

Anno ab incarnatione Domini .M°. C°. LXVI., obiit Airaldus *Derroca* (1), qui dimisit Deo et monasterio Camalariarum, pro redemcione anime sue et animarum parentum suorum, in villa de Mannis, .I. *cartal* annone et .I. *gallina* censualiter.

84

[*Demissio mansi de Vaicenac a W. de Bedorzet*].

In perochia de Retornac.

[1 et 5 décembre 1166]

Eodem anno, kalendis decembris, ego Petrus, ecclesie Sancti Teohtfredi dictus abbas et prior Camalariarum, emi de W°. de *Bedorzet* .I. sextarium mellis in manso de *Vaicenac*, et quicquid in eo habebat. Asserebat enim illum juris | esse sui, eo quod f° 41 ab illo tenebatur; unde donavi ei .CCLXX. solidos. Propterea ipse donavit, et Petrus Umberti filius ejus laudavit, et ambo fide firmaverunt in manu mea, ne ulterius in predicto manso aliquid quererent. Facta sunt hec in villa de Rosa. Testes sunt *Foraias*, Gaufridus monacus, Petrus [de] Rialeriis, Umbertus, Julianus *Chautart*. Deinde, nonis decembris, in monasterio Podiensi, in presencia Iuterii prioris et monacorum ejusdem loci et Poncii Calanconis et W. de *Ventrazac*, Umbertus et Raimundus, filii predicti W[i]., hec eadem pacta laudaverunt et in manu mea fide firmaverunt. Eodem die, redidi eis .CCLXX. solidos. Preterea sciendum est quod istud mel pignori positum fuerat pro .XL. solidis, quod ego redemi de Aumaro de Artigiis.

(1) *Corr.* : de *Roca*.

85

[Donum Petri Arimandi ad Sainas].

In perochia Sancti Johannis de Retornac.

[1166 et 9 janvier 1167]

Anno ab incarnatione Domini .M. C. LXVI., Petrus Arimandi clericus, veniens in capitulum nostrum cum Aumaro de Artigiis, donavit Deo et huic monasterio Camalariarum unum mansum in *Sainas,* scilicet alodum et feudum; set medietatem v^o pignori po-. | suerat Bertrandus Alamelle, frater ejus, Aumaro de Artigiis pro una marca argenti quam ego redemi. Deinde Ausilendis, conjux predicti Alamelle, que ab eo sustulerat filiam nomine Raimundam, mariti sui et filie sue juris hanc medietatem esse dicebat. Unde, sequenti anno, .v. idus januarii, ego donavi eis .xxxvii. solidos, et predicta Raimunda, concilio matris sue, quodcumque juris in predicto manso habebat, donavit et concessit; preterea juravit supra textum euvangelii ne ulterius in eo aliquit quereret ipsa, nec aliquis suo monitu. Hoc idem laudavit mater ejus A[usilendis]. Testes sunt G. Ebraldi, Aumarus de Artigiis, P[oncius] de Rialeriis, et P[etrus], frater ejus.

86

[Donum Falconis de Bauzac in Fraxineto juxta Montem Ibiæ].

In perochia de Retornac.

[30 janvier 1167]

Eodem anno, .iii. kalendas februarii, obiit Falco de *Bausac,* qui, cum sibi mortem imminere senssiset, dimisit Deo et monasterio Camalariarum, in remissionem peccatorum suorum, unam apendariam, sine omni impedimento, in Fraxineto juxta Montem Ibie. Exitus est .i. sextarius civate, ii. solidi, .i. gallina.

87

[*Venditio bailiæ de Bauzac a Barba de Linone*].

In perochia de Bauzac.

[13 avril 1167]

| Anno ab incarnacione Domini .M.C.LXVII., idus aprilis, f° 42 Petro Podiencium existente episcopo, Barba quidam, homo de Linone, vendidit .I. minam annone, .III. solidos, .III. denarios, quos habebat censuales nomine bailie, in terra de *Bausac*. Unde ego P[etrus], ecclesie Sancti Teohtfredi dictus abbas et prior Camalariarum, donavi ei .LXXX. solidos. Testes sunt Geraldus Ebraldi, Umbertus de Platia, *Cambos bailes*, P[oncius] de Rialeriis et P[etrus], frater ejus.

88

[*Demissio Guichardi de Artigiis in vineis de Bauzac*].

De Bauzac.

[2 mai 1167]

Eodem anno, Guichardus de Artigiis vastabat terram nostram multis rapinis et infestabat depredationibus, conquerens venditionem vinearum de *Bausac* quas pater suus Bertrandus Salmonis vendiderat Silvio de *Fai*, priori Camalariarum. Querebat etiam campum qui est in silva supra predictam villam, et, juxta *Sarlangas*, terram quam vocant Monziam, et Petrus Salmonis, patruus ejus, donaverat nobis domum et ortum in villa de *Bauzac*, in quibus querebat servicium. Unde, concilio et laude Aumari | de Artigiis et Ugonis Troncheti et Aimonis de v° *Senuil*, .VI. nonas mai[i], sic cautum est ut Guichardus hec omnia perpetuo dimitteret, exepto servicio domus et orti, quod valeret .XII. denarios, si infra .XL. dies testibus approbaret : quod non fecit. Hoc pacto donavi ei .C. solidos.

89

[Venditio bailiæ de Vaicenac ab Ainardo clerico de Chalancone].

In perochia Retornac.

[Décembre 1167]

Eodem anno, mensse decembrio, Ainardus quidam, clericus de *Calanco,* volens proficisci Hierusolimam, vendidit michi, P[etro] de *Belmunt,* abbati Sancti Teohtfredi et priori Camalariarum, bailiam quam habebat in manso de *Vaicenac* : unde ego donavi ei .L. solidos. Hec omnia laudaverunt Ainardus pater ejus et fratres.

90

[Donum Aumari de Artigiis in Chareis].

In perochia Retornac

[22 janvier 1166]

Quod inter presentes gestum est, posteris per scripta significare curamus, scilicet quod, anno ab incarnacione Domini .M.C.LXV., .XI. kalendas februarii, Petro Podiencium existente episcopo, B[eraldo] ecclesie Sancti Theothfredi abbate, Aumarus de Artigiis clericus vovit se Deo viventi et Beate Marie et monasterio Camalariarum, in presencia Petri de *Belmunt* prioris, ita ut, dum viveret, | utilitati ejusdem monasterii provideret, et priori semper adjutor et conciliarius in bonis existeret, et habitum religionis absque ejus concilio et voluntate nusquam su[s]ciperet. Deinde obtulit filium suum Bonefacium ut fieret monacus, pro quo redemit unum mansum in villa de Chareis quem dimisit nobis. Et est notandum quod hunc mansum dedera[n]t Maria que fuerat conjux Jarentonis de *Malz Ivernas,* et Rainerius filius eorum, set pignori pro .CCC. solidis fuerat, sicut alibi hec omnia scripta habentur. Testes Poncius Aimarici prior, P. Johannis, W. de Miseris, omnisque conventus, Poncius [de] Rialeriis et P[etrus], frater ejus, Gaufridus bajulus, et plures alii.

91

[Incipit pars hujusce cartularii a Girberto de Meseris redacta].

In hac parte continentur ea que, tempore Poncii de Calancone prioris Camalariarum, adquisita sunt.

92

[Donum Ponciæ de Retornaget ad Arnosc].

In perochia Retornac.

[13 décembre 1172]

Anno ab incarnacione Domini .M°. C°. LXX .II., idus decembris, tempore Poncii prioris, obiit quedam domina de *Retornaget,* Poncia nomine, mater Delfinorum, que, dum | extrema v° ageret, dimisit Deo et monasterio Camalariarum, pro redemcione anime sue et parentum suorum, in villa de *Arnosc,* quartam partem manssi que nominatur   (sic), de qua, si vestita fuerit, exeunt .II. sextarii de *segel* et .v. solidi. Testes sunt Aumarus de Artigiis et Durantus frater ejus, P[oncius] Derrialeriis (1) et P[etrus], frater ejus.

93

[Donum Agnetis, uxoris Poncii Ermidonis, ad Chamiac, Mans et Sainas].

In perochia Sancti Mauricii.

[1173]

Anno ab incarnacione Domini .M°. C°. LXXIII., obiit Agnes quedam domina, conjux Poncii Ermidonis *Derrocha* (2) qui, pro illius anima, donavit Deo et huic loco Camalariarum, in villa que dicitur *Chamiac,* .I. *cartal* civate, et *a Mans,* in loco qui dicitur *Terrascias,* .I. gallinam, et in loco quem vocant *Sainas* aliam gallinam. Testes sunt Aumarus et Durantus de Artigiis, et multi alii.

---

(1) *Corr.:* de Rialeriis.
(2) *Corr.:* de *Rocha.*

94

[Definitio Rainerii et Guigonis de Rocha super decimis Sancti Agricolæ].

In perochia Sancti Agricole.

[3 mars 1174]

Eodem anno, .x. [*corr.* : v] nonas marcii, facta est definicio de decimis Sancti Agricole, quas diu ante fere. xxx. annis Silvius de *Fai,* prior Camalariarum, emerat de quodam milite de *Ro- cha* qui Gui- | ndus vocabatur, set de his conquerebantur quidam milites ejusdem castri, scilicet Austorgius, Zacarias, W. et Petrus Niger, inter se, fratres et nepotes supradicti G[uindi], quia sine eorum concilio factum fuerat, qui ei succedebant. Unde sic definitum est, Rainerio domino de *Rocha* laudante et conciliante et Guigone fratre suo : quod Poncius prior unum e fratribus, Eustorgium scilicet, in loco Camalariarum suscepit, ita ut ibi victum et vestitum [h]aberet dum viveret, et ob hoc dimiserunt quicquid in eis habebant, et super textum juraverunt ne ulterius in eis aliquid quererent. Testes sunt Poncius de Rialeriis, et Petrus, frater ejus, et plures alii.

95

[Donum Raimundi Alferanz a Mercoiret, Vonac et la Blacha].

In perochia Retornac.

[Vers 1174]

Cunctos hoc scriptum legentes presentis scripti testimonio certos reddere volumus, quod Raimundus *Alferanz,* miles de Mercorio, dedit Deo et monasterio Sancti Egidii de Chamalariis, pro redemptione anime sue et uxoris sue *Aladaiz,* quam in prefato monasterio sepulture tradidit, in villa de *Mercoiret,* .vi. solidos et .i. sextarium civate, *a Vonac* .i. eminam civate et duas gallinas, *alla Blacha* .i. eminam *poiesa de segel.* Ex his prior jam dicti monasterii, in anniversario ipsius uxoris, debet plenissime procurare fratres hic in perpetuo degenturos (1).

96
De decimis de Rocha [*in opus casei donatis*].
[Vers 1179]

| Usu et veterum traditione monemur ut, que perpetuo ser- v°
vare volumus, auctoritate scripture roboremus. Hinc est quod
ad presentium posterorumque noticiam mittere volumus quod,
domno W[illelm]o de Varcia abbate Sancti Teohtfredi existente,
et P[etro] de *Cervissas* monasterio Camalariarum presidente,
Matheus de Roseriis et D[urantus] de *Rocha,* laude et voluntate
ipsorum, decimas Esmidonum de *Rocha* emerunt, et uni eorum, Esmidoni scilicet de *Rocha* cui héé *(sic)* decime jure hereditario contingebant, mille et .xl. solidos dederunt, et insuper
filium prefati E[smidonis], nulla pecunia mediante et sine expensis, in eodem monasterio monachum susceperunt. Et ut
liberius possent possidere quod tam care videbantur emere, ab
ipsis dominis a quibus ipsas decimas dicebantur habere, scilicet
delz Rorgues de Polemniaco et Uguone de *Lode* et a Raimundo
Radulfo et a filiis eorum, laudem et assensum habuere : ex
quo *li Rorgue* .c. solidos et Raimundus *Raolz* .lxx. habuerunt.
Hec itaque emcio et laudatio facta est in curia de *Rocha,* in
presentia Guiguonis canonici Sancte Marie, et nepotis ejus eodem nomine vocati (2), quibus prefate decime alodium erant, a
quibus antedicti milites *li Rorgue* et ceteri pro feudo tenebant.
Hanc itaque emcionem illibate et sine contradictione, Esmido
de *Rocha* qui hanc vendicionem fecit, et uxor ejus et filii, tactis
evangeliis, fideliter se tenere compromiserunt. Insuper Guiguonem dominum de *Rocha* fidejussorem priori et fratribus Camalariarum dederunt, ipsumque tutorem et defensorem, ipso
G[uiguone] favente, statuerunt. Horum omnium testes sunt Pe-

(1) Degentivos. *Ms.*
(2) Vocato. *Ms.*

trus Johannis sacrista, G. Ebraldi, Simeon, Jordanus, Bonefacius, G. de *Singau,* Odo et ceteri fratres, et Durantus capellanus de *Rocha* qui his omnibus interfuit, et multi alii. Proventus itaque harum decimarum, jam dicti emtores M[atheus] et D[urantus], cum laude et concilio domni W[illelmi] et domni Franconis qui ei successit, abbatum Sancti Teohtfredi, et P[etri] prioris, in opus casei dederunt fratribus Camalariarum, quibus antea, nisi festivitas .xii. lectionum superveniret, nisi tribus vicibus in septimana non dabatur.

97
[Donum Ademari et Dalmaciæ in manso Sancti Juliani].
Sancti Mauricii.
[1027]

f° 45 | Anno ab incarnacione Domini .M°. XX°. VII°., Rotberto rege regnante et domno Willelmo monasterii Sancti Theotfredi presidente abbate, Ademarus quidam et uxor ejus Dalmacia, cogitantes Dei misericordiam et ejus retributionem eternam, in remedio animarum suarum et parentum illorum, donaverunt Deo et monasterio huic Sancti Egidii unum mansum quem vocant mansum Sancti Juliani, cum omnibus attinentiis suis, in parrochia Sancti Mauricii de Proenciaco (1), set in isto manso retinuerunt .xii. denarios solummodo pro garda. Testes sunt Aumarus filius suus, Avitus, Berno, Guido, Galbertus. Exitus est.

98
[Donum eorumdem in Chabannariis].
In perochia Sancti Mauricii.
[1027]

Eodem tempore, Ademarus predictus et uxor ejus superius memorata, in remissionem omnium delictorum suorum, dona-

---

(1) Saint-Maurice-de-Lignor. — *Parrochia Sancti Mauricii de Poenzav.* 1163, cart. des Hospitaliers du Velay, charte 17. — *Podenciagus* (pour *Podenciacus*), 940, voir plus bas la charte n° 106.

verunt huic sancto cenobio, in eadem parrochia Sancti Mauricii, in villa que dicitur Chabannarie, quandam terram, totum silicet illud quantum ad ipsas Chabanarias pertinet vel pertinere videtur, sine retentione ulla. Hujus rei testes sunt Gotiscalcus, Ademarus, Berno, Pontius, Arricus, Hemardus. Exitus est.

99

[*Donum Gersoendis de Prosme in Provis*].

In perochia castri de Sancti Desiderio.

[1031-1060]

Regnante domino Aenrico et Willelmo prefato presidente abbate, Gersoendis de *Prosme*, in remedio sue anime et filiorum suorum animarum, donavit huic loco sanctissimo unum | mansum, in parrochia castri de Sancto Desiderio, in villa que Provis nuncupatur, cum omnibus attinentiis suis. Et de hoc testes sunt Stephanus, Guigo, Girbernus, Umbertus, Wilielmus, Pontius. Census est.

100

[*Donum Guitardi in Siricalmis*].

[954-981]

Item, cunctis ad memoriam redeat per hanc presentem paginam quod, regnante rege Lotherio et dompno Golfaudo monasterio Sancti Theotfredi presidente abbate, Guitardus quidam dedit Deo et Sancto Theotfredo atque Egidio, in remedio anime sue et parentum suorum Umberti et Algardis, mansum unum, cum curtilio quodam et orto, pratis, silvis et cunctis appendiciis suis, in mandamento castri *d'Ussom*, in villa Siricalmis; et istum mansum laborat Benedictus. Hujus doni testes sunt ipse Guitardus sacerdos qui hoc donavit, Giraldus, Girbertus, Icterius, Folcherius. Exitus est.

101

[Donum Geraldi de Rochos et Brunicardis ad Lengurinas].

[1082]

f° 46 | Notum sit universis hanc cartulam inspecturis quod, anno ab incarnatione Domini .M. [L]. XXXII., Rotberto [*corr.:* Philippo] rege regnante et Ademaro Aniciensi episcopo, domno Willelmo abbate Sancti Theoffredi existente, Geraldus senex, miles de *Rochos*, et uxor sua nomine Brunicardis, cogitantes de Dei misericordia, in remissionem omnium peccatorum suorum, donaverunt huic loco Chamalariarum et Beato Egidio unum mansum valde bonum et utilem domui isti, silicet *Lengurinas* (1), villam et territorium in dominico, de feudo et alodio, cum capella et omnibus attinentiis suis, preter nemus, hoc est, bostchaticum quod erat de Acariis et Willelmo et Petro Nigro militibus. Census ville et territorii cum hominibus est .IIII.^{or} sextaria annone et .II. civate et .XVI. solidi et .IIII. galline, et *per ouchas* alterum sextarium civate. Et per elemozinam istam receperunt .M. solidos Podiensium ab Ebrardo priore hujus loci. Testes Umbertus, Girbertus et Fulco. Set quia, propter nemus dictum, villa Chamalariarum et homines valde costringebantur, ipse prior cogitavit quomodo predictos milites ejiceret et expelleret a boschatico, et donavit predictis militibus. LX. libras Podiensium, susceptis .XX^{ti}. libris in adjutorium istius emptionis ab hominibus ville Chamalariarum. Testes sunt Guabo, Girbertus, Arbertus, Nebulo, Gualbertus.

(1) Dans la table qu'il a jointe au ms. du présent cartulaire, le chevalier de Lamée identifie *Lengurinas* avec le hameau de Sarallier, commune de Chamalières. Cette identification me paraît douteuse, car, dans le cadastre du mandement de Chamalières dressé en 1688, on lit cette rubrique : « Lou Sarallier, au passé La Trioulade. » (Haute-Loire, cad. de Chamalières, folio 97 verso).

102

[*Donum ecclesiæ de Bausac ab Ademaro Aniciensi episcopo factum*].

Bausaco.

[1096]

| Cunctis Ecclesie rectoribus est sollici[ti]us insudandum quatinus pervigili cura consolident queque ruitura, ne superni Opificis constructura vaccillet. Qua de re, ego Ademarus, Anicii dictus episcopus, licet indignus officio suscepti regiminis, cupio, si possem, bona quelibet crescere, et minora provehere ad majora. Est itaque sub nostra diocesi quidam locus qui Chamalerie nuncupatur, ubi corpus sancti Egidii requiescit cum aliis multis reliquiis sanctorum, quibus a monachis ibi degentibus, pro nostris et populi delictis, ut intercessores permaneant, orationes quamplurime cotidie profunduntur. Hujus loci habitatoribus famulantibus Domino sine fine, ut habeant affluentius unde se induant atque vivant, in remissionem peccatorum meorum, dono ecclesiam Sancti Johannis Baptiste de *Bausac*. Hoc vero facio cum assensu et laude clericorum meorum, in presentia Petri gramatici, canonici dicte Anicii ecclesie, et Icterii et Gotiscalci archipresbiterorum, et Renconis forisdecani, Willelmi prepositi, Dalmatii *Malet* et Silvii fratris ejus, et Willelmi (1) Claromontensis episcopi, cui ista ecclesia

---

(1) Guillaume de Baffie fut élu évêque de Clermont par le pape Urbain II, pendant le Concile de Clermont, après la mort de Durand, son prédécesseur, décédé le 19 novembre 1095, mais il ne fut sacré qu'à la fin de mars 1096. — Ce prélat prit part à l'arrière-croisade de 1101, formée des retardataires et des déserteurs de la première croisade, et dont l'un des principaux chefs était Guillaume IX, comte de Poitiers et duc d'Aquitaine ; avant de partir pour l'Orient *quando Guillelmus comes Pictaviensis Hierosolimam adiit*, il fit donation à l'église du Puy, en alleu, du mas de la Mure et du château d'Usson en Forez (Gissey, *Hist. de N.-D.-du-Puy*, liv. III, chap. 4). — Les immenses armées de cette arrière-croisade qui traversèrent Constantinople furent presque anéanties par les Turcs d'Asie-Mineure, et ce qui gagna la Syrie eut à souffrir d'une peste qui fit de nombreuses victimes (lettre du regretté comte Paul Riant, membre de l'Institut, *Rapallo Ligure*, 25 février 1886 ;

pertinebat (1). Factum est istud donum regnante rege Philipo. Et si quis eum infirmare voluerit, sit semper ex parte Domini anathema. Amen. Census ecclesie est.

103

[Bertrandus de Bas, adiens Jerusolimam, legat suas decimas de Bauzac].

In perochia de Bauzac.

[1101?]

f° 47 | Preterea, notum sit omnibus presentibus et futuris quod Bertrandus de *Bas*, ecclesie Aniciensis canonicus, dum iret Jerusolimam, gravatus infirmitate nimia super mare, suum voluit, convocatis comitibus, condere testamentum, et reliquit Deo et Beato Egidio et ecclesie de *Bausac* superius memorate omnes decimas quas in ipsa villa vel ejus parrochia videbatur habere, et valde se culpabilem reddidit et clamavit quod jus ecclesie injuste tamdiu tenuisset. Testes hujus testamenti fuerunt socii sui, Girbertus de *Meseras*, Bonefacius canonicus, Petrus de Mercorio sacerdos, Abo de Sancto Bonito, Stephanus de Liurio et Durantus Bovis, et alii quamplures.

cf. *Le martyre de Thiemon de Salzbourg,* Paris, 1886). — Guillaume de Baffie mourut au cours de cette malheureuse expédition le 14 janvier 1102 ou mieux 1103 ; son obit est ainsi libellé dans le nécrologe de la cathédrale de Clermont : *XIX kal febr. Eodem die, pro Christi fide, apud Ciprum Nicossiam, Arvernorum presulis est Wilelmi corpus situm, peregrini et exulis.* (Bibl. nat. ms. lat. 9085, folio 9).

(1) Il n'y a rien de surprenant à ce que l'église de Beauzac ait appartenu par droit de patronage à l'évêque Guillaume de Baffie. On sait par ailleurs que la maison de Baffie possédait des biens et droits seigneuriaux soit dans la paroisse de Beauzac, soit sur d'autres points du Velay. — Vers 1172, Guillaume de Baffie fit donation à l'Hôpital de Saint-Jean-de-Jérusalem de la rente d'un saumon sur le barrage de la Loire à Confolent (commune de Beauzac) et de ses droits de fief à Arcellet (commune du Chambon) (Cart. des Hospitaliers du Velay, charte 25). — En 1285, on voit que la terre de Saint-Pal-de-Mons *(terra de Saynt Paules et de Mons, diocesis Aniciensis)* était entrée dans la maison des comtes d'Auvergne, où Eléonore de Baffie l'avait apportée en se mariant avec Robert V, comte d'Auvergne (Arch. nat. J 1086, cote 22).

104

[Donum Willelmi in Brenatis].

In perochia de Bauzac.

[1021-8]

Regnante rege Rotberto, et domno Willelmo presidente abbate et Petro decano, Willelmus quidam, cogitans Dei misericordiam, et obtans sue anime requiem sempiternam, reliquit huic loco Sancti Egidii, pro sepultura sua, unum mansum cum suis appendiciis in villa de Brenatis, in parrochia de Bausaco.

| Testes sunt Girbertus, Rodavus, Geraldus, Bertrandus, Pontius, Amblardus. Exitus est.

105

[Donum Achardi clerici in Brenatis].

In perochia Sancti Johannis de Bauzac.

[987-996]

Tempore vero Ugonis regis et Guigonis Sancti Theotfredi abbatis, Achardus clericus, timens Dei judicium profuturum, in remedio sue anime et parentum suorum, donavit, in ipsa villa de Brenatis, mansum quem excolit Benedictus, cum attinentiis suis. De hoc testes sunt Willelmus frater ejus, Giraldus, Girbertus, Asterius, Ebrardus, Aldebertus, Galbertus. Census est.

106

[Donum Ademari in Podenciago].

[Samedi 15 février 940]

Regnante domino Lodovico, ejus regni .vii°. anno, Ademarus quidam, obtans veniam suorum delictorum, in anime sue remedio et animarum suorum parentum, dedit huic loco Sancti Egidii, in villa de Podenciago (1), in territorio Bassensi, .iii.

---

(1) Nom primitif de Saint-Maurice-de-Lignon. Voir plus haut la note du n° 97.

mansiones cum ortis et curtibus et omnibus appendiciis suis. Hoc factum est .xv. kalendas martii, feria .vii. Exitus est.

107

[Donum Umberti Ranulphi a Masmega et a Rocher].

In perochia Sancti Johannis de Bauzac.

[1082-9]

Item, presenti cartule comendare curavimus quod, regnante rege Philipo et domno Ebrardo hujus domus priore existente, Umbertus Ranulphi et uxor sua, cum consensu filiorum suorum f° 48 Willelmi, Peitavini et aliorum, donaverunt Deo | et Beato Egidio, in parrochia de *Bausac*, mansum de *Masmega*, et medietatem de alio manso ubi dicitur *a Rocher*. Testes sunt Durantus, Ebrardus, Ugo, Airaldus. Census est.

108

[Donum Umberti Gladii ad Pijairolas].

De Bauzac.

[1082-9]

Eodem tempore, Umbertus Gladii, obtans Christi misericordiam et ejus retributionem eternam, donavit huic sancto cenobio, in parrochia dicta, mansum unum in villa que dicitur *Pijairolas*. Testes sunt Petronilla, uxor ejus, Abo, Willelmus, Geraldus, filii sui, Austorgius de *la Vaiceira*. Exitus est.

109

[Donum Gauznæ dominæ Bellomontis ad Gelaitivos et Sarlangas].

De Bauzac.

[986-7]

Regnante domino Lodovico, et dompno Guigone existente abbate et Amblardo decano, Gauzna domina Bellomontis, et filii sui Rodavus et Airaldus, expectantes Christi misericordiam et veniam suorum delictorum, donaverunt, in parrochia de Basso, .I. appendariam in villa que dicitur ad Gelaitivos, et est ex una parte Ancia, ex alia rivulus parvulus, ex tercia terra de *Sarlangas*. Et donaverunt etiam mansum unum qui dicitur Hermenradescum, in villa de *Issarlangas*. Hanc vero terram totam dederunt monasterio huic, cum Ricone filio Achardi eorum amici, quem monacum fieri voluerunt. Testes sunt Rodavus, Airaldus, Achardus, Giraldus, Aldebertus, Galbertus. Census est.

110

[*Donum Bertrandi ad Montem Torterium*].

In perochia de Bauzac.

[1031-1060]

| Alio quoque tempore, regnante domino Aenrico, Bertrandus quidam, sperans perpetuam Christi adhipisci salutem, donavit huic loco sanctissimo et ecclesie de Bausaco superius memorate Montem Torterium, cum bosco et issartariis, de alodo. Hujus doni testes sunt Rodavus, Guigo, Pontius. Exitus est.

111

[*Donum Blandinæ in Fageto*].

In perochia de Bauzac.

[1031-1060]

Eodem vero tempore, Blandina domina, obtans Christi misericordiam, et sempiternum meritum credens se pro terrenis erogandis lucrari, donavit, pro salute anime sue et animarum omnium defunctorum, huic cenobio et ecclesie supradicte boscum de Fageto, in territorio de Bausaco, cum issartariis (1) et attinentiis suis, de alodo. Testes sunt Garento, Petrus, Guigo, Girbertus, Bertrandus.

(1) Issartartariis. *Ms.*

112

[Donum Duranti et Petronillæ al Montel].

In perochia de Bauzac.

[1031-1060]

Item, eodem tempore, Durantus quidam et uxor ejus nomine Petronilla, in remedio animarum suarum et parentum eorum, donaverunt huic loco Sancti Egidii et ecclesie dicte superius de Bausaco .I. cabanariam, de alodo, *al Montel,* quam Arnaldus excolit, in territorio Bassense, cum curtis, ortis, pratis, silvis | et omnibus pertinatiis suis. Testes sunt Umbertus, Airaldus, Rico et Rotbertus sacerdos qui duos solidos dedit eis. Exitus est.

113

[Donum Pontii Nautæ in Varenis de Bausaco et Meravila].

In perochia de Bauzac.

[1082-9]

Futuris et presentibus notum fieri volumus quod, tempore Ebrardi prioris hujus domus, Pontius Nauta dereliquit Deo et Beato Egidio et fratribus in hoc loco degentibus decimam et comandam et omnem consuetudinem quam habebat in manso de Varenis de Bausaco, et consuetudines omnes quas habebat in vineis de *Meravila ;* et propter hoc dedit ei prefatus prior .I. mansum in villa de *Vouce,* et ibidem duos campos, et .I. appendariam ad *Antremanz.* Testes sunt Pontius de Artigiis, Bonifacius, Willelmus, Marcellus, monachi.

114

[Donum Petri Austorgii ad Montilium super Bauzacum].

In perochia de Bauzac.

[1082-9.]

Presenti quidem pagine comendare curavimus, quod Petrus Austorgii donavit Deo et Beato Egidio et huic loco Camalariarum, pro anime sue et animarum parentum suorum remedio, .I. appendariam ad Montilium super Bauzacum. Testes hujus doni sunt Umbertus Airaldus sacerdos, Bertrandus Umbertus et Austorgius de Chambiliaco qui hoc donum laudarunt. Census est.

115

[*Donum Costavoli et Geraldæ in Montilio super Bauzacum*].
In perochia de Bauzac.
[970]

| Anno .XIIII^{mo}. regni Lotherii, Golphaldo Sancti Theotfredi v^o monasterio divina gratia presidente abbate, Costavolus quidam et uxor ejus Geralda, cogitantes Dei misericordiam et ejus retributionem eternam, in remissionem suorum delictorum et in remedio animarum eorum, donaverunt Deo et monasterio huic Sancti Egidii unum dimidium mansum quem Disderius excolit, in ipso Montilio super Bausacum. Testes sunt Galo, Garinus, Gapherinus, Ricardus, Homarus. Exitus est .xx. denarii in anno, .x. in kalendis et .x. in maio.

116

[*Venditio a Bernardo et Barnelde ecclesiæ de Bausaco facta*].
In perochia de Bauzac.
[923-936]

Et in ipso Montilio, tempore regis Radulphi, Bernardus quidam et uxor sua Barneldis vendiderunt Guitgerio, sacerdoti ecclesie de Bausaco, unum campum pro .IIII^{or}. solidis, et dedit ipse Radulphus ibidem sacerdoti prefato et ecclesie supradicte, pro sua anima, aliam petiam de campo quem nominant *Marmonteda*. Testes sunt Giraldus, Aribernus, Algerius, Galterius. Exitus est.

117

[Donum Gotbrandi in Montilio].

In perochia de Bauzac.

[946]

Regnante domino Lodovico, anno .x°. ejus regni, in mense januario, Gotbrandus quidam nomine donavit huic loco Sancti Egidii in eodem Montilio | quandam terram et unum pratum, susceptis .xxx. solidis a Lanfredo decano. Testes sunt Unigenius, Berno, Eldinus, Giraldus, Daniel. Exitus est.

118

[Donum Abonis ecclesiæ de Bausaco factum].

In perochia de Bauzac.

[923-936]

Item, eodem loco, Abo quidam, Dei pertimescens judicium, in remedio sue anime et parentum suorum, donavit Guigerio sacerdoti prefato et ecclesie supradicte unum campum et unum pratum et unam oucham ibidem, susceptis ab eo .iiii^{or}. solidis in signum hujus doni. Testes sunt Ranulphus, Giraldus, Rainaldus, Daniel. Exitus est.

119

[Donum ecclesiæ Sancti Privati a Rodavo et Sulpicio factum].

In perochia Sancti Privati.

[1021-8 ou 1037-8]

Futurorum memorie tradere volumus quod, tempore Petri hujus domus decani, Rodavus quidam atque frater ejus Sulpicius, in remedio animarum suarum, donaverunt Deo et monasterio huic Sancti Egidii medietatem ecclesie consecrate (1)

---

(1) Consecratam. *Ms.*

in honore Sancti Privati martiris (1), et feudum terre dejuxta. Hujus doni testes sunt Rotbertus sacerdos, Ademarus de *Rocha*, Bertrandus *Chalvi*.

120

[*Donum Constanciæ in Bausaco*].

In mandamento de Bauzac.

[997-1031]

| Regnante rege Rotberto, feria .I., in mense januario, Constancia nomine quedam, in remedio anime sue et parentum illius, donavit ecclesie Sancti Johannis de Bausaco, in ipsa villa, .I. sextairiatam de campo, de alodio; et hec terra est posita juxta stratam comunem. Testes sunt Rico, Adraldus, Bego.

121

[*Donum B. Leodegarii ad Monastrolium et Nant*].

[1 mai 1179]

Anno ab incarnatione Domini .M°. C.LXX°. III°., kalendas maii, domino Petro Podiensis ecclesie existente episcopo, et P[etro] ecclesie Sancti Theotfredi abbate, et Pontio de Chalancone hujus domus prioratum regente, B. Leodegarius, tonsuram sancte conversationis in hac domo suscipiens, donavit Deo et Beato Egidio annuatim .III. eminas siliginis in molendino quodam quod subtus Monastrolii pontem sistit, ad mensuram ejusdem ville, et in alia villa que *Nant* vocatur, in tenemento Petri *Mosnac* .III. sextarios siliginis et .I. gallinam. Hoc concessit et propria manu firmavit Dalfinus miles, de genere ipsius, in capitulo, coram omnibus fratribus hujus domus. Testes sunt P[oncius] de Rialeriis et omnis conventus.

---

(1) Saint-Privat, *mansus Sancti Privati*, est cité, en 1346, dans un hommage de Guillaume Billaudon de Rochebaron, seigneur d'Usson (Arch. nat. P 490³, cote 229). Cette localité fut détruite par la Loire probablement au xv° s.; elle était voisine du Monteil, commune de Beauzac; dans le lit du fleuve, en temps de sécheresse, la baisse des eaux met à nu les vestiges des anciennes constructions.

122
[Donum Umberti Herilegis].

[Vers 1173]

Item, sciendum omnibus quod Umbertus Herilex, sperans Christi misericordiam et ejus retributionem eternam, donavit huic loco Sancti Egidii, in sepultura uxoris sue Elene nomine, unum mansum dimidium *(sic)*. Census est.

123
[Donum Gotolendis a la Mura].

In mandamento Rochabaronis.

[Vers 1173].

f° 51 | Item, certum sit omnibus quod Gotolendis domina dedit Deo et Beato Egidio, pro animæ suæ remedio, in villa de *la Mura*, censualem .I. minam siliginis et .II. solidos Viennensis monete, et donavit, in quadam vinea castri Rochabaronis, .x. denarios Viennenses. Testes sunt Beraudus Laugerius et Umbertus Laugerius, fratres illius.

124
[Donum Gordæ dominæ de Bausaco].

In perochia de Bauzac.

[1175]

Anno ab incarnatione Domini .M°.C. LXX.V., regnante domino Lodovico, luna .xxIIII., quedam domina de Bausachio, Gorda vocabulo, et filii sui Artaldus, Beraldus et Philipus, cogitantes Dei misericordiam et requiem animarum suarum, donaverunt Deo et Beato Egidio et loco huic Camaleriarum, in presentia domni P[ontii] prioris et totius conventus, pro anima U. *Tronchet*, mariti dicte domine, .xxv. solidos censuales [in] manso quodam ad Ingelados, tali condicione ut, annis singulis, [in] vigilia beati Juliani (1), fratres monasterii hujus plenarie de

---

(1) La fête de saint Julien est le 28 août.

illis, prout poterit fieri, procurentur, et pro anima dicti U. et animabus totius sui generis, eodem die, misse atque processio celebrentur. Hujus doni testes sunt P[ontius], prior. Willemus de Monte Pessulano, G. de *Veirinas*, P. de *Solatges*, P. Arbertus, R. Ademarus, P[oncius] de *Rialeras* et frater ejus, qui hoc donum super altare Sancti Egidii predictis fratribus affirmare viderunt.

125

[*Definitio super decimis Ventreciaci*].

[1246]

[Acte faux].

| Notum sit quod, cum litis debatum esset inter dominum Anicii episcopum et v^o decanum hujus loci super quasdam decimas Ventreciaci, pro bono pacis, dictus decanus recognovit se debere anno quolibet dicto episcopo .xx. cartones siliginis serviendos in granerio Confolenti, anno .M.CC.XLVI., et dictus episcopus cessit totum jus decimarum dicti loci decano nostro. Testes sunt Girbernus, Umbertus, Pontius, Ber..., et plures alii, et P. et J. servitoribus nostris presentibus.

126

[*Donum Grimaldi in Monte Cornaton*].

[Septembre 967]

Anno .xxx°. regni regis Conradi, die dominica, in mense setembri, Arimando domno Sancti Theotfredi monasterio presidente abbate, Grimaldus quidam, cum laude sui filii nomine Amalrici, donavit Deo et Beato [Egidio], in remissionem suorum delictorum, in territorio Viannensi, in quadam villa que Mons Cornaton nuncupatur, unum mansum cum suis pertinatiis, quem Marcombaldus laborat. Testes sunt Austorgius, Rotgerius, Airaldus. Census est.

127

[*Donum Guitbaldi in pago Aurigo*].

[Mai 969]

| Anno .xiii°. regni regis Loterii, feria .iiii., in mense maio, f° 52 Guitbaldus, querens Christi misericordiam adipisci et ejus meritum sempiternum, donavit Deo et Sancto Theotfredo atque

Egidio, in quodam pago Lucdunensis provincie qui dicitur Aurigum, vineam quandam bonam. Hujus rei testes sunt Adalgis, Galbertus, Ratbertus, Acardus.

128

[Donum Rostangni et Alexandræ in Chalmis].

[970]

Anno .xiii°. regni regis predicti, Arimando Sancti Theotfredi monasterii existente abbate, Rostangnus quidam et uxor ejus nomine Alexandra, et filii eorum Rotlandus et Rostangnus, cogitantes Dei misericordiam et ejus retributionem eternam, in veniam delictorum suorum, donaverunt Deo et Sancto Theotfredo, in predicta provincia Lucdunensi, in territorio de *Jares,* in quadam villa que Chalmis dicitur, unum dimidium mansum cum curte et mansione sua, quem mansum Giraldus et pater suus excolunt, et mansionem habitat Arluinus. Testes sunt Galterius, Renco, Garinus, Giraldus et Sutbertus. Census est.

129

[Donum Aleugargis et Galerii in villa Sancti Romani].

[xie s.]

Nichil valet in posterum longe memoriter retineri, nisi carte v° vel testibus commendetur. Quapropter, hac | in presenti pagina declarare voluimus, quod quedam domina nomine Aleugargis et maritus suus Galerius, pro amore Dei et in remedio animarum suarum et parentum illorum, donaverunt Deo et Sancto Theotfredo necnon huic loco Sancti Egidii, in territorio Bassense, in villa Sancti Romani, terram quandam que habet ex uno latere terram aliam que dicitur Ficalma (1), per bosinas et

---

(1) Corr. : *Li Calma*. Une charte de 1333 (Arch. nat. P 494¹, cote 2) mentionne le *territorium Sancti Romani* et précise la situation de ce lieu aujourd'hui détruit : c'est un terroir appelé *Saint-Rome*, situé sur le chemin de Retournac à Jussac et qui confronte aux dépendances du village de La Champ, *Calma*, commune de Retournac. — *Ficalma* est évidemment une mauvaise leçon du scribe au lieu de *Li Calma*.

terminos constitutam. Et in alio loco ubi appellatur ad Silvam Lucdunensem, dederunt duos mansos cum omnibus attinentiis suis, quibus ex uno latere est terra posita Guigonis de *Veirenas*, et ex secundo terra Sancte et Beate Marie. Et donaverunt etiam in loco alio, in territorio atque provincia Viennensi, terram quandam que Combris nuncupatur. Et de hoc testes sunt Ysnardus, Guichardus, Bernardus, Martinus, Rotbertus. Census harum terrarum est.

130

[*Donum Bosonis in Polliniada*].

In perochia de Rodenna.

[xi^e s.]

Et in ipsa provincia Luctunensi, alius miles Boso nomine, cum concensu uxoris sue Adengardis, donavit Beato Theotfredo .I. mansionem cum orto, in parrochia de Rodenna, in villa de Polliniada. Census est.

131

[*Pactum de baillia Roseriarum*].

Roseriis.

[1179?-1200?]

| Quod temporum deperit antiquitate, scripture reparatur f° 53 auctoritate : hoc est enim unicum contra oblivionis incomoda munimentum. Idcirco, presentis scripti testimonio memorie fidelium in hoc loco in perpetuum degentium mittere volumus, qualiter baillia de Roseriis sit empta et a fratribus Camalariarum comparata. Set antequam hoc explicemus, sciendum est quod hec baillia, Silvio de Faino priore Camalariarum existente, vice (1) altera a Matheo bajulo fuit empta. Postea vero filiis ejus super hoc conquerentibus, quibusdam amicis mediantibus, rediit in vadimonium quod antea fuerat emptum, P[etro] de Bellomonte priore existente. Fuit itaque hec baillia pro mille et

---

(1) Visce. *Ms*.

.L. solidis fratribus Camalariarum per longum tempus pignori obligata. Postea vero prefate baillie bajuli tantum emolumentum se dolentes per multum tempus perdidisse, unus eorum nomine Stephanus, cui hec baillia, aliis laudantibus, contingebat, .DCC^{tos}. solidos de prefato debito priori Camalariarum persolvens, et de hoc quod remanebat certum tempus solucionis instituens, gatgeriam diu obliguatam sibi sic vendicavit. Quod attendentes, Petrus prior de *Cervissas* qui tunc Camalariis preerat, et ceteri fratres, ex preteritis futura mala sibi timentes, non timuerunt monasterium suum adpresens in aliquo gravare, ut possent damnum bajulorum a se in perpetuum propulsare. Prefatam bailliam ementes, .DCC. solidos Stephano bajulo quos ab ipso habuerant, reddiderunt, eique .CCC^{tos}. solidos quos adhuc pro pignore debebat, dimiserunt. Insuper .XX^{ti}. sextarios frumenti quos ad mensuram [de] Roseriis tunc pro censu debebat, ei condonaverunt. Et ne aliqua sintillula requisitionis super hoc ulterius posset remanere, quam ipse vel aliquis de ejus progenie suscitaret, concessit ei predictus prior terras quas a Silvio priore, facta emptione de qua superius fecimus mencionem, M[atheus] habuerat, mansum silicet de Sollemniaco et apendariam de *Burriana* et unum campum qui vulgo dicitur *Oucha*, et unam grangam, pro quibus tamen priori Camalariarum et ejus successoribus tenetur facere [h]ominium et fidelitatem. Has vero terras | in jus alterius vel dominium, per bonos sive per malos usus, per donum neque per pignus, sive per vendicionem, predictus Stephanus vel ejus successores non debent transferre. Si vero vendere vel pignorare, hinstante necessitate, coacti fuerint, primum priori debent presentare. Quod si prior retinere noluerit, alterum cum ejus consensu poterit substituere, eo tamen quo ipse tenebat tenore, scilicet prestito [h]ominio et fidelitate priori. Preter supradicta etiam munera que prior dedit Stephano bajulo, dedit uxori sue .XL^{ta}. solidos, et Beraldo (1) de Roseriis .XXX^{ta}. et Uguo[ni] *Vivatz* .XX^{ti}., ne possent conqueri

---

(1) Beraldus. *Ms.*

ejus ulterius amici fuisse expertes tante emptionis. Hanc itaque memoratam emptionem predictus Stephanus et uxor ejus et nepos ejus Gerardus fideliter et inviolabiliter se tenere super quatuor euvangelia jurav erunt, et insuper hos fidejussores dederunt : Guillelmum scilicet de Mercorio, et *Vivatz* de Miseris, et Beraldum de Roseriis, et Poncium Arnaldum. Horum omnium testes sunt Matheus de Roseriis qui his omnibus interfuit, et *Bruz* capellanus, Silvius de Rialeriis et Petrus frater ejus, et Guotiscalcus bajulus, Stephanus Rigaldus, Matheus *Sabaterz*, Stephanus Umbertus, Petrus *del Poi*, et multi alii.

132
[*Emptio a bajulis Roseriarum in territorio de Ventresac*].

In perochia de Retornac.

[1179?-1200?]

Post hec, sciendum est quod P[etrus] de *Cervissas*, prior Camalariarum, emit a bajulis de Roseriis quicquid ipsi in territorio de *Ventresac* juris habebant. Ex quibus possessionibus, prati domui Camalariarum erant pignori obligati pro .xi. libris. Hos itaque et cetera que in ipso territorio habebant, emit prefatus prior, et dedit eis, preter .xi. libras supradictas, alias .x.^{cem} .vii.^{tem} libras et dimidiam. Preter hoc, dedit jam dictus prior, pro hoc, *Vivatz* de Miseris .i. modium vini, et Willelmo *Socho* .i. scaumadam, et U[guoni] *Vivatz* .x. solidos. Hanc itaque emptionem se tenere firmiter et inviolabiliter Matheus et Stephanus, bajuli, et Gerardus nepos ejus compromiserunt, et laudaverunt, et insuper | super sacrosancta euvangelia juraverunt. Hujus rei testes sunt Po' cius de Rialeriis et duo filii ejus Silvius et P[etrus]. *fº 54*

133
[*Emptio bailliæ pratorum de Ventrasac*].

In perochia de Retornac.

[1179?-1200?]

Ad presentium posterorumque noticiam mittere volumus, quod P[etrus] de *Cervissas*, prior Camalariarum, emit a Poncio *del Verdier* et a tribus sororibus ejus et a S. *Salvain* quicquid ipsi juris habebant in pratis de *Ventrasac;* set sciendum est quod memorata domus Camalariarum diu tenuerat pro .LX. solidis hoc pignori obligatum. Dedit itaque eis memoratus prior, preter hos, .IIII.^{or} libras; insuper consuetudines quas ipsi tenebantur priori facere pro bailia pratorum, eis dimisit. Hoc itaque prefati bajuli juraverunt, et id se servaturos in perpetuum compromiserunt. Emit etiam isdem prior quendam pratum de Guito *del Pon* et de ejus uxore, et pro hoc dedit ei .IIII.^{or} libras. Alios etiam emit pratos a Guillelma de *Ventresac* et a Romano bajulo, pro quibus dedit .VIII.^{to} libras. Alium etiam emit a *Clemensa* et a filiis ejus, pro quo eis dedit .LX. solidos. Dedit etiam pro alio prato P. *Veiri* .XL. solidos. Similiter Martinus et uxor ejus *Boeira* habuerunt ab ipso priore .XL. solidos pro alio prato quem ab ipsis comparavit.

134

[*Definitio super garda villæ Sancti Flori*].

De villa Sancti Florii.

[1179?-1200?]

Prona est et artifex presens etas dolum machinari et nectere nodum in rebus quas attendit nullo munimine tueri. Idcirco, quod posteris mittere volumus, scripture defensione munire debemus, hoc scripto testificantes quod P[etrus] de *Cervissas,* v^o cum Cama- | lariis preesset, taliter diffinivit cum dominis de *Munrevel,* videlicet Dalmatio et Eustachio et Poncio, de custodia quam vulgo vocamus guardam, quam ipsi habebant in villa Sancti Flori, pro qua ipsa villa erat dessolata et ad nichilum pene redacta. Quicquid itaque in ea juris habebant Deo et Sancto Egidio tradiderunt, hoc tantum sibi retinentes quod, si predicta villa usque ad quatuordecim focos *chabals* succreverit, in unoquoque tantum illorum .I. eminam civate et .XII. denarios et .I. gallinam poterunt, si voluerint, habere. Quod si ultra prefatum numerum villa excreverit, nichil in ea habebunt, neque *boairadas,* neque aliquas exactiones, et, ut brevius dicamus, nullam penitus rem super ipsos habebunt, neque in ipsis .xiiii.^{cim} hoc habebunt nisi hoc quod superius diximus. Hec itaque custodia Uguoni Artaldo pro .dcc.^{tis} solidis pignori erat obligata, quam prior statuto die debet redimere et in dominium sui monasterii transferre : quod factum fuit ab ipso Petro priore. Preter hoc, fratrem illorum, sine expensis nullaque pecunia mediante, in monasterio Camalariarum, Uguonem nomine, prior recepit, eumque monachum fecit. Hanc itaque transaccionem sive pactum jam dicti fratres se tenere fideliter et firmiter super .iiii.^{or} euvangelia compromiserunt, et insuper hos fidejussores dederunt : Wuillelmum scilicet de *Baffia,* et Poncium de *Belmunt* et P. fratrem ejus, et Dalmatium *d'Ussom,* et Lambertum de *Rochabaro,* et Petrum *dels Ais* de Sancto Bonito, et Bertrandum de *Chalanco.* Si vero jam dicti fratres de *Munrevel,* suasione diabolica, contra prestitum juramentum, memoratam villam in alico infestare presumpserint, jam dicti fidejussores dampnum ab eis inlatum tenentur ressarcire. Quod si et ipsi (quod absit!) priori non voluerint satisfacere, fidem datam parvipendentes, prior de eis Lugdunensi, Podiensi et Clarmontensi episcopis querimoniam debet facere, eosque et terram eorum et totam domus sue familiam vinculo excomunicationis potest | innodari facere, nec hoc, *f*° 55 facta tali convenientia inter ipsos et priorem, pro malo debent habere. Hec itaque omnia facta sunt in Camalariarum capitulo, priore P[etro] de *Cervissas* presidente et ceteris fratribus coastantibus, multisque etiam defforis convenientibus, qui omnes hujus rei testes sunt : Poncius *Aimarix,* prior claustralis, Petrus Johannis, sacrista, Matheus de Roseriis, Symeon, cellararius, Geraldus de *Singau,* Bonifacius qui hoc scripsit, Girinus de Artigiis, Bertrandus *Malet,* Petrus de *Glavenas,* et ceteri fratres, Aumarus clericus de Artigiis, Poncius de Rialeriis, Silvius, Ber. et P. filii ejus, *Aumas Coyro* et D. et P. filii ejus, Durantus *Aumas* et filii ejus, Stephanus Rigaldus et frater ejus, Gotiscalcus bajulus, Johannes *Olers,* et duo filii ejus, et multi alii.

135

[Donum Petri et W. de Sancto Pauliano a Legeret et Chambairo].

In perochia Sancti Mauricii.

[1179?-1200?]

Presentibus et futuris per hoc scriptum pateat, quod Petrus et Willelmus, filii Geraldi Sancti Pauliani, pro duabus sororibus suis quas monasterio Camalariarum tradiderunt, easque fratres ejusdem monasterii pro monialibus susceperunt, Deo et Sancto Egidio quartam partem ville de *Legeret* dederunt. Hanc itaque terram domini *d'Aurso*, Bertrandus, Umbertus et Gerardus, prefatos milites pro feudo a se tenere affirmabant. Ut itaque liberius hanc terram fratres Camalariarum possent possidere, predicti milites ab ipsis dominis de *Aurso* tantumdem terre pro feudo susceperunt. Nichil itaque in hac villa domini de *Aurso* habent, neque alodium, neque aliquod dominium, nisi tantummodo .III. sextarios vini censuales. Est itaque pignori hec terra obligata Ebrardo de Chambolivis pro .cc.^{tis} solidis. Dederunt etiam pro ipsis sororibus *a Chambairo* .V. *meiteincs de segel*. Hanc itaque donationem predicti milites se tenere inviolabiliter super majus altare Sancti Egidii juraverunt. Insuper, Guigonem dominum de *Rocha*, qui etiam hoc laudavit, fidejussorem dederunt. Facta autem sunt hec tempore P[etri] de *Cervissaz*, prioris Camalariarum. Sunt autem hi
r° testes : | Matheus de Roseriis, Symeon, Bon[i]facius, omnisque conventus, Poncius de Rialeriis, Sylvius et P. filii ejus, Johannes *Olers* et duo filii ejus, Martinus *Sabaterz*, et multi alii.

136

[Donum Petri de Murs a Muntel Guari].

[1179?-1200?]

Noverint qui hoc scriptum legerint quod, tempore quo P[etrus] de *Cervissas* Camalariis preerat, Petrus de *Murz* miles dimisit et donavit Deo et Sancto Egidio quicquid juris sive requisitionis in territorio de *Muntel Guari* habebat, accipiens pro hoc a memorato priore .XL. solidos. Ne itaque in prefata villa aliquid ulterius excigat vel requirat, manu propria tactis euvangeliis firmavit. Insuper hos fidejussores dedit : Poncium de Bellomonte et Petrum fratrem ejus. Testes sunt hi : W. sacerdos Sancti Johannis, et duo nepotes ejus Nicholaus et W.

137

[*Definitio super la Faiola et Sainnas*].

[1179?-1200?]

Presentis scripti testimonio cunctis elucescat degentibus in hoc monasterio, quod P[etrus] de *Cervissas,* dum preesset huic cenobio, taliter diffinivit cum Bertrando de *Cairelz* et Poncio de Artigiis de querimonia quam ipsi faciebant in nemore de *la Faiola* et in territorio de *Sainnas,* asserentes suum esse quicquid infra dictum territorium *aboschia* (1). Comuni itaque concilio antiquos viros de Camalariis, de *Retornac,* de *Ventresac,* elegerunt, qui terminos ponerent et ostenderent, et, secundum eorum ostensionem, inter se pacem facerent : quod et factum est. Quicquid itaque extra terminos ab ipsis positos est, sive sit nemus, sive terra culta vel inculta, juris est monasterii Camalariarum. Hoc itaque, sicut ab illis juris est ostensum et determinatum, se inconcusse tenere juraverunt. Pro quo facto unus quisque illorum .LXX^{ta}. solidos a memorato priore recepit. In predicto nemore de *la Faiola* quidam Petrus *Monzia* nomine bailiam habebat, quam, ipsis dominis de Artigiis laudantibus, prior emit, eique pro hac .V. solidos dedit. Testes hujus rei sunt Poncius de Rialeriis et Syl- | vius et Ber. filius ejus, Petrus f° 56 *Veiriz,* Stephanus *Cussacz, Goschalz,* Poncius bajulus, Johannes *d'Espeleu.*

---

(1) Aboscatus (Ducange, *Gloss.*), boisé.

138

[Donum plenæ refectionis in castro Artigiarum].

[Fin du xii⁰ s.]

Unicus memorie custos est scriptura, qua solet redimi oblivionis jactura. Inc est quod cunctos hujus scripture testimonio certos reddere volumus, quod Aumarus dominus de Artigiis, cum laude et consilio filiorum suorum Aumari clerici, Duranti et Stephani militum, dedit Deo et Sancto Egidio, pro anima uxoris sue *Adaugart* et parentum suorum, plenam refeccionem fratribus Camalariarum in castro de Artigiis, feria .11ª. post octabas Pasche, semper faciendam. Postea vero, castrum de Artigiis, propter varios eventus, post eos cepit in incerta fluctuari; unde debita reffeccio minus pleno ab eis cepit fieri. Quod attendens, predictus Aumarus clericus, memoriam matris nolens oblivisci, quamdiu vixit, decentissime debitam reffeccionem huic monasterio persolvit. Interim vero, dum adhuc viveret, adtendens suos nepotes minus provide quam deberent se et sua gubernare, sibi precavens in futurum, disposuit ex reditibus suis hanc post se fieri reffeccionem, dans aput *Retornac*, in manso de *Rocha* quem adquisivit a Rainerio domino de *Rocha*, .xii. ortos, ex quibus de unoquoque exit .i. *cartal* frumenti et .1ª. gallina sensuales. Ex his itaque omnibus debet plenam refeccionem qui hoc tenuerit fratribus facere feria .11ª. post octabas Pasche, de pane et vino, cicere et caseo, et ovis et piscibus, et nectare. Hanc itaque donacionem laudaverunt et confirmaverunt D. de Artigiis, frater predicti Aumari, et duo nepotes ejus Poncius et Aumarus, et Bertrandus de *Caireuz*.

139

[Donum Aumari de Artigiis a Saintinac et Chabannolas].

In perochia de Retornac.

[Fin du xii⁰ s.]

v⁰ | Presentibus et futuris, hac scriptura mediante, mittere volumus, quod Aumarus clericus de Artigiis dedit Deo et

Sancto Egidio, pro S[tephano], filio suo, quem in monasterio Camalariarum monachum fecit, in villa de *Saintinac,* feudum in uno manso *(sic),* quem emit a Matheo bajulo de Roseriis, de quo exeunt .II. sextarii et emina sciliginis, et .I. sextarius civate *comble e chaucha,* e .II. solidi et .I. gallina. Similiter, pro alio filio suo nomine Poncio quem in eodem monasterio fecit monachari, et pro matre sua Ermengarda, dedit Sancto E[gidio] feudum, in villa de *Chabannolas,* quem emit a W° et Petro de *Bruzac* et a matre eorum, ex quo exeunt .III. emine ciliginis et .III. emine civate et .v^{que}. solidi.

140

[*Donum ejusdem in villa del Vilar*].

Retornac.

[Fin du XII° s.]

Volumus et id scripto comendare quod antedictus A[umarus] de Artigiis, et frater ejus D[urantus], pro anima fratris sui S[tephani] quem sepulture huic loco tradiderunt, in villa *del Vilar* que est juxta Montem Dibiam, .II. sextarios ciliginis censuales Deo et Sancto Egidio dederunt.

141

[*Donum Willelmæ de Ventrasac a Trenchaborsa*].

In mandamento Crapone.

[Fin du XII° s.]

Quedam domina de *Ventrasac,* W[illelm]a nomine, dedit Deo et Sancto Egidio, pro redemptione anime sue, in villa que dicitur *Trenchaborsa,* .I. sextarium siliginis censualem, quem habebat illuc pro bailia, cum laude filiorum suorum Poncii et Uguonis.

142

[Donum Duranti de Artigiis a Sainas et Voucer].

Retornac.
[Fin du xiie s.]

f° 57 | Hujus scripture testimonio certos reddere volumus degentes in hoc cenobio, quod Durantus dominus de Artigiis dedit Deo et Sancto Egidio, pro filio suo Girino quem huic monasterio monachum obtulit, unam coxam vaxce quam habebat censualem in pratis de *Sainnaz*. Dedit etiam insuper molendinum *de Voucer, e tot lo ribatge* usque ad rivum *d'Orscer* (1), infra quem terminum nullus debet construere molendinum sine consensu prioris Camalariarum. Hoc itaque laudaverunt Aumarus clericus, frater ipsius D[uranti], et duo filii ejus, Poncius miles et Aumarus clericus.

143

[Donum Bollerii militis de Chalanco a Velpra].

In perochia Tiranias.
[Fin du xiie s.]

Quidam miles de *Chalanco*, *Bollerz* nomine, dum ultimum testamentum conderet, leguavit Deo et Sancto Egidio, pro redemptione anime sue, decimas de *Velpra*, quas etiam ab eadem domo pro .L. solidis diu tenuerat obligatas, de quibus .II°. sextarii siliginis exeunt censuales (2).

144

[Donum Gaucerandi de Artigiis ad Artigietas, Chausac et Espeleu].

Retornac.
[Fin du xiie s.]

Alius etiam miles, Gaucerandus nomine de Artigiis, dum testamentum suum similiter disponeret, donavit, pro redemp-

---

(1) « Territorium quod vocatur *Orseir*, quod est inter *Retornac* et castrum *d'Artias*. » 1248, Arch. nat. P 1398³, cote 738. — Orsier est une montagne au pied de laquelle prend naissance un ruisseau du même nom, affluent de gauche de la Loire.

(2) Sensuales. *Ms.*

tione anime sue, fratribus degentibus in hoc monasterio .v^{que}. solidos censuales in villa que vocatur *Artigietas*, et unam chabannariam in territorio de *Bauzac*, que vocatur *Chausac*, et duos campos in *Espeleu*.

145

[*Donum Aumari et Eliæ de Salsac a Chairiac et Tellas*].

Roseriis.

[Fin du xii[e] s.]

Id etiam memorie fidelium hujus scripture testimonio comendare volumus, quod Aumarus et Elias milites de *Salsac*, cum ex hac luce, Deo vocante, se migraturos cognoscerent, domum istam quam viventes dilexerant, etiam in morte studuerunt declarare terrarum suarum largiscione. Dederunt itaque, in villa de *Chairiac*, Deo et Sancto Egidio, .iii. eminas civate, .i. eminam fromenti, .i. eminam *d'ordi*, .iii. gallos, .ii^{as}. gallinas, .iiii. solidos et .i^a. *fojassa* de frumento. In territorio etiam de *Bauzac*, in villa de *Tellas*, dimidium mansum dederunt.

146

[*Donum Austorgii de Domosola*].

[Fin du xii[e] s.]

| Quidam juvenis, Austorgius nomine de Domosola, laborans in extremis, dedit Deo et Sancto Egidio, pro redemptione anime sue, cum laude et voluntate fratrum suorum Petri et W., unam domum et unum ortum, de quibus exeunt .i. carta [civate], .i. gallina, .vi. denarii.

147

[*Donum Umberti de Cenoil*].

In perochia de Vourei.

[Fin du xii[e] s.]

In territorio de *Vourei*, quidam miles de *Cenoil*, Umbertus nomine, dedit huic loco, pro salute anime sue, unam apendariam que vocatur   (sic), de qua exeunt .I. emina de *segel*, .I. carta civate, .XII. denarii.

148
[Donum Marchæ de Rocha in villa Nemoris].
[Fin du XIIe s.]

Quedam domina de *Rocha, Marcha* nomine, cum laude et voluntate filiorum suorum Poncii clerici et Petri Ademari militis, dederunt decimas de villa que vocatur Nemus, huic loco, pro Odone filio suo quem monachum hic fecerunt, quas poterunt recuperare .ccc^{tis}. solidis huic loco persolutis.

149
[Donum Poncii bajuli ad Sarlangas et Ventresac].
In perochia de Retornac.
[Fin du XIIe s.]

Quidam juvenis Poncius, bajulus de *Ventresac*, dedit huic monasterio, pro fratre suo Uguone quem hic monachum obtulit, unum mansum in villa que dicitur *Sarlangas*, et unum pratum in villa de *Ventresac*.

150
[Donum W. Ebrardi a Ponrainart, Chesanova, Crumairolas, etc.].
[Fin du XIIe s.]

Presentibus et futuris per hoc scriptum pateat, quod miles quidam W. Ebraldus nomine, in mortis articulo positus, Deo et Sancto Egidio in quo totus confidebat, dedit in villa que dicitur *Ponrainart* .LX. solidos censuales, quos .LX. solidos domus Camalariarum redemit. Dedit etiam unum mansum *a Chesanova*, qui pignori est obligatus Ugoni Arberto pro .X. marcis argenti. Dedit etiam in villa de *Crumairolas* .X. [solidos] quos habebat ibi pro custodia, in alia villa que dicitur ad *Arnosch* .XII. denarios, in alia que dicitur *Mazel* .XII. denarios, in altera que dicitur   (sic).

151

[*Donum Petri Roure de Vertamisa a Bauzac*].

In perochia Sancti Johannis de Bauzac.

[Fin du xii° s.]

| Quidam cliens de *Vertamisa*, Petrus *Roure* nomine, dedit, f° 58 pro redemptione anime uxori[s] sue, quam in hoc loco sepulture tradidit, Deo et Sancto Egidio duas *ouchas* in villa de *Bauzac*, in quibus habet domus Camalariarum quartum et decimas.

152

Donum ecclesie de Cofolento dedicate in honore B[eati] P[etri]
[*a Francone abbate factum*].

[1184-1190 ?]

Nulla preteritarum rerum certitudo haberetur, nisi scripture custodiæ comendaretur: hec enim emergentes calumnias sua precidit auctoritate, rerum seriem incomutata loquens veritate. Idcirco, hujus testimonio scripture presentes et futuros certos volumus reddere, quod domnus Franco abbas Sancti Teohtfredi, adtendens domum de Cofolento domui Camalariarum valde esse nescessariam et perutilem, tam ex loci vicinitate quam ex piscium quandocumque ubertate, sibique non multum proficuam itineris longinquitate, Petro de *Cervissas* qui tunc domui Camalariarum presidebat, et ejus in perpetuum successoribus, cum laude sui capituli, memoratam domum tradidit sub cura et libero regimine ipsius, salvo tamen dominio et solito abbatis obsequio, et censu monasterii quem tenetur persolvere, et insuper illuc duos monachos tenere. Tantum itaque collatum sibi ab abbate beneficium adtendentes, jam dictus prior et ceteri fratres Camalariarum, cum ad plenum non possent reconpensare, in quodam tamen negotio quod forte tunc imminebat monasterio, eos studuerunt juvare. Quidam namque W. *Pimenta* nomine, pistor Sancti Teohtfredi, unicam habens filiam, in ultimo testamento, eis liberam quam ab ipsis habebat, dimisit pistoriam, ita tamen ut memoratam filiam in aliquo monasterio sanctimonialium monacharent. Hanc itaque suscipientes, fratres Camalariarum in monasterio de *Bellacumba* factam monacham intromiserunt, pro qua .III. sextarios et .II. solidos quos habebant censuales in domo *d'Adiac*, donaverunt. Prefatus itaque prior et ceteri fratres Camalariarum datam sibi domum de *Cofolent* suscipientes, a debitis quibus valde gravabatur absolverunt; in cujus liberatione et repara- | cione mille et .CCC. solidos expenderunt. Hec itaque donatio domus de *Cofolent* capitulo Sancti Teohtfredi, cunctis laudantibus, est facta; post. in capitulo Camalariarum, cunctis fratribus multisque aliis astantibus, a domno Francone abbate est confirmata. Ut itaque hoc donum firmum et inviolabile constaret in perpetuum, ex precepto ipsius abbatis, hi qui tunc presentes aderant fidejussores domui Camalariarum fuerunt: Guigo de *Rocha*, Bertrandus de *Chalanco*, et Stephanus frater ejus, Bertrandus de *Cairelz* et Aumarus de Artigiis.

153
Stabilimentum pelliciarum [*a Francone abbate factum*].

[1184?-1190?]

Quod per spatia temporis delet oblivio, reformat scripture reparatio. Idcirco, quod memoriter semper volumus retinere, cunctis in hoc cenobio in posterum degentibus presentis scripti testimonio volumus significare, quod domnus F[ranco], abbas Sancti Teohtfredi, veniens Camalariis, adtendens penuriam pelliciarum quas fratres ibi degentes paciebantur, quibus per quinquennium sive per decennium pro pellicia nichil dabatur, eis multum compasciens tanteque nescecitati finem facere volens, capitulum intravit, fratresque est adlocutus ut, si quis illorum proprium, quod utique non licebat, haberet, cum sui licencia in hoc opere misericordie erogaret, ut proprium sic errogando fieret licitum, quod male adquirendo et retinendo antea fuerat illicitum et anime periculosum. Tam salubri itaque consilio, unus fratrum, Gaufredus nomine de *Rocha*, .cc^{tos}. L. solidos, hujus boni operi[s] jasciens fundamentum, fratribus donavit. Cujus exemplo quidam sacerdos de *Chalanco*, Petrus nomine, visceribus misericordie plenus, in hujus operis adjutorium .D. solidos similiter errogavit. Ex prefatis itaque .cc^{tis}. solidis, quendam molendinum apud *Monistrol* qui pignori erat obligatus pro .C. solidis, fratres Camalariarum ad hoc opus redemerunt, de quo exeunt .II. sextarii siliginis, .II. solidi; ex aliis .C. emerunt unam rastelleiram a Poncio Lautardo que est apud Sanctum Privatum, de qua proveniunt .X. solidi, in qua prior Camalariarum pro dominio .V. solidos habebat pro salmone, quos in prefato opere dedit. Quingentos vero solidos sacerdotis, P. de *Cervissaz*, qui tunc curam monasterii Camalariarum | habebat suscipiens, eos in monasterii sui necessitatibus et debitis expendit, pro quibus quedam que domus Camalariarum suis temporibus adquisierat, huic operi concessit, unum scilicet mansum in villa de *Sarlangas*, et unum sextarium siliginis in villa de Fraicenoto, et decimas de villa *del Posc* quas pignori tenet obligatas prefata domus, et etiam precium si fuerint redempte. Dedit etiam memoratus prior et ceteri fratres quicquid in territorio de Cofolento ecclesia de *Bauzac* habebat in offerentiis, sive in decimis panis et vini, ex quibus prior ipsius domus .III. sextarios siliginis et .VIII^{to}. solidos pro vino persolvere tenetur. Quia itaque domus Camalariarum, pro domo de Coffolento lucranda, multa expenderat, stabilitum est a priore et a ceteris fratribus ut censum *d'Adiac* quem pro ipsa dederant, domus de Coffolento in hujus operis adjutorium .III. sextarios scilicet frumenti et .II^{os}. solidos in perpetuum persolvat. Statuit insuper antedictus prior Camalariarum ut .VIII. solidos quos domus de Coffolento monasterio censuales debebat, huic operi de cetero persolvat : quem censum prior Camalariarum tenetur reddere sicut et suum. Hunc itaque censum, quem prediximus, usque ad festum sancti Michaelis tenetur persolvere qui domum de Cofolento visus fuerit gubernare. Hec itaque omnia que supra diximus sunt data et concessa in opus pelliciarum, priore et ceteris fratribus confirmantibus in communi capitulo Camalariarum. Quisquis itaque furiis infernalibus agitatus hanc donationem minuere vel alienare presumpserit, cum Juda traditore qui seipsum suspendit, et cum Datan et Abiron quos terra vivos absorbuit, sit maledictus, et eternis cum illis cruciatibus, nisi resipuerit, sit condempnatus. Amen. Sic fiat.

154
[Donum Ugonis Vivacii ad Pigerias].

[Fin du xii° s.]

v° | Noscant presentes et posteri quod quidam miles, Ugo Vivacius nomine, dedit Deo et Beato Egidio unum ortum in villa de Pigeriis.

155
[Donum W. de Andable in molendino Roserio].

In perochia Sancti Andree deus Felcos.

[1213]

Et hoc similiter paginæ comendamus quod alius miles de Chalanconio, nomine Willelmus de *Andable*, universe carnis viam ingrediens, reliquit (1) huic loco, pro sue redemptione anime, .i. eminam siliginis in molendino Roserio, sito (2) in loco qui dicitur *Aspraloita*. Hoc etiam laudaverunt duo fratres ejus, Guigo videlicet et Girinus, et duo filii Guigonis, et tactis evangeliis juraverunt quod testamentum istud tam a se quam aliis pro posse suo semper inmobile conservarent. Hoc factum est anno ab incarnatione Domini .M. CC° .XIII°., R. de Mercorio priore existente.

156
[Donum Girundæ et Arimandi in Pigeriis].

In perochia Camaleriarum.

[1212]

Quicquid pertractant (3) homines sub cursu temporis dignum memoria tunc existit solidiv cum scripture vel testibus comen-

---

(1) Reliquid. *Ms.*
(2) Situm. *Ms.*
(3) Pertrantant. *Ms.*

datur. Omnibus igitur per hanc presentem paginam volumus innotescere, quod anno ab incarnatione Domini .M°. CC°. XII°., R. de Mercorio hujus domus priore existente, quedam domina Girunda nomine, et ejus filius nomine Arimandus, atque uxor sua, terrena pro celestibus respuentes, et sui novissima ante cordis occulos preponentes, donaverunt Deo et Beato Egidio quicquid in villa de Pigeriis vel ejus territorio huc et illuc jure hereditario vel alio modo dicebantur habere, et hoc fecerunt cum laude et assensu P. *Truch,* mariti dicte domine, et Arimandi ecclesie Aniciensis clerici, fratris ejus mariti. Predictus vero prior, cognoscens (1) tanta bona sive tam neccessaria domui isti prestita, et attendens ad donum promptum eorum animum, et illorum neccessitatem suo corde conpassiens, reconpensavit eos, ad sua neccessaria et debita propellenda, | de *f° 60* .M. solidis et de .V. solidis censualibus, quos sumebat in quadam vinea in villa de *Cheirac* annuatim. Preterea dedit predicte domine Girunde silicet .xx^{ti}. solidos, et uxori Arimandi .xx^{ti}., et P. *Truch* similiter .xx^{ti}., et .xx$_{ti}$. prefato clerico, et Ademaro de *Rocha* militi .I. marcam argenti, qui, ut hoc donum fieret, pro posse suo modis omnibus laboravit. Predicti vero omnes firmaverunt, juramento super altare prestito atque reliquiis sancti Egidii, quod in isto dono nichil amodo quererent, nec super eo in aliquo domum istam ulterius molestarent. Et multis audientibus atque videntibus, G[irunda] dicta domina et A[rimandus] illius filius, ad quos precipue ista donatio pertinebat, de dono investirunt priorem. Testes sunt de hoc P. *Boschez,* P. de *Chasellas,* Odilo de *Rocha,* Nicolaus, D[urantus] *Coiros,* M[athe]us, Mauricius, Jacobus, monachi, et totus conventus hujus domus in cujus presentia fuit factum, et A[demarus] de *Rocha* miles, et B. sacerdos, Gotiscalcus, Willelmus *Coiros,* P[etrus] *Coiros,* Pontius bajulus et P. filius ejus, Johannes Faber et filius ejus, Johannes de Rialeriis et D. frater ejus, Pontius, Geraldus, Gregorius, Willelmus Chavarius, et B. et

---

(1) Congnoscens. *Ms.*

P. filii ejus, Pontius Surellus et P. filius ejus, P. de Roseriis et Andreas filius ejus, *Morez* et Abbas frater ejus, B. Umbertus, P. *Viga,* P. *Maders,* J. *Olers* et J. filius ejus, et P. illius nepos, et multi alii hujus ville qui investituram istam oculo ad oculum conspexerunt. Prior quoque predictus fidejussores ab eis habuit, quod, sicut dictum est, nichil in dono amplius isto peterent, et quod a cunctis reclamatoribus et petitoribus, si forsitan exirent aliqui, modo et in perpetuum, sicut solet dici, ad racionem et ad justiciam, se interponerent cunctis modis. Testes sunt B., Aniciensis episcopus, B. Chalanconii, Ademarus de *Rocha*. Et ut ista donatio firma atque inmobilis semper permaneat, sigillorum B. predicti episcopi et Sancti Theotfredi abbatis fuit munimine atque auctentico roborata.

157

[Donum Aelidis de la Mastra in Pigeriis].

[1212-3]

v° | Item, presenti cartule duximus comendare quod, in eadem villa silicet de Pigeriis et ejus territorio, alia domina nomine *Aelis de la Mastra,* de redemptione sue anime cogitans, donavit Deo et Beato Egidio quicquid jure hereditario ibi vel modo alio possidebat. Prefatus vero prior R. de Mercorio, paupertati ejus multum compassiens et attendens donum domui neccessarium, donavit ei .iiii^{or}. libras, et .x. solidos P. ejus filio, et .v. solidos A. filio alteri, et .v. suo cuidam bajulo. Predicta vero domina et ejus ambo filii juraverunt super reliquiis sancti Egidii quod, in villa dicta vel ejus territorio, nichil ulterius demandarent, et si exirent forsitan reclamatores aliqui sive etiam petitores, ad jus se interponere debuerunt; et propter hoc Arnaudus de *Rocos* extitit fidejussor. De hoc vero testes sunt P. de *Glavenas*, P. de *Chalancon,* P. *Boschez,* P. de *Chaselas,* Jacobus, monachi, et G. de Bellomonte, monachus, B. presbiter, *Johans Olers,* Willelmus *Coiros*.

158

[Donum Arnaudi de Rocos in Pigeriis].

In perochia Camaleriarum.

[1212-3]

Preterea, scripto presenti volumus notum fieri quod quidam miles, A[rnaudus] de *Rocos* nomine, donavit huic loco, in predicta villa de *Pigeriis*, .xii. denarios censuales, quos in quadam appendaria petebat, et tactis evangeliis affirmavit quod illos amodo non exigeret, et hujus doni conquestoribus de jure responderet. Prior vero R. de Mercorio valuit ei de .v. solidis propter hoc et de una vini etiam *asinada*. Testes sunt P. de *Glavenas*, Jacobus, G. de Bellomonte, monachi, B. presbiter.

159

[Raimundus de Mercorio, prior, hoc cartularium inceptum a Petro de Bellomonte, prosecutum a Girberto de Miseriis sub priore Petro de Serviçaz, continuari per Durantum Coiro curat].

[1213]

| Auxiliante Domino Deo Patre et gratia Jhesu Christi miserante atque propiciabili, ab incarnatione ipsius Christi anno .M° .CC° .XIII°., Philipo rege in Gallia regnante prospere, et domino Brocardo Rochabaronis sancte Aniciensis ecclesie presidente electo, P. Gaudini bone memorie abbate monasterii Sancti Theotfredi, R. de Mercorio Camaleriarum prioratui provide, sicut poterat, in omnibus providebat. Ante quem, multo spatio dierum et annorum, a predicti prioratus inicio, plures processu temporis priores et rectores non minimi in eo pertransierant, de quibus, pro majori parte, memoria in supradicto opere, prout aliquid adquisierant, locis congruis declaratur.

Quorum unus non minimus, Petrus de Bellomonte nomine, genere nobilis, virtutum honestate preclarus, inbutus literarum scientia et plenus moribus, per quoddam temporis spacium, ut servus sapiens et fidelis quem constituerat Dominus supra suam familiam in hoc loco, sibi comisso gregi bene mensuram tritici dispensavit. Qui suscepti cura regiminis et profectu commisse sibi domus semper pervigilans, in dispositione ejus necessaria sapienter et discrete in omnibus, prout poterat, laborabat. Unde, dum quadam die terrarum census et possessiones domus hujus, sicut de novo veniens, vellet addiscere, quesivit cartulas in quibus omnia plene disposita invenire putavit, et delate sunt ei carte innumerabiles et confuse, divise per diversas membranas, quibus, si vellet querere necessarium aliquid, | raro aut nunquam per multum spatium suis manibus advenisset. Quod statim stupefactus conspiciens, cepit secum revolvere et suo animo pertractare quod confusionem talem, si posset ullo modo, ab[j]iceret, et diversas membranulas per parrochias singulas et territoria opid[or]um seriatim uno volumine adunaret. Novellos quoque conquisitus, vel de novo huic loco concessas elemozinas, per priorum successiones sub quibus facta fuerant, suis locis adaptaret, honerosas vero cartas et veteres, necnon superfluas, quorum census nullorum ad memoriam unquam pervenerant, quasi inutiles resecaret (1), et si que essent terre vel census aliqui pertinentes ad istud monasterium, quorum non haberetur scriptura aliqua, locis certis describeret, sicut tunc temporis levabantur : quod, ut totum secum tractaverat, brevi tempore incoavit. Set, sicut sonat scriptura evangelica : « Non potest civitas abscondi posita supra montem, nec lucerna latet sub modio, sita Christo candelabro, set exaltatur ipso duce cotidie (2) », ut visum omnibus qui per fidem intrant ecclesiam, suo lumine administrat : miserante divina gracia que de suis vocatis a principio ascensiones (3) cotidie disponit, de hujus domus prioratus ac particulari regimine in patrem abbatie totius provectus est et rectorem. Nec tamen propter hoc prioratum istum quem diligebat quodam amoris privilegio, dereliquit ; set

---

(1) Resequaret. *Ms.*
(2) Math. V, 14 et 15 ; Luc. VIII, 16.
(3) Assentiones. *Ms.*

ut dicit Gregorius : « Suscepta cura regi- | minis animum per f° 62 diversa reverberat, et inpar quisque invenitur ad singula, dum inpartita mente dividitur per plura (1) ». Unde multis negociis inpedientibus que tam ex prioratu ipso quam ex abbatia de novo suscepta et sepissime accidebant, non potuit consumpmare opus quod ceperat, et sic, vocante Domino, universe carnis viam ingrediens, inperfectum remansit.

Post ejus vero obitum, non longuo tempore, monachus quidam Girbertus de Miseriis, pollens scientia et morum venustate preclarus, rogatus a domno Francone monasterii Sancti Theotfredi abbate, et a Petro de *Serviçaz* priore domus hujus, conquisitiones quasdam et elemozinas que sub ipso de novo et illius predecessoribus donate et adquisite fuerant, parum scribens de cartis vetulis, relicto operi sub eodem volumine adjescit.

Tandem, Raimundus de Mercorio suprafatus curam domus hujus suscipiens, inceptum opus utile nimis et neccessarium considerans inperfectum, sub eodem volumine, ordine et proposito, predictas cartulas confusas et divisas, sensu non mutato, quamvis tamen conpendiosius, fecit perscribere et dictare Duranto *Coiro*, more sapientis artificis in edificio domus sue, fundamento jactato, ponens parietes et texturam.

Qualiter vero ecclesia ista, et Ventreciacum, et terra de *Combres*, et quedam alia huic ville coadjacentia, et ecclesia de Roseriis, et quedam terre alie Beatho Theotfredo necnon Sancto | Egidio collate a quibus fuerint, vel a quibus similiter quocum- v° que modo prioribus adquisita fuerint, in libelli principio superius explicatur; tamen, quia quedam remanserant in veteribus cartulis nondum scripta, que ad parrochiam hujus ecclesie, sive ad illam de Roseriis pertinebant, ad ea describenda priusquam alias ecclesias vel illarum parrochias agrediamur scribere, ordine congruo stilum nostrum vertamus.

---

(1) S. Gregorii papæ I cognom. Magni *Regulæ pastoralis* pars I, cap. IV.

160

[Donum Aldeberti de Artigiis in Malavalle].

[1021-8 (1)]

[P]resentibus igitur et futuris notum fieri volumus quod Aldebertus de Artigiis dedit Deo et Beato Egidio, cum filio suo Gerardo quem in isto cenobio monachavit, terram de Malavalle, cum decimis atque primiciis, et cum omni juris integritate. Tamen, cum postea domus ista molestaretur a filiis suis Willelmo, Pontio, Bertrando, Bonifacio, super predicta terra, quidam prior domus hujus, Petrus nomine, dedit eis caballum unum atque .xx. solidos, pro quibus eam in perpetuum abjurarunt, et ab inquietatione dicta semper ulterius debuerunt cessare.

161

[Donum Jordanæ relictæ Duranti Salmonis ad Granos].

De Camaleriis.

[1171]

Anno ab incarnatione Domini .M°. C°. LXX°. I°., tempore P. (2) abbatis et prioris Camalariarum, quedam domina de Artigiis, Jordana nomine, que fuerat uxor Duranti Salmonis cujusdam militis, tacta inspiratione divina, donavit Deo et huic loco Camalariarum .I. minam civate quam habebat censualem in decimis de *Granos*, ut Dominus ei tribueret suorum veniam peccatorum. Testes Aumarus de Artigiis et multi alii.

162

[Demissio Pontii Aguirelli in Planezis et Pigeriis].

[1172]

f° 63 | Scriptis debemus tradere ea que posteros volumus non latere : unde presenti scripto tradimus quod, anno ab incarna-

---

(1) Cette date est fixée par la charte n° 284.
(2) Petri de Bellomonte.

tione Domini .Mº. Cº. LXXº. IIº., obiit Pontius Aguirelli, qui, antequam extremis ageretur, dimiserat Deo et huic loco Camaleriarum quicquid habebat in decimis de Planezis et in villa de Pigeriis. Post mortem cujus, hoc idem laudavit Blancus, frater ejus, in presentia Pontii de *Chalancon* prioris, et P. Johannis operarii, et Gaufredi monachi, et quorumdam aliorum.

163

[*Donum Eliæ de Miseris ad Olas*].

[12 octobre 1172]

Eodem anno, .IIII. idus octobris, obiit Elias de Miseris, qui, pro redemptione anime sue, dimisit Deo et huic loco dimidium feudum mansi qui vocatur *Olas*, et ibidem appendariam .I., alodi et feudi, que dicitur *Rocha*. Hoc laudavit et confirmavit E[r]mengarda uxor ejus, et Galiana consanguinea ipsius Elie, et Willelmus Petri, conjux Galiane. Testes sunt P[ontius] dictus prior, in cujus presentia fuit factum, et D[urantus] de Artigiis, Pontius de Rialeriis, et Petrus frater ejus.

164

[*Pactum de villicatione decimæ de Laisac*].

[4 mai 1173]

Presenti pagine volumus comendare quod P[oncius] de *Chalancon*, prior domus hujus, dedit .IIII^{or}. marchas argenti Willelmo Asterii, et Petro ejus consanguineo, et Tome nepoti suo, propter villicationem decime de *Laisac*, pro qua querimoniam semper huic domui faciebant. Et omnes superius memorati super sacrosancta evangelia juraverunt quod nil in ea amplius quererent, nec propter illam querimoniam domum istam ulterius molestarent; et fidejussores insuper prebuerunt Willelmum Beraudi *del Monester*, et Bonafocium, ejus fratrem. | Testes hujus rei sunt Aumarus de Artigiis, P. de Rialeiriis et Silvius filius ejus. Hoc autem factum est .IIII. nonas maii.

165

[*Donum Martini in Mirabilia*].

[986]

Anno .xxx°. regnante Lotherio rege, Wigone monasterii Sancti Theotfredi presidente abbate, quidam Martinus nomine dedit huic loco Camaleriarum, pro anima patris et matris sue, quendam furnum in villa que vulgariter Mirabilia nuncupatur. Testes sunt Aldebertus, Giraldus, Willelmus et alter Aldebertus.

166

[*Donum Stephani et Austorgii Girini in Planeziis*].

[Vers 1142]

Cunctis per hanc presentem cartulam innotescat, quod quidam Stephanus Girini, et Austorgius frater ejus, donavit Deo et Beato Egidio et huic loco Camalariarum, cui Johannes prior licet inmerito preesse videtur, decimam de Planeziis, sine omni antidoto sive reti [ne] mento. Testes sunt Dalmatius, Odilo, Girbernus Plateus et Bernardus *Vivaz*.

167

[*Donum Ademari in Planeziis*].

[954]

In eadem villa de Planeziis, Ademarus quidam nomine, cogitans de Deo et sua ac suorum requie animarum, reliquid totam villam que illi jure hereditario veniebat. Hoc factum est Lodovico rege regnante et Golfaldo monasterii Sancti Theotfredi abbate. Testes sunt Rodavus, Girbernus, Garnerius, Nicezius.

168

[*Donum Stephani vicarii in Mannis*].

[946]

Regnante Lodovico rege, ejus regni anno .x., Dalmatio abbate Sancti Theotfredi monasterii existente, Stephanus vicarius, dum extremum suum vellet condere testamentum, reliquid huic loco sanctissimo unam domum in villa de Mannis, cum sensu suo. Hujus rei testes sunt Rodavus, Geotfredus, Geotbertus, Rainaudus, Acardus, Galmarus.

169

[Donum Benigni sacerdotis in Chambolivis].

[991]

| [Q]uod in memoria diu habere volumus, scripture testi- f° 64 monio comendare debemus. Quapropter, scripto presenti notum fieri volumus, quod quidam sacerdos Benignus nomine, ut benignitas Spiritus Sancti a mortali peccato semper illum deffenderet, anno .iiii°. regni Ugonis et tempore Guigonis abbatis, donavit huic loco Camaleriarum unam vineam in villa de Chambolivis, cum dominio suo, sine omni contradicente persona. Testes sunt Acardus, Rainerius, Theutio, Adalgerius.

170

[Donum Lauderitæ in Chambolivis].

[991]

[E]odem vero tempore, Lauderita quedam, pro remedio anime sue et parentum, reliquit, in eadem villa, unam mansionem cum orto.

171

[Donum Raimberti et Archimbaudi in Chambolivis].

[1021-8]

[R]egnante rege Rotberto, et Willelmo abbate et hujus domus Petro existente priore, Raimbertus et Archi[m]baudus, duo germani fratres, donaverunt Deo et Sancto Egidio, in supradicta villa, quandam vineam sitam subtus ortos, et unam versanam in *Cumbas*. Hujus rei testes Benignus sacerdos, Ranulphus, Geotbertus.

172

[*Donum Leodegarii in Chambolivis*].

[Octobre 958]

Anno quoque .ii°. regni Lotherii, in mense octobris, Leodegarius quidam legavit Deo et Beato Egidio, in eadem villa de Chambolivis, tres mansiones cum omnibus suis pertinentibus. Testes vero sunt Arduinus, Guidabertus, Arduinus.

173

[*Demissio Guigonis de Rocha ad Arthietas et Chambolivas*].

[1100?-1130?]

Quod memoria indiget, ne tradatur oblitui, scripture debet testimonio confirmari. Unde presenti pagina volumus certum fieri quod Arimannus, prior loci istius, querelas quas habebat cum Guigone de *Rocha* taliter diffinivit. Ipse Guigo de *Rocha* mulieres quasdam et homines habitantes in Valle de Cama-

v° leriis | pro suis requirebat, quos omnes, in presentia conventus hujus domus et aliorum laicorum quamplurium, super altare Sancti Egidii et sancta evangelia, abjuravit, et dimisit omnino quod nec ipse nec heredes illius eos ulterius requirere valerent. Malos usus quoque quos superacreverat manso de *Arthietas*, post obitum Ebrardi prioris et Duranti domini de *Rocha* datoris hujus mansi, dimisit penitus et reliquit. De feudis etiam suis quoscumque habebamus diebus illis, donum et resignationem fecit Arimando dicto priori, ne ab illo vel suis successoribus querela aliqua ulterius moveretur. Similiter quasdam vineas, quas in villa de *Chambolivas* auferebat injuste, in pace dereliquit. Pro his omnibus vero ipse G[uigo] accepit .c. et .x. solidos a predicto priore. Testes hujus pacti sunt Arimandus prior, et Willelmus sacrista, Mauri[c]ius, Willelmus [de] *Rocha*, Arimandus, Jarento canonicus, P. Adzemari, et alii quamplurimi.

174

[Donum Blismodis et Galberti de Miseris ad Ollacium].

In perochia Roseriis.

[1000?-1012?]

Regnante rege Rotberto, et domino Ademaro hujus domus existente decano, Blismodis domina et filius ejus Galbertus de Miseris donaverunt huic loco sanctissimo, in remedio animarum suarum, et pro anima senioris sui Ugonis qui hic sepulturam accepit, .ɪ. appendariam ad Ollacium. Testes sunt Rotbertus, Geraldus. Census est.

175

[Venditio terræ de Champgiraut et medietatis de la Faiola a Guigone de Chareias et Willelma].

In perochia Camaleriarum.

[23 avril 1176]

| Anno (1) ab incarnatione Jhesu Christi .M°. C°. LXX°. VI°., f° 64 Romanam sedem Alexandro papa tenente et [s]ceptrum inperii Frederico, regnante super Galliam domino Lodovico, et P[etro] Aniciensis ecclesie presidente episcopo, et A[rnaldo] monasterii Sancti Theotfredi existente abbate, .vɪɪɪ°. kalendas maii, P. de *Chalancon,* prior hujus cenobii, emit a quodam milite Guigone de *Chareias,* et ab uxore sua Willelma, cum laude sui filii Willelmi et parentum eorum, terram de *Champgiraut* et medietatem de *la Faiola,* [et] quicquid ad jus eorum in his locis poterat pertinere, tali convenientia quod ipse G[uigo] supradictus juravit in capitulo, coram omnibus fratribus hujus loci et aliis quamplurimis qui deforis advenerant, quod nullam in hac terra amodo querimoniam faceret per se neque per alios sive exactionem, et si ab aliquo, propter hanc emptionem, hec domus inquietata fuerit, et ipse super illam domum deffendere

---

(1) Ce feuillet est, par erreur, numéroté 64 comme le précédent.

non valeret, .cccc. lx. solidos debuit redere, quos pro hac terra habuerat a prefato priore. Et hoc idem uxor sua, in manu dompni A[rnaldi] abbatis, sub jurejurando firmavit, et fidejussores fuerunt propter hoc Aumarus de Artigiis et frater ejus D[urantus], Ugo de Ripis, R. Ademarus, Ugo *Vivaz* de Meseris. Testes sunt P[oncius] de Rialeriis et S[ilvius] filius suus, et P[etrus] frater ejus, Rigaudus et S. frater ejus, J. Sureus, D. Magistri et multi alii.

176

[Durantus Coiros, hujusce cartularii continuator, sui operis rationem explicat].

v° | Dictum erat superius, in libelli principio, qualiter hujus ville (1) ecclesia et illa de Roseriis a domino Gotiscalco episcopo in emendationem prestitæ ambe fuerint; set quia postea in subsequentibus ecclesia quoque de Roseriis, in honore Sancti Johannis dedicata, a vicecomite domino Eraclio in emendationem mali facti similiter et elemozina[m] concessa esse huic loco perlegitur, videtur esse confusum, cum unica ecclesia in villa de Roseriis adpresens videatur. Ad quod sciendum quod illam que nunc extat ecclesiam consecratam in honore Sancti Martini, a domino Gotiscalco episcopo, sicut enarratur supra, habuimus, illam vero Sancti Johannis a vicecomite, que per multum tempus desolata extiterat, et ubi sita fuerit, a pluribus hodie ignoratur. Nunc vero ad ea que ad parrochiam ecclesie Sancti Martini de Roseriis pertinent, neque memorantur superius, redeamus.

177

[Definitio super villicatione Roseriarum].

[1162-1172]

Ut futuros non lateant gesta presentia, scriptis et testibus comendantur. Unde presenti scripto certum fieri volumus quod

(1) C'est-à-dire de Chamalières.

P[etrus] de Bellomonte, prior domus hujus, placitum habuit cum filiis Mathei villici de Roseriis, in quo, propter injurias absconditas et apertas quas (1) predictus M[atheus] et filii sui in ipsa bailia fecerant, tali fuit diffinitio pacto facta : quod nullus de filiis M[athei] sive heredibus possint huic villicationi succedere, nisi primum .DCC. L.[solidos] simul et una die persolverint priori, et domos et terras, silicet mansum de Sollempniaco et appendariam de *Burriana* et unum campum | qui nuncupa- f° 65 tur *Oucha* a vulgo, et unam grangiam, et quecumque ipse M[atheus] a priore Silvio susceperat pro bailia, absolute, absque inpedimento aliquo, priori restituerint; et si vendiderint fortasis aliqua vel pignore posuerint, tam ab ipso priore quam a ceteris quibus ea obligaverint redimentes, restituerint ex integro priori. Sciendum tamen est quod jam dicti M[athei] filii, et successores horum, per totam generationis seriem, hanc legem observabunt ut, quotcunque fratres vel coheredes fuerint, unus tantum illorum, ille videlicet quem prior hujus domus voluerit, in bailia herediet, et, antequam illam suscipiat, hominium atque fidelitatem sub juramento prestito firmet se domui observare. Et, si ulterius erga priorem in aliquo offenderit, ad mandatum ipsius debet venire Camalerias, non inde exiturus donec plenarie omnia satisfecerit et emendaverit competenter.

178

[Impignoratio bonorum Pontii villici Roseriarum].

De Roseriis.

[1162-1172]

Item, futurorum memorie tradere cupimus quod Pontius villicus de Roseriis, peregrinationis causa transmarinas volens partes adire, cum consilio matris sue nomine Petronille, et fratrum suorum Mathei videlicet et Stephani, totam portionem paterne hereditatis que ad eum pertinebat et omnia bona sua

---

(1). Que *Ms.*

priori domus hujus pro .ccc. solidis pignori obligavit. Et de hoc testes sunt Matheus clericus de Roseriis, Pontius de Rialeiris et Petrus frater ejus.

179

[*Donum Pontii et Umberti in Chavannaco*].

[1162-1172]

Preterea, presenti scripto tradimus quod, Petro Bellomontis existente priore, quidam milites Pontius videlicet et Umbertus frater ejus, pro matris sue sepultura, quam hic sepelire fecerunt, dederunt Deo et Beato Egidio unum mansum, cum suis appendiciis, in villa que dicitur Chavannacum.

180

[*Donum Guandalmi a Chasaloul*].

In Civitate Vetula, Sancti Pauliani in perochia.

[1162-1172]

Et hoc similiter presenti pagine comendamus quod, ipso Petro presidente priore, Guandalmus quidam nomine donavit huic loco Sancti Egidii, pro sua ac suorum requie animarum, unam appendariam in villa de *Chasaloul*. Et de hoc testes sunt Durantus avunculus Gu[a]ndalmi, et Achardus filius ejus, et Flotbertus. Census est.

181

[*Donum Girberti in villa de Ram*].

In perochia de Roseriis.

[x° s.]

Presenti scripto etiam cunctis eluceat, quod Girbertus quidam nomine, cum sue consensu uxoris et filiorum suorum Stephani, Austorgii et Rodavi, reliquit huic loco sanctissimo, pro Petro filio suo quem in isto cenobio voluit monachari, unam appendariam in villa de *Ram*, in parrochia de Roseriis. Exitus ejus est.

182
[Donum Girberti et Biliardis in Flacheria].

In perochia Roseriis.

[976]

Rursus presenti cartula volumus certum fieri quod, anno ab incarnatione Christi .DCCCC .LXXVI., regni regis Lotharii .xx°., dum Golfaldus preesset abbatie Sancti Theotfredi, Girbertus alius et Biliardis uxor ejus, Dei misericordiam espectantes, in suorum veniam peccatorum, donaverunt Deo et huic loco, in supradicta parrochia, in villa que Flacheria nuncupatur, unum campum. Testes sunt Norbertus, Girardus, Gal- | bertus scriba.

f° 66

183
[Donum Truandi in Filinis].

[981]

[A]nno vero .DCCCC. LXXXI. ab incarnatione Domini et .xx°.v°. regni Lotharii, Amblardo hujus domus existente priore, Truandus, presbiter ecclesie Sancti Martini de Roseriis, donavit huic loco, in villa de Filinis, unam domum et ortum, et quoddam pratum et alium campum, que omnia habebat ibi jure hereditario. Et de hoc testes sunt Umbertus, Isarnus, (1) Girardus, Theotardus. Redditus est.

184
[Donum Flotherii in Filinis].

In perochia Roseriis.

[984]

Eodem vero tempore, anno tercio evoluto, quidam Flotherius, Dei judicium pertimescens, et expectans ejus misericordiam, donavit huic sancto cenobio, in prefata parrochia et villa, appendariam unam. Testes sunt Gaubertus sacerdos, Girardus, Rothgerius, Aribernus, Umbertus. Exitus est.

(1) Isnarus. *Ms.*

185

[Donum Girberni et Aialmodis in Cerviseriis]

In perochia Roseriis.

[985-6]

Ab incarnatione quoque Domini anno .D°. CCCC°. LXXXVIII., Lotharii regni .xxxIII°.(1), monasterii Sancti Theotfredi Guigone presidente [abbate], quidam avunculus Gauberti sacerdotis ecclesie de Roseriis, Girbernus nomine, et uxor ejus vocabulo Aialmodis, donaverunt pratale dimidium quod habebant [in] villa de Cerviseriis (2), in predicta parrochia, tali pacto ut, post mortem illorum, in hoc loco degentibus remaneret, interea vero perciperent usumfructum. Testes hujus rei fuerunt Girbertus, Rainoardus, Girardus, Arnaldus, Bertrandus. Census est.

186

[Donum Gauberti ad Montilium].

Roseriis.

[992]

v° | Ad hec similiter presenti pagine comendamus quod, ab incarnatione Domini anno .DCCCC°. XLVI°. [*corr.* : DCCCC°. XC°. II°.], regni Ugonis .v., Guigone existente abbate, predictus Gaubertus sacerdos dedit Deo et isti monasterio, in remissionem suorum peccatorum, unam appendariam in villa que vocatur Montilium, in parrochia de Roseriis, cum domo et orto et omnibus pertinatiis suis. Testes sunt Rainerius, Geraldus, Ranulfus scriba. Exitus est.

---

(1) Une méprise du scribe a altéré les dates de cette charte qui appartient nécessairement aux années 985-6 : en 985 Guy Ier devint abbé de Saint-Chaffre, et Lothaire cessa de régner en 986.

(2) Cerinseriis. *Ms.*

187

[Donum Gorgoriæ ad Calmils].

Roseriis.
[Fin du x⁰ s.]

Et in ipsa parrochia, in villa que *Calmils* appellatur, Gorgoria nomine quedam, pro salute anime sue, donavit huic loco unum mansum cum omni jure suo, nulla retentione facta. Census est.

188

[Donum Willelmi Achardi in Mainilio].

Roseriis.
[Vers 1050?]

Similiter cunctis notum fieri volumus, quod Willelmus Achardi, in veniam peccatorum suorum, legavit in hoc loco manentibus quartam partem ville que vocatur Mainilium, presente Beraldo priore. Hoc vero laudaverunt filii sui Ugo, Olivarius, Petrus, Arbertus, et mater eorum. Reditus est.

189

[Donum Guidonis et Barneldis ad Pinos].

In perochia Sancti Stephani de Combrolio.
[1021-8]

Quod a memoria cito elabitur, scripture testimonio valet perpetuo reservari. Unde presenti pagina mittimus posteris quod, regnante rege Rotberto, sub abbate Willelmo et Petro hujus domus priore, Guido quidam et uxor | (1) sua Barneldis nomine, f⁰ 66 expectantes Dei misericordiam et retributionem eternam, donaverunt loci hujus habitatoribus unum mansum in villa que dicitur ad Pinos, in mandamento castri de Lardariolo et parrochia Sancti Stephani de Combroilio, et totum illud quod respicit ad mansum. Testes sunt Silvio, Arnulfus, Pontius, Amblardus scriptor.

(1) Ce feuillet porte le numéro 66 comme le précédent feuillet.

190

[Donum Eldeberti ad Lantriacum].

[989-990]

Preterea, ne tradatur oblitui, scripto presenti tradimus quod, anno .iii°. Ugonis regni, Guigone existente abbate et Bertællaico priore hujus domus, Eldebertus quidam, recipiens in isto monasterio sepulturam, legavit ei mansum unum, in villa que vocatur Lantriacum, cum suis pertinatiis, pratis, nemore, et quidquid ad ipsum pertinere videtur. Hujus rei testes sunt Norbertus, Disderius, Ademarus, Airaldus, Galterius. Census est.

191

[Donum Airaldi in Vereniaco].

[937-945?]

Ut futuros non lateat, presenti cartule duximus comendandum quod, tempore Dalmatii abbatis et rectoris hujus cenobii, Airaldus quidam nomine, volens filium suum Petrum monachari, donavit unum mansum, in villa de Vereniaco, cum omni jure suo, ortis, pratis et aliis que ad eum pertinere videtur. Testes sunt Willelmus, Gotiscalcus, Petrus nepos ejus. Exitus est.

192

[Donum Ademari in Clausis].

Sancti Step[h]ani de Rocolas.

[4 août 1024]

v° | Cunctis appareat per hanc presentem cartulam quod, anno ab incarnatione Domini .M°. XXIIII°., regnante rege Rotberto, pridie nonas augusti, luna .xx.iii., Willelmo existente abbate, Ademarus quidam, querens misericordiam et retributionem Jhesu Christi espectans, donavit huic loco Sancti Egidii, in parrochia Sancti Stephani de *Rocolas*, in villa de Clausis, unum mansum jure ex integro, et locus dictus vocatur nomine alio

Bonavilla. Testes sunt de hoc Ademarus, Hombarus, Girbernus. Exitus est ex unaquaque domo .IIII^{or}. nummi et .I. carta de civata, et .I. gallina, et quartum terre.

193

[Donum Theutonis et Ermengardæ a Venasals].

[971]

[I]n anno .xv°. regni regis Lotherii, Theuto quidam vocabulo et uxor ejus nomine E[r]mengarda donaverunt huic loco sanctissimo, in requie animarum suarum et parentum eorum, unum mansum cum suis adjacentiis, in villa que *Venasals* a vulgo appellatur. Testes sunt Leotardus, Bego, Aimo. Census est.

194

[Donum Guigonis et Cathaburgis in Brugeria].

In perochia Sancti Johannis de Palaiec.

[1016?-1031?]

Regnante rege Rotberto et domino Willelmo existente abbate, Guigo quidam et uxor sua nomine Cathaburgis, sperantes Domini misericordiam, donaverunt huic sancto cenobio unum mansum cum suis pertinatiis, in parrochia Sancti Johannis de Pallegiago, in villa que vocatur Brugeria. Testes sunt Avitus et Arnaldus, monachi, Aumarus, Amblardus. Census est.

195

Donum ecclesie Sancti Mauricii [a Duranto de Rocha factum].

[Mardi 27 avril 1087 ou 18 janvier 1088, n. st.]

| Dominus Jhesus Christus, rectissimus discretor et omnium f° 80 fidelissimus creator, quosdam in populo fidelium preesse, quosdam subesse permittens, alios judices, alios exactores, alios potentes, alios sapientes, alios nobiles fore decrevit, ut uni ad alios, causa tuendi vel audiendi, confluerent sine discrimine. Exinde itaque contigisse cognovimus quod pietas in inpietate, justicia in injusticia, preduce adversario, sepissime detinentur.

Namque cupidine habendi atque dominandi, pronis in hoc largientibus sive accipientibus justa occultantur judicia, et pro veris mendacia propalantur, censusque amore quandoque inmobilia catiuntur. Quapropter, talia facientes et recta relinquentes omnipotens Deus... *(sic)* tradi permisit, sensum in reprobum diverse delinquendo, sicque reprobati effecti, que sua sunt, non que Jhesu Christi querentes, in illis etiam que Dominus Jhesus Christus in sua retinuerat, manus ausi sunt mittere, ecclesias, fidelium oblationes et cetera pertinentia sacris altaribus, tirannide crudelissima in propria redegerunt. Quod delictum nefarium ab athavis in patres, et a parentibus in filios, miserrima cupiditate descendens, pene in omnibus consistit usu ductum, et in tantum invaluit ista perfidia ut vix quis valeat inveniri qui Dei propria velit voce libera confiteri. Quidam tamen, velut rosa inter spinas, degentes inter alios, nomine sanctitatis et habitu religionis insignes, Dei esse specialissima cuncta ecclesiastica jura racionabiliter asseverant. Quod satis curiose atque sapienter considerans, Durantus de *Rocha*, si quid pater

v° | vel avus aut alii parentum suorum seu ipse in ecclesiasticis honoribus retinendis deliquerunt, cupivit penitus abolere. Unde ascercito suo concilio, amore Dei atque caritatis intuitu, cum consensu fratrum suorum Ildeberti et Jarentonis, necnon Ausilie uxoris sue, donavit Deo et Beato Theotfredo atque Sancto Egidio ecclesiam Sancti Mauricii, eo tenore ut sit sub dicione et regimine prioris hujus domus et fratrum. Hoc factum est anno ab incarnatione Domini .M°. LXXX°. VII°., feria. III., luna .XXI., sub domino Willelmo abbate et Ebrardo priore loci hujus, regnante rege Philipo. Facta vero fuit ista donatio sub hac forma verborum :

Ego Durantus, et Ildebertus et Jarento fratres mei, et Ausilia conjux mea, donationem facimus de ecclesia Sancti Mauricii et omnibus que ad ipsam spectare videntur, primitiis, decimis, oblationibus, sepulturis et omnibus que in ipsa ecclesia actenus juste vel injuste possedimus, ut totum et integrum, sine retentione aliqua, prior et monachi possideant Camaleriarum. Hanc vero donationem laudavit et concessit dompnus Ademarus, Aniciensis episcopus, cum omni clero suo, atque sigilli sui munimine roboravit. Hujus doni testes sunt Durantus, Ildebertus, Willelmus, Ugo, Austorgius, Jarento, Ademarus. Census ecclesie est.

196

[*Donum Duranti de Rocha et Ausiliæ in Sancto Mauricio*].

In perochia Sancti Mauricii.

[1087]

| Preterea sciendum quod, tempore eodem, predictus D[u- f° 81 rantus] et uxor ejus predicta donaverunt Sancto Ma[u]ricio mansum qui est circa ejus ecclesiam, cum omnibus pertinatiis suis, de alodio, sine reti[na]mento ullo, susceptis .c.xxx. solidis a priore, et feudum hujus mansi donavit ipsi ecclesie P. de *Lode*. Petrus vero Saramandus, Girinus Saramandus et Rainerius Saramandus, fratres sui, pro animabus suis, dederunt Sancto M[auricio] brolium dejuxta.

197

Donum capelle de Rocha [*a Duranto de Rocha factum*].

Sancti Mauricii.

[Samedi 8 septembre 1095]

[I]nter omnia sanctorum patrum documenta que, ad hominem vite pristine protoplausti reatu amisse restituendum, prefati patres plurimum valere, dictis, scriptis, operibus et excemplis confirmarunt, mei parvitas ingenii nil potius quam caritatem auctumat. Caritatem dico quam alio nomine elemozinam vocitamus. Neutrum enim ab altero differre, ymmo unum esse, litere divine auctoritatibus credendum est. Hanc igitur omnipotens Deus, misericors et miserator, misertus miserorum miseriam, creator propter creaturam humiliatus, vestitus carnis pallio, inter discipulos intrans et exiens, hanc dico, sepius ostendit excemplis, confirmavit factis, predicavit verbis, dicens :

« Date elemozinam et omnia munda sunt vobis » (1). Hujus cum diverse sint species, utpote majori hobedientiam exhibere, egeno panem, nudo vestem, condolere dolenti, misero conpati, inconsulto consilium, debili prebere auxilium et cetera, nulla iterum speties in his perpulcrior, nulla lucrosior a perspicatius intuentibus extimetur, quam ea que agitur circa domesticos fidei, Apostolo testante : « Dum tempus habemus, operemur bonum ad omnes, | maxime autem ad domesticos fidei »(2). Qua de re, nullos melius quam clericos et monacos domesticorum vocabulo intelligendos reor, qui, in domo Dei que est Ecclesia, fidei gradibus, totis nisibus, nocte dieque piissimas aures magestatis divine infatigabiliter exorant, et quasi sub ejus presentia sui nostrique humiliter comissa deplorant. His nimirum vox Pauli oratoria dirigitur, dicens : « Jam non estis ospites et advene, set estis cives sanctorum et domestici Dei » (3). Igitur, ego Durantus de *Rocha* et fratres mei (4) Eldebertus et Jarento, et uxor mea Ausilia, quicquid juste aut injuste in capella de *Rocha* (5) actenus habuimus, donamus et relinquimus Domino Deo et Beate Marie Sanctoque Theotfredo, necnon Sancto Egidio et loco ejus Camaleriarum, super quem dompnus Willelmus abbas et Jarento prior preesse videntur. Hoc quoque fecimus concilio procerum nostrorum, videlicet Ugonis de Sancto Pauliano, Ademari de *la Vaiseira*, Jarentonis de Malis Isvernatis et Austorgii ; ita etiam, ut supradiximus, hanc capellam et omnia que ad eam pertinere videntur, donamus. Hanc autem donationem laudavit et confirmavit Ademarus Aniciensis episcopus, cum clericis ecclesie ejusdem. Post hoc Jarento prior dedit predicto Duranto de *Rocha* et uxori sue et consiliatoribus suis .cc.xxx. solidos. Facta fuit ista donatio regnante Philipo rege, mense

(1) Luc., XI, 41.
(2) Galat., VI, 10.
(3) Ephes., II, 19.
(4) Frater meus. *Ms*. — Cf. n° 195.
(5) La chapelle du château de Roche-en-Régnier était dédiée à saint Michel. « Ecclesia seu capella sancti Michaelis castri de Ruppe ». 1348, Haute-Loire, fonds Saint-Vosi, testament de Guillaume Romieu.

septenbri, luna .v., feria .vii. Testes sunt Eldebertus, Jarento.

198

[*Donum Rostagni in Chambilaco*].

In perochia Sancti Mauricii.

[1016?-1031]

| Futuris et presentibus hoc scripto pateat quod, regnante f° 82 rege Rotberto et domno Willelmo presidente abbate, Rostagnus quidam nomine, sperans Dei misericordiam et ejus retributionem eternam, dedit Deo et Beato Egidio, pro anima sua et parentum suorum, quandam terram, in parrochia Sancti Mauricii, in villa de Chambilaco. Testes sunt Rostagnus predictus canonicus, Arbertus abbas (1), Abo Bellomontis, et filii sui, Durantus, Geraldus. Exitus est.

199

[*Donum W. Berengarii et Charetonis a Laissac.*]

In perochia Sancti Mauricii.

[Février 1177, n. st.]

Notum sit omnibus presentibus et futuris degentibus in hoc cenobio quod, anno ab incarnatione Domini .M°. C°. LXX°. VI°., feria .vii., in mense febroario, domino Lodovico regnante, uxore Willelmi Caballarii posita in extremis, Willelmus Berengarius, pater ipsius, et *Charetos*, cognatus ejus, donaverunt Deo et Beato Egidio, pro salute anime sue, .i. eminam civate *a Laissac*, in tenemento S. Regis, jurantes super sancta evangelia semper se observaturos hoc donum.

---

(1) Arbert, abbé, et Rostaing, chanoine, dont les noms reparaîtront dans d'autres chartes de ce cartulaire, sont des personnages historiques : le premier était abbé de Saint-Pierre-la-Tour (*Gall. Christ.*, 11, 735), — l'une des dignités du chapitre cathédral de Notre-Dame du Puy, — et le second, chanoine de la même église. Ils étaient frères germains et fils de Géraud, Giraud ou Girard de Beaumont, et de Larsoendis, son épouse, dont les noms sont rappelés dans les n°ˢ 212, 224 et 296 de ce cartulaire,

200

[Donum ecclesiæ Sancti Juliani Sollempniacensis ab Ademaro Aniciensi episcopo factum].

[Vers 1082].

v° | [E]go Ademarus, ad episcopatus gradum Dei gratia provectus, considerans ecclesiam Camaleriensem non tantum per se subsistere, set majorum meorum in hac sede pontificale officium agentium beneficio constitutam (1) esse, si quo modo valeam ipsius res augmentare, libenter ad hoc conabor. Scio enim ideo Deum hec michi dedisse que adpresens possideo, ut et pauperibus, prout potero, prosim, et monastice regule, licet ubique nequeam, loco tamen prefato et fratribus ibi positis, qui, ut jam predixi, sub nostra dicione est, pro posse subveniam, et cum precedentium patrum vix valeam vestigia imittari, licet horum ex parte maxima sim inpar meritis, nolo tamen ab eorum collegio disgregari, set uti promeruerunt beneficiis suis pro se Deo preces dari, sic quamvis vix minoribus valeam conparari, volo tamen fratrum ibidem degentium precum particeps fieri (2). Dono ergo ecclesie jam predicte ecclesiam Sancti Juliani Sollempniacensis et ceteras a Beati Egidii Camalariensis monasterio distantes per .v. leuguas ; et hoc donum ita confirmo ut laici qui possident injuste, si eas velint dimittere sponte vel precio, nulli alii dent nisi ecclesie jam predicte. Hanc cartam esse firmam clericorum meorum concilio constat, et si quis hoc donum violare presumpserit, sit semper anathema.

n°˙ que je date de 1037-8. Arbert, abbé, et Rostaing étaient seigneurs fonciers (*terreni domini*) du lieu que saint Robert choisit pour y fonder le monastère de la Chaise-Dieu, et, sur la demande qu'il vint leur en faire au Puy, en 1043, ils lui en firent donation. Quelques années après, Arbert, abbé, prit l'habit monastique à la Chaise-Dieu et fut l'un des disciples de saint Robert. (Voir la vie de saint Robert par Marbode, archidiacre d'Angers, depuis évêque de Rennes, *Acta SS. april.*, III, 319).

(1) Constitutum. *Ms.*

(2) Le préambule de cette charte semble en assigner la date au commencement de l'épiscopat d'Adhémar de Monteil, vers 1082 ?

201

[*Donum Girberti et Biliardis in Sollempniaco*].

[Juin 986].

Anno .xxx°. regni regis Lotharii, in mense junio, Girbertus quidam et uxor sua nomine Biliardis, in remedio suarum animarum et parentum eorum, donaverunt Sancto Egidio et ejus servitoribus unum mansum in villa de Sollempniaco, quem excolit Isimbardus. Testes sunt | Aldebertus, Nicezius, Norbertus, Austorgius. Census est. f° 53

202

Donum ecclesie Sancti Andree deus Felchos.

[1031-1047 ?]

[F]uturorum memorie tradere cupimus quod, tempore domini regis Aenrici, Willelmo Sancti Theotfredi cenobio divina gratia presidente abbate, .VII^a. feria, luna .xx^a., Geraldus canonicus de Chalanconio et uxor sua nomine Aialmodis, legere audientes in scriptura divina sanctuarium Domini non debere jure hereditario ab aliquo possideri, cogitaverunt qualiter hoc quod male possederant et minus meritorie, in remissionem peccatorum suorum et requie animarum, bene dispensare valerent, et donaverunt Deo et Sancto Theotfredo atque | Sancto Egidio ecclesiam Sancti Andree de *Feschalcs*, cum omni jure suo, redittibus et pertinatiis suis, et .I. appendariam in villa de *Boiset,* et unum mansum ad *Chesanova,* et molendinum de Pisturia in castro Chalanconii, et unam mansionem cum orto. Prior vero hujus domus, pro tanto dono ab eis suscepto, dedit eis .cc^{tos}. x. solidos, et molendinum redempmit a Pontio de Doia *de setanta* (1). Et postea uxor predicti Geraldi se reddidit pro monaca in hoc cenobio, et dedit alium mansum in villa de *Assalenz* (2), quem v°

---

(1) Sous-entendu : *sols*.

(2) Saillent, *villa de Sayllents* (1293, homm. de Bertrand de Chalencon, chevalier, au comte de Forez, Arch. nat. P 491¹, cote 13), est un lieu détruit, sis près le Theil, com. de Beauzac.

tenet Autbertus Ferrandus, cum omnibus attinentiis suis, et maritus ejus, Geraldus supradictus, promisit monasterio huic capellam Chalanconii se daturum : quod, sicut dixerat, processu temporis, Deo annuente, ad effectum perduxit. Hujus rei testes sunt Bertrandus Besso, Pontius, Airaldus, Franco, Dalmatius. Sciendum tamen, quia alodium ecclesiarum harum erat dominii castri Bellomontis, quod postea Stephanus Bello[mo]ntis, et filius ejus Abbo, concessit monasterio huic, susceptis .c. solidis a priore, et absolvit eos a pluribus malefactis que fecerat huic loco. Et de hoc testes sunt Willelmus abbas, frater suus, Ebraldus sacerdos, Pontius et Bertrandus Bessones, Aimaricus, Ugo Longus, Ademarus de *Rocha*. Census ecclesie et capelle est.

203

[*Donum Ebraldi castri Chalanconii ad Chalanconium, lo Mainil et Chasanova*].

In perochia Sancti Andree Chalanconii.
[1074-1108]

f° 84 | Regnante rege Philipo et domno Willelmo presidente abbate, Ebraldus castri Chalanconii, sperans Dei misericordiam et retributionem ejus eternam, cum concilio et laude filiorum suorum, donavit Deo et beato Egidio molendinum quoddam ad Chalanconium, et .I. mansionem cum orto, et mansum *del Mainil* quod est circa ecclesiam Sancti Andree, et feudum et comandam de *Chasanova*. Testes sunt Durantus, Willelmus, Dalmatius. Census horum est.

204

[*Donum Pontii Botler de Chalanconio in Sancto Andrea*].

In villa Sancti Andree de deus Feschols.
[Fin du XII° s.]

Presenti pagine comendare decrevimus, quod Pontius *Botlers* de castro Chalanconii, dum suum conderet extremum testamentum, reliquid Deo et Beato Egidio et fratribus degentibus in hoc loco unum convivium faciendum annuatim, pro anima sua et parentum suorum, in hoc quod habebat successione generis in villa de Sancto Andrea; quam elemozinam domina Gauceranda mater sua et Umbertus frater suus, in sepultura sua, capitulo in presentia plurium laudaverunt. Testes sunt Nicolaus, Guigo, B. *Malez*, Pontius de *Chaselas*, monachi.

205

[*Donum Umberti in Vetulo Prato, Draoçangas et Chalmont*].

In perochia de Tirangiis.

[1082-8]

| Cunctis eliqueat apparenti hac pagina, quod Umbertus quidam, consensu uxoris sue et filiorum suorum, dedit huic loco Sancti Egidii, cum filio suo Arberto quem redidit pro monacho, .II^{os}. sextarios annone quolibet anno in suis boairiis de Vetulo Prato, et decimam in quadam appendaria in villa de *Draoçangas*, que est *a las Valetas*, et medietatem decime in manso suo de villa de *Chalmont*. Testes sunt Durantus frater ejus, et Pontius nepos suus, Willelmus Salmonius, P. Aimaricus, Wigo Botlerius, et Ebrardus prior, in cujus presentia fuit factum.

206

[*Donum Jordani ad Draosangas.*]

In perochia de Tirangiis.

[xi^e s.]

Presentibus et futuris notum esse volumus, quod ego Jordanus, obtans Christi misericordiam et veniam peccatorum meorum, dono Deo et Beate Marie atque Sancto Egidio, in remedio anime mee et meorum parentum, totum mansum majorem de *Draosangas*, de feudo et alodio, et quicquid manso pertinet, post mortem filie mee si non habuerit heredem. Interim vero quicumque mansum istum tenuerit, .II. sextarios siliginis et annuam procurationem, in die anniversarii mei, fratribus Camalariarum semper reddat.

207

[Donum Pontii Aimarici ad Chaselas].

In perochia Sancti Andree.

[1082-1097.]

Futurorum memorie tradere cupimus, quod Pontius Aimaricus donavit huic domui, cum filio suo P. | quam redidit pro monaco, .II. sextarios siliginis in villa de *Chaselas*, in tenemento suo videlicet et decima sui cortilii laboratus.

f° 85

208

[Donum Dalmacii et Aldeiardis in Montilio].

In perochia Sancti Pauli.

[Vendredi 8 juillet 1037]

Anno ab incarnatione Domini. M° .XXX°. VII°., .VIII°. idus julii, feria. VI., luna .XXI., regnante domino Ainrico et dompno Willelmo Sancti Theotfredi presidente abbate, Petro hujus domus decano existente, Dalmacius et uxor sua nomine Aldeiardis, cogitantes Christi misericordiam et ejus retributionem eternam, in remedio animarum suarum et animarum filiorum suorum Willelmi, Airaldi, Duranti et Artaldi, donaverunt huic cenobio unum mansum cum suis attinentiis, in villa de Montilio, in parrochia Sancti Pauli. Hujus doni testes sunt Willelmus, Airaldus, Durantus, Pontius, Amblardus. Census est.

209

[Donum Ranulfi Bellomontis militis ad Solos].

In perochia Sancti Pauli.

[1100?-1130?]

Preterea, sciendum omnibus quod quidam miles Ranulfus nomine Bellomontis dedit, pro sua anima, monasterio huic, in eadem parrochia, in villa que dicitur ad Solos, .IIII^{or}. solidos et .III. sextarios et .I. minam siliginis censuales. Hoc factum est domno Arimando hujus domus tenente prioratum. Testes sunt

G. *Peitavis*, Odilo de *Senol*, Ber[trandus] de *Chalanco*, G. del *Feu*.

210

Donum ecclesie Sancti Petri de Campo [*a Bertrando de Aruso et fratribus suis factum*].

[Samedi 26 juillet 1096]

| Dominus Jhesus Christus, rectissimus discretor et omnium v° creator fidelissimus, qui neminem vult perire, set omnes ad agnitionem veritatis venire, Ecclesie sue discrete consulens, rectores et pastores ei preesse voluit, qui aliorum invigilantes saluti, ad viam rectitudinis errantes reducerent, et Domini preceptis compellerent obedire. Sic factum est ut ecclesias quas laici injuste detinebant, judicium Domini metuentes relinquerent, et ad pristinum ordinem eas redire sinerent. Unde ego Bertrandus de *Aruso*, et fratres mei Willelmus et Austorgius, medietatem ecclesie Sancti Petri de Campo, quam actenus male possedimus, domino Ademaro Aniciensis ecclesie episcopo relinquimus, ac donamus quicquid ibi vel nos vel alii per nos habere videbamur, deprecantes ejus clementiam ut concederet eam cenobio Camalariacensi : quod libenti animo fecit. Similiter ego Girbertus Willelmi et frater meus nomine Eblo aliam medietatem dicte ecclesie, amore Domini, absque ulla retentione, eidem episcopo relinquimus, et donamus quicquid ibi vel nos vel alii per nos habere videbamur, eodem modo rogantes eum ut monasterio supradicto concederet : quod fecit. Ego igitur Ademarus episcopus, loca religionis cupiens aucmentare, ut michi proveniat augmentum Dei gratie, cenobio quod in diocesi mea situm est, constructo in honore Salvatoris mundi | et f° ipsius genitricis Virginis Marie, sanctique Teohtfredi martiris, necnon Beati Egidii confessoris, quod Camalerias vocant, dono et concedo ecclesiam Sancti Petri de Campo ad ipsum locum, cum concilio clericorum meorum ; omnibus interdicens tam presentibus quam futuris ut nullus hoc infringere audeat, nec a predicto loco, occasione aliqua, aufferre moliatur. Quod si quis

violare temerario ausu presumpserit, auctoritate Dei omnipotentis et beatorum apostolorum Petri et Pauli, sub anathemate religamus, et nisi resipuerit, in inferno. Hoc factum est tempore domni Willelmi et Ebrardi hujus domus prioris qui multum ut hoc fieret laboravit, anno ab incarnatione Domini .M°.XC°. IX°. (1), feria .vii., luna .i., in mense julio, epacta .xxiii., regnante rege Philipo. Hujus doni testes sunt Bertrandus de *Aurso*, Willelmus et Austorgius, fratres ejus, qui hoc donum fecerunt, Gi[r]bertus, Willelmus qui hoc similiter donaverunt, Jarento sacrista, Willelmus Besso, B. Calcatus et alii quamplurimi. Census ecclesie est in festo sancti Martini .xxx. solidi, ad kalendas .v. solidi, ad octabas Pe[n]thecosten .xxx. solidi.

211

[Donum Arimandi in Chaissac].

In perochia Sancti Petri de Campo.

[xi[e] s.]

Preterea, sciendum omnibus quod quidam dicte ecclesie de Campo nomine Arimandus, querens societatem atque fraternitatem hujus cenobii, dedit in villa de *Chaissac*. v. solidos censuales, in festo sancti Michaelis, quos ibi capie- | bat successione hereditaria. Ipse vero non potuit ex illo die in peregrinacione longinca pergere sine licentia prioris, et debuit ecclesiam omnibus bonis pro posse suo æt sensu augmentare. Et ut hec omnia firma persisterent, cuncta sub juramento firmavit. Testes sunt omnes qui in capitulo erant.

(1) L'année 1099 est inadmissible (voir *infrà* n° 236, note 2). Mais l'épacte xxiii concorde avec l'année 1096 qui convient bien et dans laquelle un samedi et le premier jour de la lune en juillet coïncidèrent le 26 juillet.

212

Donum ecclesie Sancti Boneti de Medairolas
[*a Geraldo Bellomontis factum*].

[1037-8]

Quicquid in posterum nititur reservari, ne cedat oblivioni penitus, debet carte vel testibus comendari. Unde presenti scripto tradimus quod, regnante Aenrico rege et domno Willelmo Sancti Theotfredi presidente abbate et Petro hujus domus decano, Geraldus quidam, cupiens renunciare seculo et Christo nudo nudus similiter adherere, donavit se pro monaco monasterio huic, et dedit huic loco Sancti Egidii ecclesiam Sancti Boniti de *Medairolas*, sitam in territorio Libratenti, cum quodam manso dejuxta, et donavit in parrochia Sancti Petri de Campo, in villa de Malos Yvernatis, .III. mansos et .III. appendarias, cum omnibus appenditiis suis, et aliam appendariam dedit *a Pozaget*, sine retentione ulla. Testes sunt Rodavus, Ildebertus, Pontius, filii sui, Larsoendis, uxor sua, Stephanus, frater suus. Census est.

213

[*Donum Geraldi ad Albas Petras.*]

In perochia del Champ.

[1037-8]

| Eodem tempore, Geraldus quidam nomine, obtans Christi f° 87 misericordiam et ejus retributionem eternam, in remedio anime sue et parentum suorum, donavit huic sancto cenobio quandam terram in villa quam nominant *Albas Petras* (1), in territorio de Malos Yvernatis, sine contradictione ulla. Hujus doni testes sunt Willelmus Brunencus, Rigaldus, Geraldus Moretus, Arbertus, Abo, Durantus. Exitus est.

---

(1) Aubapeyre, terroir sis entre Malivernas et Villeneuve, (n°ˢ 418 et suiv., 581 et s., 583 et s., section B du cadastre), com. de Saint-Pierre-Duchamp.

214

[Donum Tralgarii a la Gazela, a Lestrada et ad Aulanerium].

In perochia del Champ.

[xie s.]

Notum sit omnibus presentibus et futuris, quod Tralgarius in vita sua donavit Deo et Beato Egidio unum campum in villa de *la Gazela,* et aliud *a Lestrada,* et alterum ad Aulanerium, et juxta istos duos dedit duas sainas, et donavit issartarias de bosco *del Brus* et sainam dejuxta.

215

[Donum Juliani de Rocha ad Vosairas].

[Vers 1142]

Item, certum sit omnibus quod Julianus de *Rocha,* ductus pietate divina, donavit huic loco Sancti Egidii unum mansum ad *Vosairas.* Census est .i. mina civate, .ii. solidi et .i. agnus, et quartum terre, et donavit Sancto Mauricio .i. appendariam ibidem, cujus exitus est .i. carta civate, | .xviii. denarii et .i. agnus. Hujus vero terre bailia erat Airaudi, et reliquit illam Deo et Beato Egidio et Johani hujus loci priori, et dedit ei prior .i. *cartal* siliginis et .i. *meitenc* frumenti et unum bliaudum de chanabacio, in presentia Mauricii monachi, G. Aimonis, Willelmi, Bernardi et aliorum multorum.

216

[Donum Ademari Archatii a las Poleiras et a Guaraniaret].

[1095-8]

Scriptura ista cunctis appareat quod, domno Jarentone hujus loci presidente priore, Ademarus Archatius, in remissionem delictorum suorum, donavit huic sancto cenobio terram de *las Poleiras,* cujus exitus est .i. *dorcha de peia,* et dedit unum dimidium mansum de alodio ad *Guaraniaret* (1). Testes sunt Petrus frater ejus et Ugo Austorgii. Census hujus dimidii mansi est.

217
[*Donum Bertrandi in Brusaco*].

In perochia de Chalmelis.

[1016?-1020]

Regnante rege Rotberto, et domno Willelmo presidente abbate, sub cujus regimine Ildebertus decanus huic domui presidebat, Bertrandus quidam, Dei retributionem fideliter expectans et requiem sempiternam, donavit huic loco Sancti Egidii unum medium mansum in villa de Brusaco, et unam mansionem cum orto et .VI. sextariatas de prato et alias .VI. de altera terra, | f° 70 et in morte sua promisit in eadem villa unum mansum dimidium et unum pratum dimidium se daturum. Testes sunt Bertrandus, Asterius. Exitus est.

218
[*Donum Rodavi Bellomontis in Campo et Ancia*].

In perochia Sancti Juliani.

[958]

Regnante rege Lotherio, ejus regni anno .II., Rodavus Bellomontis, sperans Dei misericordiam et retributionem eternam, donavit huic loco sanctissimo, pro anima sua et animabus patris et matris et filii sui Abboni[s] duos mansos, unum in villa de Campo, et alium in villa que Ancia appellatur. Testes sunt Rostagnus, Giraldus, Gaufredus, Ugo. Census est.

---

(1) *Guaraniaret, Garanezet* (n° 255), diminutifs plus ou moins réguliers de *Vereniacum* (n° 191), *Vareniacum* (n° 313) et *Garainac* (n° 316), Varagnat, com. Médeyrolles, can. Viverols, Puy-de-Dôme. Au moyen âge, à un village se trouvait parfois juxtaposé un *mas* dont le nom était le diminutif de celui du village.

219

[Donum Benaiæ et filiorum ejus a Sosde].

[1021-8 ou 1037-8]

Preterea, sciendum omnibus quod, tempore Petri hujus domus prioris, Benaia quedam et filii sui Petrus et Arimandus, in remedio animarum suarum et parentum eorum, donaverunt huic loco .I. appendariam in villa de *Sosde*. Testes sunt Stephanus *Arzilac*, Willelmus *Clancers*, D. *Foresters*. Census est.

220

[Donum Rodavi Bellomontis in Chasota].

[976]

Anno .xx°. regni regis Lotherii, Rodavus supradictus, sperans retributionem Domini Jhesu Christi, donavit Deo | et Sancto Theotfredo atque Egidio unum mansum in villa que dicitur *Chasota*, cum omnibus attinentiis suis. Testes sunt Eldebertus, Rainerius, Theuto. Census est.

221

[Donum Bertrandi de Artigiis in Mala Brocia].

[1031-1047 ?]

Regnante domino Aenrico, luna .xx., in mense marcio, sub dompno Willelmo monasterii Sancti Theotfredi abbate, Bertrandus de Artigiis quidam et mater sua nomine Petronilla, expectantes Christi misericordiam et requiem animarum suarum et parentum eorum sive omnium fidelium defunctorum, donaverunt huic cenobio Sancti Egidii mansum unum quem nominant mansum de Mala Brocia (1), cum appendiciis suis. Hujus rei

---

(1) Malabrousse, lieu disparu, au voisinage de Malivernas, comm. Saint-Pierre-Duchamp. — « Apud Malabrossam prope castrum de Malivernas ». 1341, Arch. nat. P 493[2], cote 97. — « Mansus de Mala Brossa qui confrontari dicitur cum via per quam itur de manso de Villanova versus S. Petrum de Campo, cum rivo de Brantalo... et cum rivo de la Brueyreta..., etc. » 1352, Arch. nat. P 1398[2], cote 674.

testes sunt Raimodis, Eldebertus, Durantus, Guigo, Fulco, Pontius *Marchis.* Exitus est.

222

[*Donum Willelmi Moreti in Mala Brocia*].

[1095-8]

Et in eadem villa, Jarentone hujus loci sanctissimi existente priore, Willelmus Moretus, amore Dei et pro remedio anime sue et parentum illius, donavit .i. recetum et quartum in eodem manso de Mala Brocia de feudo.

223

[*Donum Duranti de Articas et Adalgardis in Mala Brocia*].

[1031-1047 ?]

Item, alio tempore, sub abbate Willelmo, Durantus de Articas quidam et uxor sua nomine Adalgardis, expectantes Christi retributionem eternam, pro remedio animarum suarum et parentum eorum, donaverunt huic loco Sancti Egidii unum boscum, et boschaticum totum, in villa de Mala Brocia supradicta.

224

[*Donum Giraldi Bellomontis et Larsoendis in Monte Bertholomeo*].

[1037-8]

Cunctis ad memoriam redeat per hanc presentem cartulam quod, domino Willelmo presidente Sancti Theotfredi monasterio et Petro hujus loci prioratum tenente, Giraldus Bellomontis et uxor sua Larsoendis, expectantes Christi retributionem, pro animabus suis et parentum eorum, donaverunt huic sancto cenobio podium de Monte Bertholomeo, cum boschatico qui ibidem appendet. Hujus doni testes sunt Abbo, Arbertus abbas, Durantus, Rostagnus, Rigaldus, Willelmus suus filius, Reidonus qui de gurpitione hujus terre habuit .x. solidos, et alius Martinus nomine qui hanc terram laborabat, pro resignatione habuit et pro laude .xx^{ti}.

225

[Donum Pontii Willelmi in Malisvernatis, ad Pollerias, ad Pontum Guilenti et in manso Sancti Michaelis].

[xii[e] s.]

Presentibus et futuris certum fieri volumus, quod Pontius Willelmus reliquit Deo et Beate Marie atque Sancto Egidio et monasterio huic medietatem feudi, et vicariam, et investituram que ha- | bebat in quodam manso de Malisvernatis. Hujus rei census est .iii. carte civate, .i. agnus et .i. gallina et .xviiii. denarii et obolus, et quartum terre. Et reliquid terciam partem de terra que vocatur *Pollerias,* et reliquit ad Pontum Guilenti partem suam de terra et de vineis et de pratis et silvis, ad pisctantiam fratrum hujus domus in refectorio. Reliquid etiam vicariam de manso Sancti Michaelis. Hujus vicarie census est .i. sextarius civate et .ii. agni et .ii. galline et .v. denarii et investitura terre. Et reliquid fenum de terra que dicitur *a la Valleta.* Census hujus feudi est .i. sextarius civate, .iii. solidi, .i. agnus, .i. gallina et quartum terre.

226

[Donum Autberti in Arciaco].

[947]

Anno .xi. regni domini Lodovici, Dalmacio presidente abbate, Autbertus quidam nomine, humane fragilitatis casum recogitans, et obtans sue anime et animarum suorum parentum requiem sempiternam, donavit huic sancto cenobio unum mansum cum suis attinentiis, in villa de Arciaco, quem laborat Albertus. Testes sunt Rodavus, Girbertus, Rainerius. Exitus est.

227

[Donum Rainerii et Ermengardis in Arciaco].

[947]

Eodem quoque tempore, Rainerius quidam et uxor sua nomine E[r]mengardis, cogitantes Christi misericordiam et re- | tributionem eternam, donaverunt Deo et Beato Egidio atque monasterio huic quicquid habebant in ipsa villa de Arciaco, sine retentione aliqua, nisi solummodo sua. Testes hujus doni sunt Gauzbertus, Autbertus, Giraldus, Ginabertus. Census est.

228
[Donum Maiasendis ad las Valetas].
[987-996]

Regnante rege Ugone et domno Guigone existente abbate, quedam domina nomine Maiasendis donavit huic loco Sancti Egidii, pro sua anima, unum mansum cum suis appendiciis, in villa dicta ad *las Valetas.* Testes sunt Giraldus, Guitardus, Ranulfus. Exitus est.

229
[Donum Bertrandi de Aruso et fratrum ejus a la Bastida].
[Mai 1104]

Anno ab incarnatione Domini .M. C. IIII., mense maio, regnante rege Philipo, Bertrandus de *Aurso* et fratres ejus Willelmus et Austorgius qui, ut superius (1) continetur, medietatem ecclesie de Campo contulerunt, donaverunt Deo et huic loco Chamaleriarum, in eadem parrochia Sancti Petri de Campo, mansum de *la Bastida* in dominicco, hoc est de feudo et alodio, sine retentione ulla. Testes B. Calcatus, Willelmus Besso, Jarento sacrista. Exitus est in maio .xviii. denarii, et *per meisos* quartum et recetum, et in kalendis .xviii. denarii, et per ortos et *ouchas* .i. sextarius civate, et .iiii^{or}. pegatios, et decimam ecclesie Sancti Petri.

230
[Donum convivii annui in domo de Feudo].
[Dimanche 15 juillet 1218]

| Et hoc cun[c]tis eliqueat per hanc presentem cartulam, quod v^o anno ab incarnatione Domini .M.CC.XVIII., mense julii (2),

(1) Cf. n° 210.
(2) Juni. *Ms.*

feria .I. ante festum sancte Marie Magdalene, B. de Feudo miles reddidit se pro monacho domui Chamaleriarum, et donavit eidem domui, in domo et toto tenemento suo seu territorio de Feudo cujus dominus erat, unum convivium faciendum annuatim inter festum Omnium Sanctorum et festum sancti Andree, vel pro eo eodem tempore .xx. solidos solvendos. Hoc actum est in claustro Chamaleriarum, presente toto conventu et presentibus filiis dicti militis B. et Pontio qui, tactis evangeliis, juraverunt hoc donum semper se inmobile servaturos. Testes etiam sunt Pontius, prior Sancti Mauricii, Ademarus de *Rocha*, Girbertus *Pelez*, milites.

231

[*Donum convivii annui in tenemento del Vern*].

[1219]

[A]nno vero preterito ab isto, Umbertus Peitavini miles donavit se pro monacho eidem domui, et reliquit, intuitu anime sue, in tenemento suo toto *del Vern*, .xx. solidos censuales et .I. eminam ciliginis; set .xx. solidos dictos dedit ad unum convivium faciendum annuatim feria .v. ante Ramis palmarum; ibi est .I. *cartals* siliginis in quadam vinea.

232

[*Donum Trutberti in Croseto*].

In perochia Sancti Genesii.

[1038]

Anno ab incarnatione Domini .M°.XXX°.VIII°., regnante domino Aenrico, Trutbertus quidam nomine, eternam retributionem expectans, pro remedio sue anime et venia delictorum suorum, donavit monasterio huic Sancti Egidii duos mansos et .I. appendariam in villa de Croseto, sita in parrochia Sancti Genesii de Jaliaco. Testes sunt Ebrardus, Flotbertus, Durantus. Census est.

233

[*Donum molendini in villa de Feudo a Willelmo factum*].

In perochia Sancti Julianni.

[1021-8 ou 1037-8]

| Futuris et presentibus hoc scripto pateat quod, tempore *f⁰ 73* Petri decani, Willelmus quidam nomine, pro sepultura sue matris et remedio anime sue et parentum suorum, donavit huic loco Sancti Egidii, in villa de Feudo, in parrochia Sancti Juliani, unum molendinum cum quadam terra ubi dicitur *a las Valz,* et quoddam mansum et unam appendariam, cum pratis et silvis et campis et omnibus appe[n]diciis suis. Census.

234

[*Donum Guigonis Bruni et Uneldis in Vosairaco et ad Genestos*].

Sancti Julianni.

[Vers 1145]

Item, notum sit omnibus quod, Silvio de *Fai* hujus domus existente priore, Guigo Bruni et uxor sua vocabulo Uneldis, sumentes religionis habitum in hac domo, quia erant sine heredibus, Dominum Jhesum Christum et Beatum Egidium et fratres hujus domus suis possessionibus reliquerunt heredes. Et donaverunt huic loco Sancti Egidii, in villa de Vosairaco, sita in predicta parrochia, unum mansum, de feudo et alodio et bailia, et omnibus que possunt pertinere ad eum : cujus exitus est unus sextarius siliginis, et alius civate cumulus et calcatus, et quartum terre et .xx. solidi. Et dederunt in ipsa villa .I. appendariam, de qua exeunt .I. mina siliginis, .XII. denarii et .I. gallina. Et donaverunt etiam feudum de manso de *Genestos,* cujus exitus est .II. solidi per *meisonencs,* pro agno .XII. denarii, in maio .IX. denarii, et .IX. alii in kalendis, et quartum terre. | Hujus *v⁰* donationis testes sunt Silvius prior, Arbertus, Guillelmus, Bertrandus de *Chalanco,* Jordanus, Geraldus.

235

[Donum Ugonis et Autlargis ad Orbos].

In perochia de Appinnaco.

[1031-1047 ?]

Regnante domino Aenrico et Guillelmo existente abbate, Ugo quidam et uxor ejus Autlargis et filii sui Ugo et Pontius, cogitantes Christi misericordiam et retributionem eternam pro animabus suis et parentum suorum, donaverunt huic loco Sancti Egidii, in parrochia de Apinnaco, in villa que dicitur ad Orbos, unum mansum dimidium quem vocant Presbiterale, et medietatem unius molendini ; et Umbertus nepos eorum et filii sui Pontius et Geraldus dederunt medietatem aliam mansi et molendini. Testes sunt Guichardus, Radulfus, Durantus, Guigo Bruni. Census est.

236

Donum ecclesie Sanctorum martirum Agricole et Vitalis a Roiravo sancte Aniciensis ecclesie canonico factum.

[1098?]

f° 73 | Quoniam uniuscujusque ecclesie negotia et literarum signis et aliquo auctoritatis munimine confirmare necesse est, decrevimus et nos taliter nostra roborare negotia. Notum autem fiat presentibus et futuris ecclesiam dedicatam in honore sanctorum martirum Agricole et Vitalis, a Roiravo sancte Aniciensis ecclesie canonico, et ejusdem urbis episcopo ac etiam Apostolico laudantibus, diu fore possessam, qui (1), divina inspiratione tactus intrinsecus, eidem ecclesie cujus erat canonicus, pro anime sue remedio, donavit, cum laude et assensu fratrum et parentum suorum ad quos sicut ad ipsum ecclesia pertinebat. Ipso autem viam universe carnis ingresso, canonici Aniciensis ecclesie, divino spiritu afflati, monasterio Sancti Egidii, cum consensu sui universi capituli, donaverunt, nullam ibi proprietatem reti-

---

(1) *Le sens exigerait* quam, *regime direct de* donavit.

nentes, preter .xx. solidos quos sumebant ante pro censu in ipsa ecclesia annuatim. Quicumque autem hoc donum infringere voluerit, ex parte Dei omnipotentis, Patris et Filii et Spiritus Sancti, sit semper anathema. Testes hujus doni sunt dompnus Ademarus episcopus qui hoc donum voluit et laudavit, Karolus abbas, Icterius, Durandus, Guigo, Jeremias, Austorgius. Hoc factum est anno ab incarnatione Domini .M.XC.VIII., indictione .vi., concurrente .iiii°., epacta .xv. (1), Jarentone priore ejusdem monasterii existente. Census ecclesie, preter .xx. solidos Aniciensis ecclesie, est.

237
[*Donum Galnæ uxoris Geraldi de Boiols a Piasac*].

[1142]

| Preterea, sciendum omnibus quod, tempore Johannis prioris hujus loci, domina quedam nomine Galna, que fuerat uxor Geraldi de *Boiols* et filia Bertrandi Archaci, sororque Ademari Rufi, pro sepultura sua et salute anime sue et carorum suorum, donavit monasterio huic Sancti Egidii unum mansum, in villa de *Piasac*, qui dicitur Fazendencus. Post aliquot vero tempus, cum filii dicte Galne, Geraldus et Petrus, pro hoc manso domum hanc molestarent, predictus prior donavit eis .xxx. solidos Lucdunensis monete, et de ipso manso pace[m] ulterius facere debuerunt. Testes sunt P. de *Chambilac*, A. de Monterevello, D. *Ros*, G. Moterii. Census est.

238
[*Donum Asterii a Piasac*].

[xi° s?]

Et in eadem villa de *Piasac*, Asterius nomine quidam dedit, pro anima sua et animabus suorum parentum, alium mansum.

---

(1) Quoique ces indications chronologiques soient concordantes, la date 1098 fait difficulté. Cette année-là l'évêque Adhémar de Monteil n'était plus depuis longtemps dans le Velay : il l'avait quitté depuis l'automne de 1096 pour rejoindre à Lyon le corps d'armée des Croisés commandé par le comte de Toulouse, et sa mort survint à Antioche le 1ᵉʳ août 1098.

239

[Donum Guilelmi Barollæ in Bonafonte].

[1021]

Anno ab incarnatione Domini .M°.XX°.I°., regnante rege Rotberto et domno Willelmo existente abbate et Petro decano, Guilelmus *Barolla*, obtans Christi misericordiam et eternam salutem, donavit monasterio huic Sancti Egidii unum mansum cum suis pertinaciis, pratis, campis et bosco, in villa de Bonafonte. Testes sunt Arbertus abbas, Abo, D[urantus]; Geraldus. Census est.

240

[Donum Girberti in Fraxino].

[1021]

f° 73 | Eodem quoque tempore, Girbertus quidam nomine, obtans celestia pro terrenis lucrari, in salute anime sue et parentum suorum, donavit huic loco sanctissimo unum mansum cum suis appendiciis, in villa que Fraxinus appellatur. Testes sunt Rodavus, Geraldus, Bertrandus et Abo. Census est.

241

[Donum Bertrandi Archadi in Chabazangiis].

[1014]

Alio quoque tempore, sub domno Guigone abbate et Ildeberto decano, Bertrandus Archadi, obtans Christi misericordiam adipisci, pro sua anima et carorum suorum salute animarum, donavit Deo et Beato Egidio unum mansum cum suis pertinatiis, in villa que Chabazangie nuncupatur. Hujus doni testes sunt Petrus Airaldus, Arbertus. Census est.

242

[Donum Uniæ in Astodiis].

[1100?-1130?]

Preterea, sciendum omnibus quod, tempore domni Arimandi prioris, quedam Unia nomine, in salute anime sue et parentum suorum, donavit monasterio huic .III. appendarias, in villa de astodiis, .I. de feudo et alodio, et .II. alias sine feudo. Testes sunt Bertrandus, Guigo, Willelmus et Petrus. Exitus est.

243

[*Donum W. Rocabaronis et Bertrandi Chalanconis in ecclesia Craponæ*].

In perochia de Crapona.

[Fin du XII° s.]

| Cunctis ad memoriam reddeat per hoc scriptum, quod v° dominus Willelmus Rocabaronis, in salutis sue remedio et venia delictorum suorum, viam universe carnis ingrediens, reliquit monasterio huic, quod semper super omnia loca alia dilexerat vita vivens, .III. sextarios siliginis censuales in ecclesia de *Crapona*, qui jure hereditario ei provenire debebant. Post aliquot vero tempus, Bertrandus dominus Chalanconis filium suum Pontium redidit in hoc loco pro monaco, et donavit cum illo in eadem ecclesia de *Crapona*, ad opus olei, .LXX. solidos censuales. Testes sunt P. Gaudini, B. *Malez*, P. *Boschez*, monachi, et alii quamplures.

244

[*Donum Ranulfi de Bellomonte ad Monclaos*].

In perochia de Crapona.

[Mardi 8 mai 1179? ou 29 septembre 1180?]

Preterea, sciendum est omnibus, quod Ranulfus miles de Bellomonte donavit huic loco Sancti Egidii, cum filio suo G. quem redidit pro monaco, alodium et feudi medietatem in uno manso juxta villam Crapone, qui *Monclaos* appellatur, et juravit super sancta evangelia, cum duobus filiis suis Ranulfo et Peitavino, hanc helemozinam | se semper servaturos. Factum est hoc *sans n°* anno ab incarnatione Domini .M°. C°. LXXX°., feria .III., luna .XVIII., in festo sancti Michaelis. Exitus est .II. sextarii siliginis, et .I. sextarius civate, et .VIII. solidi, ad mensuram Crapone.

245

[Donum Arberti abbatis a Cheiapauc].

In mandamento de Crapona.

[1040-7 ?]

Regnante domino Aenrico et Willelmo existente abbate, Arbertus abba[s] (1), de genere Bellomontis, pro sua anima et animabus patris et matris et omnium fidelium defunctorum, donavit huic loco sanctissimo, in villa de *Cheiapauc* (2), cum suis pertinaciis, unum mansum. Testes sunt Willelmus canonicus, Geraldus et Stephanus, fratres sui. Census est.

246

[Demissio Arberti abbatis apud Sanctum Johannem et alibi].

[1040-7 ?]

Et sciendum quod predictus Arbertus, ductus pietate divina, dimisit, sub juramento prestito, Deo et Beato Theotfredo atque Sancto Egidio, malas consuetudines atque usus que querabat quibusdam villis Beati Theotfredi, in villa et ecclesia Sancti Johannis, et ad *Tres Olerias, Amoros, Acharaisach,* ad Fraxinum, in villa de Chalmis, ad Boisolum, ad *Arszo,* ad Favum et ad Vernetum. Hujus rei testes sunt Willelmus abbas, Geraldus, Stephanus, fratres (3) sui.

---

(1) Quoique les deux actes connus de l'abbé de Saint-Chaffre, Guillaume II de Solignac, ne dépassent pas l'année 1042 (M. le chan.Ul. Chevalier, *Cart. de Saint-Chaffre*, introd., xx), il est présumable que son abbatiat s'est prolongé plus tard. Arbert de Beaumont, abbé, se fit moine à la Chaise-Dieu et devint disciple de saint Robert quelques années après 1043 (voir *suprà*, n° 198, note). La présente donation au couvent de Chamalières (n° 245) a vraisemblablement eu lieu à ce moment, et autorise à étendre jusqu'à 1047 au moins le synchronisme du règne d'Henri Ier et de l'abbatiat de Guillaume II.

(2) *Che i a pauc*, en latin « Canis ibi habet paucum », est l'équivalent roman et la forme primitive de *Pauca Villa*, Paucheville, domaine, com. Craponne.

(3) Filii. *Ms*. Cf. n° 245 *in fine*.

247
[Donum Geraldi Bellomontis a Doleus].
In perochia de Crapona.
[1016?-1031]

Regnante rege Robberto et domno Willelmo presidente abbate, Geraldus Bellomontis, et filii sui Geraldus similiter et Gerardus, pro animabus suis et parentum suorum, donaverunt Deo et Sancto Theotfredo atque Egidio unum mansum cum suis appendiciis, in villa de *Doleus,* in parrochia de *Crapona.* | Testes sunt Rainaldus, Franco, Eldebertus, Aldefredus. Census est.

248
[Donum Bertrandi clerici in Brusaco].
[1014-1020]

Eodem vero tempore, Eldeberto presidente decano, Bertrandus clericus, sperans pro isto dono et bonis aliis Christi misericordiam adipisci, donavit monasterio huic Sancti Egidii, in eadem parrochia, in villa de Brusaco, medietatem de uno manso duplerio, et .I. appendariam boairiciam, et de uno bosco totam medietatem. Testes sunt Petrus, Asterius. Census est.

249
[Donum Arimandi Genzonis in Baisaco].
[xii⁰ s.]

Presenti pagine comendare curavimus, quod Arimandus Genzo, dum extremis ageretur diebus, reliquit huic domui, pro sepultura sua, quicquid habebat in terra de Baisaco. Testes sunt Petrus ejus filius, Arnaldus de *Rocos,* Geraldus. Exitus est.

250
[Donum Bertrandi de Chalancone in Baisaco].
[Fin du xii⁰ s.]

[I]tem, futurorum memorie tradere cupimus, quod Bertrandus de Chalancone, obtans Christi misericordiam adipisci, pro venia delictorum suorum, donavit monasterio huic mansum de villa de Baisaco, tali convenientia, ut census hujus mansi expendatur in refectione festiva, die sui anniversarii post ejus obitum, sollempniter facienda. Si vero, ad faciendum istud, census iste sufficiens non fuerit, ex bonis suis ceteris mandavit idem sup-

sans n° pleri, et, si quid superfuerit in victu fratrum, jussit | reddi. Census est   *(sic)* sextarii inter siliginem et civatam, et .I. multo, .I. agnus, .II. porci, .XII. denarii, .I. panis et .I. gallina. Quam elemozinam uxor et frater ejus Pontius laudaverunt et confirmaverunt. Et si quis hanc abstulerit, ex parte Jhesu Christi sit semper anathema.

251

[Donum Acionis ad Chabazanellas].

[996-1014]

Regnante rege Rotberto, et domno Guigone presidente abbate, quidam nomine Acio, cogitans misericordiam Jhesu Christi et retributionem ejusdem, donavit huic loco sanctissimo, in villa que dicitur *Chabazanellas,* unum mansum et .I. appendariam, cum suis attinentiis et appendiciis suis. Testes sunt Abbo, Jarento, Guigo. Census est.

252

[De censu ecclesiæ de Crapona].

[996-1031]

[Acte faux].

Regnante rege Rotberto, rector parrochiæ de *Crapona* recognovit monasterio huic tres sestarios siliginis, pro censu dictæ ecclesiæ, anno quolibet solvendos, ad mensuram Craponæ, quos huic monasterio Willelmus Rochabaronis donaverat, et donavimus .III. XL. .XV. solidos rectori ad opus olei dictæ ecclesiæ.

253

Donum ecclesiæ [Sancti Johannis deus Bracos a Gauzna, matre Dalmacii Bellomontis abbatis, factum].

[938]

Futuris et presentibus volumus certum fieri quod, .II. anno regni domini Lodovici, Dalmacio Bellomontis existente abbate, ejus mater Gauzna vocabulo, inspirata divinitus, in remissionem peccatorum suorum, donavit Beato Theotfredo ecclesiam Sancti Johannis *deus Bracos,* cum omnibus tam temporalibus quam spiritualibus pertinentiis suis, et donavit alios duos mansos et .II. appendarias in ipsa villa, cum omnibus que eis pertinent, sine retinemento ullo, et sine contradictione alicujus persone. Census est (1).

254

[Donum Rodavi Bellomontis aus Esbranchaz].

[1095-8]

Tempore Jarentonis prioris, Rodavus Bellomontis dedit huic loco sanctissimo, pro sua anima et pro animabus suorum parentum, .I. mansum *aus Esbranchaz,* de feudo et alodio, cum omnibus appendiciis suis. Testes sunt Durantus, Bertrandus, Silvio. Exitus est .I. mina civate calcate, et alia siliginis *combla* et calcata, .XII. denarii per porcum, .I. panis, .I. gallina, .VI. denarii pro agno, et .I. multo per .II. annos, et carei.

255

[Donum Placiburgis a Garanezet].

[x⁹ s.]

Et in eadem parrochia, in villa que *Garanezet* appellatur, quedam domina nomine Placiburgis, pro remedio sue anime et venia delictorum suorum, donavit huic loco Sancti Egidii .I.

---

(1) Les mots « III cart[ones] sil[iginis] » ont été ajoutés par le faussaire des nᵒˢ 125, 252, 286 et 312.

mansum cum suis appendiciis, quem excolit Girbertus. Testes sunt Guigo filius suus, Pontius, Dalmatius, Bertrandus. Census est.

256

[Donum Rodavi Bellomontis ad Tres Olerias, in Frigiavilla et in Solaticis].

[Avril 938]

sans n° | Anno. II° regni domini Lodovici, aprili mense, in die sabati, Rodavus Bellomontis, sperans misericordiam Jhesu Christi et ejus retributionem eternam, donavit Deo et Sancto Theotfredo atque huic loco sanctissimo .IIII°r mansos ad *Tres Olerias*, et duos in Frigiavilla; et [in] villa de Solaticis alios duos mansos. Testes sunt Rostagnus, Geraldus, Gauzfredus. Census est.

257

[Donum Geraldi Bellomontis in Tres Oleriis].

[1014]

Anno ab incarnatione Domini .M°. XIIII°., regnante rege Rotberto, et domno Guigone presidente abbate et Eldeberto decano, Geraldus Bellomontis, obtans retributionem eternam, pro remedio anime sue et animarum patris et matris et parentum suorum, donavit monasterio huic villam de Tres Oleriis, ubi quatuor mansi sunt et .III. appendarie, cum silvis, campis, ortis et pratis et omnibus appendiciis suis, sine retinemento ullo. Testes sunt Abbo, Arbertus abbas, Durantus, Geraldus, Rostagnus canonicus, Willelmus canonicus, omnes isti filii ejus, Pontius et Ranu[l]fus fratres ejus. Census est.

258

Donum Abbonis de Bellomonte et Inbergæ uxoris ejus.

[962]

In anno .VI. regni regis Lotherii, Golfaudo existente abbate, Abbo dominus Bellomontis et uxor ejus Inberga, pro animabus suis et parentum suorum, donaverunt...

259

Donum ecclesie Sancti Florii ab abbate Arberto factum.

[1035]

| In anno vero.IIII^{to}. regni domini Aenrici, Willelmo presidente v^o abbate et domno Dalmatio existente decano, Arbertus abbas, obtans misericordiam Jhesu Christi et eternam retributionem illius, donavit Deo et Sancto Theotfredo ecclesiam in honore Sancti Florii dedicatam, cum omnibus attinentiis suis spiritualibus et temporalibus, et dedit in eadem villa .I. mansum et .I. appendariam, cum cunctis adjacentiis suis. Hujus rei testes sunt Abo, Durantus, Rostangnus, Geraldus, Bertrandus. Census ecclesie est.

260

[Donum Stephani de Bellomonte in Burdellis].

[1060-1108]

Item, regnante rege Philipo, Stephanus Bellomontis, memorati Abonis filius, pro anima sua et animabus patris et matris sue et carorum suorum, donavit supradicte ecclesie Sancti Florii terram quandam in villa de Burdellis. Exitus est.

261

[Donum Bertrandi et Rodavi in Montilio].

In parochia de Julanias.

[Dimanche 26 mars ou 20 août 1038]

| Regnante domino Aenrico et Willelmo abbate atque Petro sans n^o decano, Bertrandus et Rodavus, espectantes retributionem eternam, dederunt Deo et Sancto Theotfredo, in remedio animarum suarum, .II. mansos in parrochia de Julangis, in villa de Montilio, cum attinentiis suis. Hoc factum est anno ab incarnatione Domini .M^o. XXX°. VIII°., luna .XVI., feria .I. Testes sunt Bertrandus, Pontius, Stephanus et Rodavus, Abo, Durantus. Census est.

262

[Donum Girberti et Aiæ in Montilio].

In parochia de Julanias.

[982]

Item, in eadem villa, anno .xxvi. regni regis Lotharii, Girbertus quidam et Aia uxor ejus, in venia suorum delictorum, donaverunt huic loco sanctissimo mansum alium, cum omnibus attinentiis suis. Testes sunt Giraldus, Acardus, Richardus. Exitus est.

263

[Donum Carissimæ ad Crosum].

[982]

Eodem vero tempore, quedam domina Carissima vocabulo, pro remedio sue anime et animabus patris et matris sue, donavit in villa quadam que appellatur Crosum, quicquid ibi aliquo modo habebat, sine retinemento ullo. Testes sunt Nicezius, Archimbaudus. Census est.

264

[Donum Willelmi Saleira a la Rocheta].

In perochia de Julanias.

[xii^e s.]

Item, cunctis appareat presenti pagina, quod Willelmus *Saleira* donavit huic loco sanctissimo, in predicta parrochia de Julangis, in villa de *la Rocheta*, .i. mansum de alodio, in venia delictorum suorum. Testes sunt Raimundus, Pontius et Gaucelmus. Census est.

265

[Donum Nicezii et Ermengardæ in Boisoleto].

[954-982]

Preterea, sciendum omnibus quod, tempore Golphaudi monasterii Sancti Teotfredi abbatis, Nicezius quidam vocabulo et uxor sua nomine E[r]mengarda, cogitantes de requie animarum suarum et parentum eorum, donaverunt huic loco Sancti Egidii mansum subteriorem cum suis pertinentiis in villa de Boisoleto. Testes sunt Avitus, Aldebertus, Bertrandus. Exitus est.

266
[*Donum Girberti ad Firmos*].

[985]

Anno .IX°.xx°. regni regis Lotharii, Girbertus quidam, timens Dei judicium, pro sua anima et omnium fidelium animabus, donavit Deo et Beato Egidio, in villa ubi appellatur ad Firmos, unum clausum et quandam terram aliam dejuxta. Testes sunt Giraldus, Willelmus, Achardus. Exitus est.

267
[*Donum Gotiscalci in Casalis*].

[947]

| Presenti scripto etiam comendare decrevimus quod, anno f° 88 .x. regni regis domini Lodovici, Dalmacio existente abbate, Gotiscalcus quidam, humane fragilitatis casum recogitans et future vite beatitudinem, donavit Deo et Beato Egidio unum mansum in villa que vocatur Casali. Testes de hoc sunt Gotiscalcus, Ber-...icus, Norbertus, Bernardus, Odo. Census est.

268
[*Donum Gauberti in villa Escoborie*].

[Mai 962]

Istud similiter presenti cartule curavimus comendare quod, anno .VI[to]. regni regis Lotherii, in mense maio, Gaubertus sacerdos donavit huic loco Sancti Egidii totum illud quod habebat successione sui generis in villa que Escoborie (1) nuncupa-

---

(1) Escoubeyre, *Escobarctas, Escobeyras, Scobeyras*, lieu détr., comm. Malrevers, sur le ruisseau d'Escoubeyre que la carte de l'État major appelle « Ruisseau de Courbeyre ».

tur, sine retentione aliqua et lucro temporali. Hujus doni testes sunt Airaldus, Disderius, Gunabertus, Arlibodus scriptor et monacus. Exitus est.

269

[Donum Stephani vicecomitis ad Altrenacum].

[952]

Presentibus et futuris in hoc scripto declarare voluimus quod, domino rege Lodovico regnante, ejus regni anno .xv°., die dominica, Sthephanus vicecomes, obtans Dei misericordiam et veniam delictorum suorum, donavit huic loco sanctissimo unum mansum cum omnibus pertinatiis suis, in villa que dicitur Altrenacum, sita (1) in Valle Amblavense. Prior vero hujus domus pro tanto dono remuneravit eum de .lxx. solidis Podiensis monete. Hujus rei testes sunt uxor sua Bliosindis, Eraclius, Asterius, Guido. Census est.

270

[Donum Galberti de Roseriis in Montilio et appendaria Lardairolencha].

Roseriis.

[Vers 1203]

v° | Ut futuros non lateat nec obtivioni tradatur, presenti scripto comendare decrevimus quod, domno Petro de *Serviçaz,* monasterii Sancti Theotfredi abbate existente, Galbertus miles de Roseriis donavit Deo et Beato Egidio, cum filio suo M. quem redidit pro monaco monasterio huic, gardiam et consuetudines omnes, et quicquid juste vel injuste, in villa de Montilio, aliqua ratione sive occasione videbatur habere, et tactis evangeliis juravit ipse, et alii filii sui Galbertus, Willelmus atque Petrus, quod in predicta villa nichil amodo quererent, nec in isto dono domum istam ulterius molestarent, et dederunt in ipsa villa cum ipso etiam .i. appendariam que vocatur *Lardairolencha.* Hujus rei

---

(1). Sitam *Ms.*

testes sunt conventus hujus domus. Census guardie erat .v. *cartals* civate et .v. galline et .v. pane[s], et de appendaria quartus terre.

271

[*Definitio super garda et clausura castri Galbertenchi de Mezeras*].

[1er mai 1226]

Et notandum quod, cum Galbertus filius jam dictus et Ber. *Comars* postea moverent questionem domui isti et valde inquietarent domum et homines de Montilio super ista guarda et clausuris castri Galbertenchi de *Mezeras*, tandem ipsi totum clamarunt quitium domui et priori hujus domus D[uranto] *Coiro*, qui dedit dicto Galberto .LXXV. solidos, et P. *Hermio* .X. et dicto Ber. *Comarc* ..LX. et .I. saumatam vini. Testes conventus. Actum anno Domini .M. [CC] .XXVI., in festo sanctorum Philipi et Jacobi.

272

[*Donum Arnaldi in Chamiaco*].

In perochia de Vourei.

[Vers 1000?]

| Preterea, sciendum omnibus quod Arnaldus quidam, Jhesu Christi obtans misericordiam et sue anime requiem sempiternam, donavit huic sancto cenobio .I. appendariam in villa de Chamiaco, quam excolit Ebrardus. Census est .I. mina civate et .VIII. denarii, .I. capo, .I. agnus. f° 89

273

[*Durantus Coiros, hujusce cartularii continuator, rationem operis sui indicat*].

| Dictum est superius, prout potuimus reperire, quid domus ista capiat in ecclesia vel villa de Roseriis, sive parrochia; quid vero habeat in villa de Retornaco vel mandamento, necnon par- v°

rochia illius, ordine congruo, sicut invenire poterimus, explicemus.

274

[Donum Willelmi a Pozols et Anderx].

In perochia Retornac.

[1021-8]

Inde, sciendum omnibus quod, tempore Rotberti regis, Willelmo presidente Sancti Theotfredi abbate et Petro priore domus hujus, Willelmus quidam nomine, sperans Dei misericordiam, et ejus retributionem fideliter expectans, voluit filium suum Guigonem monachum fieri, et dedit huic cenobio cum ipso unum mansum et duas appendarias in villa de *Pozols*, et aliam appendariam in villa de *Anderx*. Hec omnia sunt in parrochia de Retornaco. Hoc laudavit Petrus, filius ejus. Testes sunt Silvius, Ildebertus, Rainerius, Ranulfus. Exitus est.

275

[Donum Petri et Theotburgis in Boscheto].

In perochia Retornac.

[1021-8]

Eodem quoque tempore, Petrus quidam et uxor sua nomine Theotburgis, credentes bona Domini videre in terra viventium, donaverunt Deo et Beato Egidio, in predicta parrochia, unum mansum et duas appendarias in villa de Boscheto, facientes filium suum Ebrardum in hoc cenobio sepeliri. Testes sunt Aldebertus, Bona Filia, Aicardus, | Gibertus scriptor. Exitus est.

276

[Donum Girberti in Pirario].

In perochia Retornac.

[1021-8 ou 1037-8]

Tempore vero Petri prioris, Girbertus quidam, obtans Dei misericordiam, donavit Deo et Beato Egidio et huic loco Camaleriarum, pro sepultura sua et anime sue remedio, dimidium mansum id villa que vocatur Pirarius, in prefata parrochia : et Girbertus alius, ipsius predicti Girberti nepos, donavit feudum istius mansi dimidii, pro amore Dei et patrui sui dilectione, accipiens .VI. solidos a priore predicto. Testes Willelmus, Johannes scriba, Abo. Census est.

277

[*Donum Willelmi in villa Rocha*].

In perochia Retornac.

[1021-8 ou 1037-8]

Eodem vero tempore, quidam Willelmus nomine, obtans retributionem divinam, donavit Deo et huic monasterio, pro remedio sue anime, quicquid habebat in villa que *Rocha* appellatur, sita in parrochia Retornaci. Testes sunt Dalmacius, Beraldus. Exitus est.

278

[*Donum Giraldi et Agnetis in Sentiniago*].

In perochia Retornac.

[1021-8 ou 1037-8]

Item, presenti scripto mittimus posteris, quod quidam nomine Giraldus et Agnes uxor ejus, expectantes Dei misericordiam et retributionem eternam, donaverunt Deo et Beato Egidio, pro remedio suarum animarum et parentum illorum, unam | domum v^o et ortum, et .I. vineam, et unum pradale, et omnes campos quos habebant in villa de Sentiniago, in parrochia Sancti Johannis de Retornaco. Hoc factum est Willelmo presidente abbate, et Petro hujus priore existente. Testes sunt Heldebertus, Hector, Durantus, Martinus sacerdos, Guigo, Amblardus scriptor. Et inde exeunt.

279

[Donum Willelmi in Sentiniago et Sennaiet].

In perochia Sancti Johannis de Retornac.

[xi[e] s.]

Omni tempore, ut ait Sapiens, « memorare tui novissima, et non peccabis in eternum » (1). Quod Willelmus quidam recogitans, cum concilio filiorum suorum, donavit huic loco unam appendariam in predicta villa de Sentiniago (2), et exeunt ex ipsa .xii. denarii et .i. mina civate et .i. gallina et unus agnus; et dedit in ipsa villa .i. chabanariam, cujus exitus est .iiii[or]. denarii et .i. carta civate, et in alia villa prope ab illa constituta, que *Sennaiet* vocatur, donavit .i. appendariam, et exeunt ex illa. vi. denarii et .i. carta civate et .i. capo et .i. agnus.

280

[Donum Girardi in villa de Vouce].

In perochia Sancti Johannis de Retornac.

[990-1]

Presenti scripto scire omnibus cupimus quod, anno .iiii°. regni Ugonis regis, Guigone presidente abbate, Girardus quidam nomine, sperans pro transitoriis eterna adipisci, donavit huic loco sanctissimo, pro anima sua et parentum suorum, unum mansum in villa de *Vouce*, quem excolit Bonus Homo. Testes sunt Eldebertus, Willelmus, Giraldus, Ranulfus. Census est.

---

(1) Eccli., VII, 40.

(2) Les localités citées dans cette charte sont Sentenac, *Sentennacum*, et Sannay, *Sennaiet*, hameaux (com. Chomelix) très rapprochés l'un de l'autre et auxquels conviennent les mots « in alia villa prope ab illa constituta ». Saintignac, *Sentiniagum*, com. Retournac, ne remplit pas cette condition de voisinage. La méprise du rédacteur du Cartulaire s'explique par la ressemblance des noms *Sentennacum* et *Sentiniagum*.

281

[*Donum Pontii Nautæ a Voucer, Mans et ad Intermontem*].

De Retornac.

[1158]

| Item, presenti cartule comendare volumus quod, anno ab incarnatione Domini .M°. C°. LVIII°., Pontius Nauta (1) venit in capitulo Camaleriarum, amicorum suorum concilio, et dedit Deo et Beato Egidio cunctisque fratribus ibi morantibus unum convivium in festo beati Giraldi (2) annuatim faciendum, pro anima uxoris sue Ugue et patris et matris sue atque parentum suorum, super terra de *Voucer*. Et eodem quoque anno, cum Jer[us]olimam vellet ire, reliqua omnia que habebat vel ei pertinebant in territorio de *Voucer* et decimam terre sue de *Mans* et de Intermontem donavit, cum filio suo Gaufredo quem fecit monacum, presente B[eraldo] ab[b]ate et Giraldo priore magistro. Excitus est .IIII. sextarii, .I. *froment*, .I. *segel*, .I. *orge*, .I. *civada*

282

[*Donum Berlandi et Girardi ad Artigetas*].

De Retornac.

[1016?-1020]

Preterea, huic scripto comendare decrevimus quod, tempore W[illelmi] abbatis et Ildeberti prioris hujus domus, Berlandus quidam nomine et frater suus Girardus, in redemcione animarum suarum atque parentum suorum, donaverunt Deo et huic loco sancto unam apendariam in villa de *Artigetas*, cum orto et cum duabus sextariatis de campis et una de pratis. Excitus est .XVIII. denarii, .III. *cartas* civate.

---

(1) Sur ce Pons Nauta, l'un des Croisés du Velay, voir notre *Cart. des Hospitaliers*, ch. 9 et 39.

(2) La fête de saint Géraud est célébrée le 13 octobre.

283

[*Donum Aldeberti de Rocha ad Artietas*].

De Retornac.

[1021-8]

Eodem rege regnante, in mense frebroario, Petro existente priore, Aldebertus de *Rocha*, obtans Christi misericordiam et retributionem ejusdem, in remissionem peccatorum suorum atque parentum ejus, concessit huic sancto cenobio, in predicta villa de *Artietas*, | unum mansum cum domibus et ortis, pratis, campis, [et] quicquid ad ipsum pertinet.

284

[*Donum Heldeberti de Artigiis ad Artietas*].

Retornac.

[1021-8]

Post hec, presenti cartule comendare curavimus [quod], tempore Rotberti regis, sub abbate Willelmo et Petro ejus domus priore, Heldebertus [vel] Aldebertus de Artigiis, sperans Dei misericordiam et ejus retributionem eternam, in redemptione anime sue et parentum suorum, donavit Deo et Beato Egidio [et] huic loco Camaleriarum quandam terram ad *Artietas*, que dicitur Cancellata, in perochia de *Retornac*, terra culta et inculta.

285

[*Donum Heldeberti de Artigiis in Cancellata*].

Retornac.

[1021-8]

Eodem tempore et eisdem regnantibus, He[l]debertus isdem, in remissionem peccatorum suorum, donavit huic loco Sancti Egidii, in eodem territorio de Cancellata, aliam terram, que habet ex uno latere hereditatem Giraldencham, de alio montem et nemus de *Musona*, de tercio montem de *Calmont*, et tenet ista terra usque ad Chabannatam, de quarto, hereditatem ipsius Heldeberti : totum illud donavit quicquid infra terminos dictos consistit, sine aliquo retinemento.

286

[*Cessio decimarum Ventreciaci ab episcopo Aniciensi*]

[1299]

[Acte faux]..

Sciendum est [quod], tempore Philipi regis, Johannes de *Comines* Aniciensis episcopus cessit huic monasterio decimas ville Ventreciaci anno .M. CC. LXXXX. VIIII.

287

[*Donum ad Lingostras*].

[XIe s. ?]

. . . .

| Beato Egidio et huic Camaleriarum loco quandam terram in villa de *Lingostras*. Testes sunt Arbertus, filius eorum, Johannes sacerdos. Exitus est.

288

[*Donum Heldeberti et Guiraldi de Artigiis a la Brocia*].

In perochia Retornac.

[987-996]

Cunctis presenti cartula volumus certum fieri quod, regnante rege Ugone et Sancti Theotfredi Guigone existente abbate, Heldebertus de Artigiis et frater ejus Guiraldus, expectantes Dei misericordiam, et requiem animarum suarum sperantes, donaverunt huic sancto cenobio .II. appendarias quas Dominicus excolit in villa de *la Brocia*. Testes sunt Guitardus, Asterius, Giraldus, Galterius. Census est.

289

[Donum Rodavi a la Brocia].

In eadem villa.

[Décembre 986]

Et in eadem villa, Rodavus quidam nomine dedit, in remissionem peccatorum suorum, unum mansum cum suis adjacentiis quem Adalbertus excolit, et quoddam brolium quod ad Pratum Crosum appellant. Hoc factum est Lodovico rege regnante, feria ·v., mense decembri. Testes sunt Rainerius, Gaufredus, Guigo, Nizecius. Exitus est.

290

[Donum Girini de Lerm in Artigetis].

[1212-3]

v⁰ | [P]reterea, sciendum omnibus quod quidam miles de *Meseras*, donans se huic domui, Girinus de *Lerm*, concessit feudum de predicta villa, cum laude filiorum suorum Austorgii, Stephani, Ugonis, et dedit etiam decimam de Artigetis; set pro hac decima inquietarunt postea predicti filii domum istam. Unde R. de Mercorio, prior monasterii hujus, donavit eis .xl. solidos, et juraverunt deinceps se a tali inquietatione cessare.

291

[Donum Benaiæ a la Rocheta et ad Orsairolas].

[1021-8 ou 1037-8]

Item, cunctis appareat quod quedam domina Benaia nomine et filii sui Petrus et Ugo dederunt huic sancto collegio, pro animabus suis et anima Austorgii de Sancto Pauliano, quicquid habebant in villa de *la Rocheta*, et illud quod habebant ad *Orsairolas*, sine aliquo retinamento. Testes sunt Petrus *Ugoni*, Pontius Austorgii, Stephanus Oliverii. Exitus est.

292

[Donum Duranni ad Sarlangas].

[1016?-1031]

Ut posteros non lateat, presenti scripto tradimus quod, domno Willelmo monasterio Sancti Theotfredi presidente abbate, Durannus quidam nomine, pro perituris volens celestia adhipisci, donavit huic loco sanctissimo mansum Gonterium et appendariam Gibertinam, totum in villa de *Sarlangas*, et postea se voluit in hoc cenobio monachari, et donum quod fecerat in presentia plurium confirmavit. Testes sunt Rodavus, Motarellus, filius suus, Pontius. Census est.

293

[Donum Garentonis abbatis in Monte de Marteto].

[1016?-1031]

| [R]egnnante rege Rotberto et domno Willelmo presidente f° 9. abbate, Garento abbas, cogitans Christi misericordiam, et ejus retributionem expectans, donavit huic loco Sancti Egidii quandam terram in Monte de Marteto, sitam (1) in parrochia de Retornaco. Testes sunt Eldebertus, Frotbertus, Amblardus. Exitus est.

294

[Donum Hieuzonis Airaldi et Aiæ in Marteto].

[1021-8]

Eodem vero tempore, Petro hujus domus presidente decano, Hieuzo Airaldus et Aia, cum filiis suis, misericordiam sperantes Domini et veniam delictorum suorum, donaverunt huic sancto cenobio, in villa de Marteto, unum mansum et .I. appendariam cum omnibus appen[di]tiis suis. Testes sunt Arimandus vicecomes, Hieuzo Airaldus, Ugo. Census est.

(1) Situm. *Ms.*

295

[Donum Adraldi, Stephani et Leothardorum in Monte de Martheto].

[1021-8]

Et ipso tempore, regnantibus supradictis, Adraldus, Stephanus, Leothardus et duo alii Leothardi, cogitantes Dei misericordiam et ejus retributionem eternam, donaverunt huic loco Sancti Egidii Montem de Martheto, et quandam terram que nunquam culta fuerat dejuxta. Testes sunt Ebrardus, Arbertus, Asterius, Bertrandus. Exitus est.

296

[Donum Girardi et Larsoendis in Masello].

[1037-8]

v° | Regnante domino Lodovico [*corr.* : Aenrico] (1) et Willelmo presidente abbate, Girardus quidam et uxor ejus Larsoendis, expectantes Christi misericordiam et veniam peccatorum suorum, donaverunt Deo et Beato Egidio unam petiam de boschatgio in villa que dicitur Masellum, que est in parrochia Retornaci. Hujus rei testes sunt Petrus, Willelmus, Bertrandus, Geraldus, Guido. Census est.

297

[Donum Aldeberti a Jussac].

[1021-8 ou 1037-8]

Quod memoria indiget, ne tradatur oblitui, debet carte vel testibus comendari. Unde presenti scripto (2) tradimus quod, tempore Petri decani hujus domus, Aldebertus quidam et filii sui Ademarus atque Arnaldus donaverunt huic loco Sancti Egidii mansum subterinum de *Jussac,* de alodo, pro filio suo alio Ebrardo nomine quem monacum hic fecerunt. Testes sunt Ademarus, Austorgius, suus nepos. Exitus est.

---

(1) Cf. n°s 212 et 224.
(2) Scribto. *Ms.*

298

[Donum Girberti et Aiæ a Jussac].

[1021-8 ou 1037-8]

Eodem tempore, Girbertus quidam et Aia uxor ejus et filii sui, obtantes veniam delictorum suorum, concesserunt huic sancto cenobio, in predicta villa de *Jussac*, .I. appendariam de ?lodo. Testes sunt Austorgius, Rodavus, Stephanus. Census est.

299

[Donum Abonis et Blismodis a Jussac].

[1031-1047 ?]

| Et in ipsa villa, tempore domini Aenrici regis et abbatis f° 93 Willelmi, Abo et uxor sua Blismodis nomine, ut Dominus eis tribueret suorum veniam delictorum, donaverunt monasterio huic appendariam de Fonte, volentes filium suum Ebrardum in hoc cenobio monachari. Testes sunt Willelmus, Austorgius, Ademarus. Exitus est.

300

[Donum Rainoardi et Archinnedis a Jussac].

[Vers 1000 ?]

Item, [in] eadem villa, Rainoardus quidam et uxor ejus nomine Archinnedis, expectantes Christi misericordiam, et sui novissima recordantes, donaverunt huic loco Sancti Egidii et in eo fratribus comorantibus, dimidium mansum quem Barnaldus laborat, cum omnibus adjacentiis suis. Testes sunt Rainerius, Teotardus, Rotbertus. Census est.

301

[Donum Girberti et Aiæ in parrochia Retornaci].

Retornac.

[1082-8]

Presentibus et futuris notum fieri volumus quod, regnante rege Philipo, et domno Willelmo monasterio Sancti Theotfredi

presidente abbate, Ebrardo priore hujus domus, Girbertus et uxor ejus Aia, cum concensu filiorum suorum Stephani, Austorgii, Roiravi, donaverunt huic loco sanctissimo unum molendinum in parrochia de Retornaco, quod tenebant ad feudum de Ademaro et Austorgio et Arnaldo de *la Vaiseira*, cum laude et
v⁰ assensu eorum. Testes sunt | Pontius de Artigiis, Bertrandus, Guigo, Bonefacius, Frotbertus, Ebrardus, Royraudus. Census est.

302

[Donum Guigonis a la Rovoura].

In perochia Retornac.

[1021-8 ou 1037-8]

Per hoc scriptum cunctis transmitimus quod, tempore Petri prioris domus hujus, Guigo quidam, cum laude fratris sui Armandi et filiorum suorum Pontii, Ugonis, Guigonis et Willelmi et etiam Aldeberti, donavit huic loco sanctissimo terciam partem de manso de *la Rovoura*. Exitus est.

303

[Donum Pontii Nautæ a la Rovoura].

In perochia de Bauzac.

[1037-8]

Eodem tempore, Pontius Nauta nomine, obtans celestia pro terrenis lucrari, donavit huic loco Sancti Egidii .IIII^{tam}. partem de manso de *Dovol* et .I. appendariam ibidem, cum Arimando fratre suo, quem fecit in hoc cenobio monachari ; et dedit etiam .III. partem de alio manso de *la Rovoura*, et Guigo frater ejus aliam partem terciam. Et de hoc testes sunt Aimaricus, Arimandus, Pontius, Guigo, Ugo. Census est.

304

[*Donum Abbonis de Bellomonte et Inbergæ in Karaisaco*].

In perochia Sancti Johannis deus Brachos.

[960]

| In anno sexto regni regis Lotharii, Golphaldo existente abbate, Abbo dominus Bellomontis et uxor ejus Inberga, cogitantes Dei misericordiam et ejus retributionem eternam, in remissionem suorum peccatorum, donaverunt huic loco sanctissimo duos mansos in villa que dicitur Karaisacum. Testes sunt Willelmus, Stephanus, Bertrandus. Exitus est.

305

[*Donum Abbonis de Bellomonte et Inbergæ in Charaisaco*].

In perochia Sancti Victoris.

[960]

Eodem vero tempore, predictus Abbo et uxor ejus prefata donaverunt loco huic Sancti Egidii, in supradicta villa de Charaisaco, mansionem quandam cum orto et pratis et campis et omnibus adjacentiis suis, receptis .XL. et .IX. solidis ab abbate Golphaudo, et in ipsa villa dederunt pratum aliud, pro quo .IIII^{or}. solidos alios habuerunt. Testes sunt Willelmus, Stephanus, Nicezius, Icterius, Raimundus. Census est.

306

[*Donum Ebraldi a Lavez*].

In perochia de Chalvesangiis.

[1021-8 ou 1037-8]

Cunctis appareat presenti cartula quod, domno Willelmo presidente abbate et Petro hujus domus existente decano, Ebraldus quidam nomine, sperans Christi misericordiam adipisci, donavit huic sancto cenobio, in parrochia de Chalvesangiis, in villa de *Lavez,* quicquid ibi jure hereditario possidebat, et in alio loco, in parrochia silicet Sancti Juliani de Ancia, mansum Garmaisum cum cunctis attinentiis suis. Testes sunt Abbo, Durantus, Geraldus et Umbertus. Exitus est.

307

[Donum Adalandi in Fraiseneto].

[1037-8]

Regnante domino Aenrico, et domno Willelmo presidente abbate et Petro hujus domus decano, quidam nomine Adalandus, in venia delictorum suorum, donavit huic sancto cenobio medietatem ville de Fraiseneto cum omnibus adjacentiis suis, sine retinemento ullo. Testes sunt Stephanus, Geraldus, Dalmatius, Elizeus. Exitus est.

308

[Donum Rotbergiæ et Petri in Aurzone et ad Duos Canes].

In perochia Sancti Preiecti de Salvesangiis.

[1037-8]

Eodem quoque tempore, Rotbergia quedam vocabulo et filius suus Petrus, cogitantes Christi misericordiam et veniam delictorum suorum, donaverunt huic loco Sancti Egidii, in eadem parrochia Sancti Preiecti de Chalvesangiis, in villa de Aurzone, quicquid ibi habebant, et in alio loco, [in] quadam villa quam nominant Duos Canes, quicquid ibi similiter jure hereditario (1) possidebat. Testes sunt Vitalis, Stephanus, Bertrandus. Census est.

---

(1) Ces trois derniers mots sont pointillés dans le ms., ce qui indique qu'ils doivent être supprimés.

309

[Donum Asterii et Berteldis in Aligerio].

Salvesangiis.

[1037-8]

Item, eodem tempore et eisdem supradictis reg- | nantibus, f° 94 quidam Asterius atque uxor sua vocabulo Berteldis, misericordiam Domini espectantes, pro animabus suis et parentum suorum, donaverunt Deo et Sancto Theotfredo atque Egidio, in parrochia supradicta, in villa de Aligerio, [in] loco quem nominant *Rusapota*, .i. mansum cum cunctis pertinatiis suis. Hujus doni testes sunt Petrus, Bertrandus et Airaldus. Census est .xviii. denarii, et .vi. propter vacam, et .i. sextarius civate, et .i. multonem et .i. agnum et .i. gallinam.

310

[Donum Abbonis de Bellomonte ad Cozagas].

In perochia de Vivairols.

[Vers 1050]

Preterea, cunctis appareat in hac presenti cartula, quod Abbo dominus Bellomontis et uxor ejus, et filii Bertrandus, Stephanus et Rodavus, donaverunt Deo et Sancto Theotfredo, atque huic loco Sancti Egidii, villam quam nominant *Cozagas;* set Willelmus abbas eam retinuit quamdiu viveret, et in morte sua ei renunciavit in presentia plurium qui presentes fuerunt, Beraldi videlicet prioris hujus loci, et D[uranni] Bellomontis et D[uranni] *Marchis*. Census ville est.

311

[Donum Ugonis in villa de Ram],

[Vers 1020]

Item, sciendum omnibus quod quidam Ugo nomine, pro remedio sue anime et anima Galberti filii sui, donavit Deo et

Beato Egidio mansum Ugonensem vocabulo in villa de *Ram*, cum mansione et orto et adjacenciis suis. Testes sunt Giraldus, Galterius, Leotardus.

312

[*Definitio super mensuris in Podio, Camalariis et Confolenco*].

[1213]

[Acte faux].

v° | Sciendum est quod mensura quæ vocatur pugnaria, coppellum vel *boissel*, est ejusdem valoris in Podio, Camalariis et Confolenco, ubi *lo carto* continet sex *boissel*, carta quatuor, et mestencum octo, cestarium majus octo cartones quando agitur de cartonibus, et similiter de mestencis. Vini autem emina continet *pots* decem, et *lo pot* libras .IIII., et *la charge* .LXXX. *pots* sive .CCC .XX. libras. Sic ordinatum est cunctis quorum interest, laudantibus in villis Camaleriarum et Confolenci expertis ad hoc et granatariis vocatis a domno de Mercorio, hujus domus priore, anno Domini .M .CC. XIII.

[TABULARIUM GEOGRAPHICUM].

313

[*Casa Vetula, Fraicenetum, Plancheta, Vareniacum, Vernetum in Valorgue*].

f° 96 | In Vareniaco est unus masus alodi, et debet in maio multonem et agnum, et in kalendis .I. sextarium *segel*, .I. sextarium civate et .II^{cim}. denarios, .I. panem et gallinam.

In *Valorgue* (1), ad Fraicenetum, unus masus qui debet in maio multonem et agnum, .II. solidos, *e per meisos* .III. sextarios anone, et in kalendis .II. solidos.

In ipso *Valorgue*, ad *Casa Vetula*, est dimidius mansus qui redit .IIII^{or}. solidos et .IIII. sextarios annone.

Et in ipso *Valorgue*, ad Planchetam, est una bordaria que redit .XII^{cim}. denarios.

---

(1) *Valorgue* — *Vallis Valonica* (960) (A. Bernard, Cart. de Savigny, ch. 374), *Vallis Longa quam dicimus Vallis Organa* (960) (id., ch. 426, note), *Vallis Longa* (1124) (id. ch. 901) — désigne la vallée supérieure de l'Ance depuis Saint-Anthème jusqu'au dessous de Viverols, arr. d'Ambert, Puy-de-Dôme. Ces chartes de Savigny y placent Saint-Clément, can. Saint-Anthème, et Bichelonne, com. Saillant, can. Viverols.

Ic ipso, ad Vernetum, est una appendaria que redit in kalendis .II^{cim}. denarios et .I. *umina* anone et .I. *carta* civate.

314

[*La Brujaireta, Cozangas, Lo Genestos, Pinus, Las Teracias*].

In *Cozangas*, sunt .III. mansi, et unusquisque debet in maio multonem et agnum, .II^{cim}. denarios, et in *meissos* quartum et convivium, et in *vendemias* .III. eminas annone et .I. sextarium civate, et pro careio et *per frecenje et per oblias* .II. solidos *e dimei*, exceptis .VIIII. denariis de obli.. ^t dimidio quarto de manso Asterii.

Ad Pinum, est una monzia que redit quartum.

A la Brujaireta, una monzia cum quarto.

A las Teracias, duas monzias cum quarto.

Al Genestos, est unus manssus cum fevo et alodo, et redit .I. sextarium annone et .XII^{cim}. denarios.

315

[*La Concheta, La Monzia de Lermet, Pigeiras, Pontus Asterii, Sanctus Florius*].

| *A Pigeiras* est una appendaria que redit in maio unum agnum et .III. denarios, *e per meissos* .III. denarios et quartum, et kalendis .III. denarios et .I. *umina* civate et .I. *gallina* et .I. *pa*.

A la Concheta, una monzia cum orto.

A la Monzia de Lermet est unus manssus, et redit pro alodo in anno .IIII. solidos et .III. sextarios *segel* et .I. civate et cervicium.

Ad Pontum Asterii est unus manssus qui redit in maio .VIIII. denarios et quartum, et in kalendis .VIIII. denarios et .I. uminam civate.

In villa Sancti Florii est unus manssus et .I. appendaria, in quibus ecclesia est constructa, et mansiones cum ortis, et unaquaque mansio cum orto redit in maio sex denarios, et in kalendis similiter et .I. eminam civate; super remanent prata ad loquandum, et terra ad quartum; et ex unaquaque domo .I. gallinam.

316

[*Amors, Arzo, Casellas, Duo Canes, Garainac, Levez, Vernetum*].

A *Levez* est unus manssus cum quarto, et convivium, et redit in kalendis .II. solidos et .I. sextarium *segel* et .I. *emina* civate.

Ad *Amors* est unus manssus, qui redit in maio .I. agnum et .VIIII. denarios, et in kalendis .VIIII. denarios et .I. sextarium civate.

f° 97 | Ad *Casellas* est unus manssus alodi, et medietas feudi, qui redit in maio multonem et agnum, et in kalendis pro careo .XII^{cim}. denarios et .I. sextarium civate et .I. panem et gallinam et .I. eminam civate et .XII^{cim}. denarios, et kalendis .VIIII. denarios et medietatem quarti.

In villa de *Garainac* sunt .III. manssi, et unusquisque redit in maio multonem et agnum, et in kalendis pro carreio .XII. denarios et .I. sextarium civate et .I. panem, et gallinam et quartam, excepto uno mansso; et de omni villa dimidium decimum.

In villa de *Arzo* est unus manssus.

Ad Duos Canes est una appendaria.

Ad Vernetum est unus manssus, qui redit .III. sextarios anone, et in kalendis quinque solidos.

317

[*Brachones, Duo Pini, L'Aliger, Tres Olarias, Tres Vici*].

A *L'Aliger* est unus manssus qui vocatur *Rasapota*, et redit in maio multonem et agnum, et in kalendis .I. sextarium civate, et pro careio .XII. denarios et sex vaquales et .I. gallinam.

Ad *Tres Olarias* sunt quatuor mansi et .III. *appendarias*, et v° unusquisque redit in maio multonem et agnum | et .XII^{cim}. denarios, et *per meissos* masus Rigaldenchus octo sextarios annone, et civate .III. eminas, et recetum, et in *vindemias* pro carreio .XII^{cim}. denarios, et pro *frisingia* .XII^{cim}., et pro *oblisas* .XII. denarios ; et masus Abonis et Stephani similiter ; et alii duo massi similiter, exceptis duobus sextariis annone. Et appendaria Abonis et Stephani redit in maio .IIII. denarios, et *per meissos* .III. sextarios annone, et in kalendis .IIII^{or}. denarios et .III. *cartals* civate, et alias .II. similiter, excepto .I. denario de una .I. emina annone, et decimum de omni villa in dominico.

Ad Brachones sunt .II. masi, et unusquisque redit in maio multonem et agnum et .XII. denarios, et *per meissos* .VII. sextarios annone et recetum, et in *vindemias* .II. solidos et .I. sextarium civate.

Et in ipso loco, est ecclesia Sancti Johannis cum terra et decimis, cum mansionibus et ortis : de qua ecclesia est vota Omnium Sanctorum in dominico duas partes, et de ciminterio similiter, et de festivitate sancti Johannis Baptiste et de [festivitate] sanctorum Johannis et Pauli. Decima hujus ecclesie hec est in dominico.

A Tres Vicos tres masi et .II. *appendarias*.

Ad Duos Pinos valente .II. masos.

318

[*Amarucium, Bessum, Casaletum, Meseirachum, Teuletum, Vernetum*].

| Ad Teuletum masi .III. et *appendarias* quinque. f° 97

Ad Meseirachum duo masi.

Ad Vernetum duo masi et *appendarias* tres.

In Amarucio .II. masi et *appendarias duas :* exitus est .I. *emina segel*, .I. civate, .XII. denarios, et .I. panem et .I. gallinam.

Ad Bessum masus unus et *appendarias* tres.

Ad Casaletum unus masus.

Ad Amarucium .I. appendaria alodi que redit in ano .I. eminam annone, et aliam civate, et .XII. denarios, et panem et gallinam.

319

[*Brusachum, Colombarii, Karasiachum, Montilium Garini*].

Ad Karasiachum sunt .iii. masi et .ii. *appendarias*, et una est ad feudum pro vicaria, et redit in maio .vii. denarios, et in kalendis .vii. et .i. gallinam et .i. eminam civate; et alia in dominico redit in maio .vii. denarios, et in kalendis .vii. et .i. gallinam, et unusquisque masus redit in maio multonem et agnum et .ii^{cim}. denarios, et per messiones .iiii. sextarios annone et .i. civate et recetum, et in vindemiis .ii. solidos.

v° Ad Colombarios .i. appendaria, et redit | in maio .vii. denarios, et in kalendis .vi. denarios et .i. sextarium civate et .i. gallinam.

Ad Montilium Garini sunt .ii. masi, et unusquisque redit in maio multonem et agnum et .xii. denarios, et *per meisos* quartum et recetum, et .i. sextarium annone et alium civate, et in vindemiis pro carreio .xii. denarios et pro *frisengia* .xii. denarios et pro obliis .xiiiiiii. denarios.

A Brusachum est unus masus alodi et .iiii^{or}. *appendarias*, et masus redit in maio multonem et agnum, et *per meissos* .iii. sextarios annone et .ii. civate, et pro carreio .xiiiiiii. denarios. De appendaria Raimondesca exiit in anno .i. sextarius annone et .i. sextarius civate et .xii. denarii. Et de alia quam Adalbertus excolit, exeunt .iii. *cartal* annone et .i. emina civate et .vii. denarii. De alia appendaria quam excolit Gotiscalchus de Calmilisio, redit .i. *cartal* civate et .vii. denarios et .i. gallinam et quartum de terra. Et de alia appendaria que est in ipsa villa, exiit in anno .i. emina civate et .vii. denarii et quartum de terra.

320

[*Ad Celtos, Felinas, Monledum, Sennetum, Sentennachum*].

Ad *Felinas* .i. appendaria, que redit in anno .xviii. denarios et *mina* civate et .i. gallinam.

Ad Monledum est unus dimedius mansus.

Ad Celtos (1) .ı. bordaria que redit .ı. *cartal* civate et .ı. gallinam.

A Sennetum est .ı. masus alodi *que* redit | in maio multonem et agnum, et per messiones .ı. sextarium annone et alium civate et .ııı. solidos per porcum ; et in ipso loco sunt .ıı. appendarie que redunt *(sic).* f° 98

Ad Sentennachum est alia appendaria alodi et *de feu* : .ııı. eminas *segel* et .ı. sextarium civate et .ıııı. denarios et pogesiam et .ı. agnum *e mai,* et *a kalendas* .ıııı. denarios et medalam.

321

[Arciacum, Bezas, Mons Pedorsus, Podium Nigrum, Sazacum, Verchmoialium].

Ad Arciacum sunt duo masi, et unus redit in maio multonem et .xvııı. denarios, *e per meisos* .ı. sextarium civate et quartum, et in kalendis .vııı. denarios ; et alius masus debet in maio .xıı. denarios, et *per meisos* .ı. sextarium civate et quartum, et in kalendis unum denarium. Et in ipsa villa .ı. appendaria que redit in maio .ıııı. denarios *e* mealam, et *per meissos* quartum, et in kalendis .ıııı°ʳ. denarios et .ı. pogezam.

Ad Sazacum .ı. appendaria que redit .vıı. denarios et quartum.

Ibidem alia appendaria que redit .vıııı. denarios et quartum.

Ad *Bezas* .ı. *meia appendaria* que redit .vı. denarios et medium agnum, et medium quartum, et mediam gallinam.

Ad Verchmoialium .ı. medietas appendarie que redit .vıı. denarios et .ı. *cartal* civate et aliam annone et .ı. *capri.*

A Montem Pedorsum est unus masus *que* redit [in maio] | .ıı. agnos et .xıı. denarios, et *per meissos* quartum, et recetum in kalendis, .xvıııı. denarios et .ıı. sextarios civate. v°

Ad Podium Nigrum est una monzia, et redit .ııı. sextarios annone.

---

(1) *Ad Celtos*, corr. : *Cellos* (ou *Sellos*), *Ceus* (1252), *Scus* (1390), Céaux-d'Allègre, can. Allègre, arr. Le Puy.

322

[*Avezacum, Cubairolas, Pauca Villa, Prunairolas, Trenca Borsa*].

Ad *Prunairolas* est unus [mansus] *que* redit .ii. solidos *e* dimedium et quartum.

Ad Avezacum est una monzia, que redit .i. sextarium annone.

Ad Paucam Villam est unus masus alodi, et redit in maio multonem et agnum, et *per meissos* .i. sextarium annone et .i. sextarium civate, et in kalendis .xviii. denarios et .i. *segelas* et .i. gallinam.

Ad *Cubairolas* est .i. appendaria, que redit in maio .vi. denarios, et in kalendis similiter et quartum et .i. sextarium civate.

Ad Trencam Borsam sunt .ii. masi et .ii. mansiones cum ortis, et unus masus redit in maio multonem et agnum et .xii. denarios, et *per meissos* .iii. sextarios annone et .i. civate, et in kalendis .xii. denarios; et alius masus alodi redit in maio multonem et agnum, et *per meissos* .i. sextarium civate, et in kalendis .xii. denarios.

sans n° Una mansio redit in kalendis cum orto .iii. denarios | et in kalendis *(sic)* civate et gallinam, et alia mansio cum horto similiter.

323

[*Alodii, Fracsinus, Piaciagum*].

Ad Atodios sunt .iiii. appendarie, et .i. appendaria de qua Gerardus (1) de *Manz* est fevalis, et redit in maio .i. agnum, et *per meissos* .i. *emina* civate.

Et alia appendaria, *de que* sunt fevales Motarelli, redit in maio .iiii. denarios et medaculam et .i. agnum, et in kalendis .iiii. denarios et medaculam et .i. eminam civate.

Et alia appendaria que est nostra in dominico, redit in maio .i. agnum, et *per meissos* quartum et .i. *emina* civate.

Et alia appendaria minor redit .iii. denarios et .i. *cartal* civate et quartum, .i. gallinam.

(1) Gerradus. *Ms.*

Ad Fracsinum est unus masus, et redit in maio multonem et agnum et .xii. denarios, et *per meisos* quartum et recetum, et .i. sextarium civate, et in vindemiis pro carreio .xii. denarios, et in kalendis .xii. denarios.

Et in ipso loco alius masus alodi, qui redit in maio multonem et agnum, et in kalendis .xx. denarios et .iii. eminas civate.

Ad Piaciagum sunt .iii. masi, duo alodi et .i. in dominico.

Unus alodi debet in maio .xii. denarios, et in kalendis .xviii. denarios et .i. sextarium civate et .i. *cartal* annone.

| Et alius masus alodi debet in maio unum agnum, et in kalendis .i. sextarium civate. v°

Et masus in dominico debet in maio .ii. agnos et .viii. denarios, et *per meissos* quartum et .ii. sextarios civate et .i. *cartal* annone, et in kalendis .viii. denarios.

324

[*Embranzaz, Feudum, Olaria, Ripas, Usfaurgias, Virinas*].

Ad *Embranzaz* est dimedius masus alodi, qui redit in maio dimedium multonem et dimedium agnum, et in kalendis .i. *emina* annone e dimidiam cartam, et civate similiter, et .xii. denarios et dimidiam gallinam et dimidiam panem.

Ad *Usfaurgias* est unus pradalus qui redit .ii. sextarios annone, unum fromenti et alterum *sigle*.

Ad Feudum est una appendaria, que redit in maio unum agnum e .vii. denarios, et *per meissos* .i. *emina* fromenti et aliam civate et quartum et .vii. denarios, et in kalendis .vii. denarios, et pro vicaria tres, et dimidiam cartam annone.

Ad Olariam est una bordaria, que redit .iii. denarios et .i. cartam civate et .i. gallinam.

Ad *Ripas* est unus masus alodi, qui redit in maio multonem et agnum, et in kalendis .xii. denarios et .i. sextarium civate calcatum et .i. gallinam.

Ad *Virinas* est .i. appendaria.

325

[*Boicetum, Brugeria, Calanco, Casellas, Fescalci, Petra Sancti Johannis, Tirangias*].

sans n° | Ad *Tirangias* est unus dimedius masus alodi, qui redit in maio multonem, et *per meissos* .ı. sextarium annone.

A Boicetum est una appendaria feudi, que redit .vıııı. [denarios] et quartum.

In castrum Calanconi, est unus molendinus, in dominico, qui vocatur Pisturia.

Ad Fescalcos est .ı. sextarius annone in decimo.

Ad Brugeriam est unus masus alodi, qui redit in maio multonem .ıı. et agnum, et *per meissos* .ıı. sextarios annone et .v. *cartal* civate et .ı. sextarium ordei, et in kalendis .ııı. solidos et .ıııı. denarios.

Ad *Casalltis* (1) est .ı. monzia cum quarto.

Ad Petram Sancti Johannis (2) est una monzia, que redit in maio sex denarios et unum sextarium de silica et quartum, et in kalendis .vıı. denarios et .ı. uminam civate et .ı. gallinam, *c per la laissa de Archaz, autre maienx e kalendars,* .ııı. *sols e dimei* et .ı. sextarium civate.

326

[*Albas Peiras, Bastida, Bertolemeu, Mala Brocia, Mali Evernati, Terracias, Vilanova*].

A Bastidam est unus masus, qui redit in maio .xvııı. denarios, et *per* [*m*]*eisos* quartum et recetum, et in kalendis .xvıı. denarios et .ı. sextarium civate et .ıııı. pegacios.

A *Bertolemeu sunt duas appendarias,* una alodi et alia in

---

(1) Corr.: *Casellas?*

(2) *Petra S. Johannis*, terroir sis entre la Monzie et Nolhac, com. Saint-Pierre-Duchamp, et que le cadastre dénomme « La Peyre ». A côté de La Peyre, le cadastre indique un autre terroir, « Le Peyrou », ancien mas. « Mansus del Peiro Saint Johan ». 1265, Arch. nat. P 494¹, cote 36. — « Lo Peyro Saynt Joan prope mansum de la Monzia ». 1345, id., cote 19.

dominico : appendaria alodi redit .i. agnum et .i. sextarium civate, et alia in dominica | redit in maio quatuor denarios, v° et in kalendis quatuor et .i. *umina* civate et quartum.

A Malos Evernatos sunt .iii. masi et .iii. appendarie : et unusquisque masus redit in maio multonem et agnum, et in kalendis .xii. [denarios] et .i. sextarium civate et panem et gallinam ; et unaqueque appendaria redit (sic).

Ad *Albas Peïras* est .i. appendaria que redit in maio .vii. denarios, et in kalendis similiter et .i. eminam civate et dimidium quartum.

In ipso loco est una monzia que redit quartum.

Ad Malam Brociam est unus masus qui redit in maio multonem et agnum, et *per meissos* .iiii. sextarios *segel* et recetum et .i. sextarium *de segel*, et alium, *de alo*, civate, et in kalendis .ii. denarios et panem et gallinam.

Ad *Vilanova* .ii. masi, et unusquisque redit in maio .i. agnum et .ii. solidos, et *per meisos* quartum et recetum, et in kalendis et .i. sextarium.

Ad *Terracias* est .i. appendaria que redit in maio .viii. [denarios], et in kalendis similiter et .i. eminam civate et quartum.

327

[*Cresti Superiores et Subteriores, Malus Pertusus, Pini, Vachairolas*].

Ad Crestos Superiores (1) est .i. monzia que redit quartum.

Ad alios Crestos est alia monzia que redit .i. sextarium annone et .iii. pegacios.

| Alia monzia que est juxta *Vacharecias* redit .i. eminam annone. sans n°

Ad Crestos Subter[iores] est unus mansus qui redit in maio .iii. sextarios [an]none et .i. sextarium civate et .ii. solidos.

---

(1) Le Crest, jadis divisé en Haut et Bas, lieu disparu, com. Saint-André-de-Chalencon. — « Domus Guillelmi et Petri del Crest ». 1293, homm. de Bertrand de Chalencon au comte de Forez (voir *supra*, p. 105, note 2).

Ad Pinos est .ı. appendaria que redit [in] maio .ııı. denarios et .ı. uminam civate, et in kalendis . . . . denarios, et in tercio anno .ııı. *cartals sege*[*l* et] decimum annone, .ıııı. pegacios; et, [in] ipso loco, alia monzia que voca[tur . . . . .] cum .ıııı^rto.

Ad *Vachairolas* est .ı. monzia cum quart[o].

Ad Malum Pertusum est .ı. appendaria, que [re]dit in maio .ııı. denarios, et *per meisos* . . . . [anno]ne, et in kalendis .vı. denarios et .ı. *cartal* . . . . .

328

[*Ad Bonam Noctem, Garda, Lingostras, Mons Buzanus, Ursiniacum, Voucium*].

Ad Gardam est unus dim[idius masus alo]di, qui redit .xvı. [denarios] . . . . annone [*e*] *segel*, et .ı. sextarium . . . . .

Ad Bonam Noctem est . . . . . in maio .vıııı . . . . . .[e]minam annone . . . . .

Ad Ursiniacum . . . . quarto, et ibi . . . . . . .ı. eminam *sigle* . . . . .

Ad Montem . . . .

[A]d Montem Buzanum sunt .ııı. *appendarias,* [et u]naqueque redit in kalendis .vııı. denarios et .ı.... fromenti et .ı. gallinam; et in ipso loco est unus [ma]sus qui redit unum cartallum fromenti.

[Ad *Li*]*ngostras* est una appendaria, que redit .vııı. denarios [et .ı.] eminam civate et .ı. gallinam et quartum.

[Ad] Voucium est .ı. *mas* qui redit .xı. denarios et .v. *cartals* [a]nnone et eminam de *civada;* ibidem [es]t .ı. ortus, .ı. *cartal* fromenti.

329

[*Artigetas, Bernaz, Brocia, Charcias, Jussacum, Sanctinacum, Sarlangias, Verenas*].

Ad *Artigetas* est unus masus alodi qui redit in [m]aio .ı. agnum, et in kalendis .ı. sextarium annone et .ı. . . . . .xıı. denarios *per fresenja* et. vı. denarios vacales. . . . . . ı. gallinam.

. . . . . . sunt .II. appendarie, una. . . . . . denarios, et *per meissos* .VI. denarios. . . . . . . et .I. eminam civate, et .I. . . . . . . [appe]ndaria redit in kalendis . . . . . [gal]linam. . . . . . . [append]aria, cum quarto et . . . . redit in kalendis .XVI. | denarios et .V. *cartals* civate et quartum et .I. gallinam.

Ad *Chareias* est una appendaria cum quarto.

Ad *Sarllangias* est .I. *mas* qui redit in maio .I. agnum et .XII. denarios, et *per meissos* quartum et recetum et .I. sextarium civate, et in kalendis .XII. denarios et .I. gallinam.

Et, in ipso loco, ad Salicem (1), est .I. appendaria que redit in maio .III. denarios et quartum, *et per meissos* .III. denarios, et in kalendis .I. eminam civate et .III. denarios.

Ad Brociam est .I. appendaria cum quarto.

Ad Jussacum est .I. appendaria que redit in maio .IIII. denarios, et *per meissos* quartum et .III. *chapos* cum tribus fogacis, et in kalendis .IIII. denarios et .I. eminam civate, et omne decimum in dominico.

Et in ipsa villa est dimedius masus qui redit in maio dimidium agnum et .XII. denarios, et *per meissos* .III. eminas annone, et in kalendis .XII. denarios.

Ad Sanctinacum est una bordaria que redit .III. denarios.

Ad *Bernaz* est unus masus qui redit .III. sextarios [annone] | et .II. sextarios civate et. II. gallinam et quartum et. II. agnum, et in ipso loco est vinealis in dominico.

Ad *Verenas*, est unus masus qui redit in maio .I. agnum et .XII. denarios, et *per meissos* quartum et recetum et .XII. denarios, et in kalendis .I. eminam civate et .XII. denarios et dimidium bacone[m] et .II. gallinas et .II *pas* et .II. sextarios vini, et commandam et decimum quam Ebrardus acaptavit de   (sic) cum laude Poncii de *Glavenas*.

---

(1) Le scribe avait d'abord écrit « Calicem », puis il a surchargé le c initial d'un s droit minuscule.

330

[*Bausacum, Calmis, Casanova, Doiolum, Pinetum, Sanctus Romanus, Seveirachum, Strata*].

Ad Casam Novam est .ı. appendaria que redit unum agnum et uminam *ordi* et .ı. *fressengia* de octo denarios.

Ad Bausacum est una appendaria, que redit in maio .ı. agnum et quartum et .vı. denarios, et in kalendis .ı. eminam civate et .vı. denarios, et ad *meissos* .vı. denarios.

Ad Doiolum est unus masus, qui redit .vı. solidos et .ı. sextarium civate et multonem et agnum et .ı. gallinam.

sans n° Et in ipsa villa est .ı. appendaria | qui redit in maio .ı. agnum et .vı. denarios, et *per meissos* quartum et .vı. denarios, et in kalendis .ı. eminam et .vı. denarios et .ı. *gallina*.

Ad Pinetum est .ı. appendaria alodi, que redit .ı. agnum et unam coxiam vacce, et ibidem unum campum *(sic)*.

Ad Sanctum Romanum est unus masus et .ıııı. appendarie, et masus redit in maio .xıı. denarios monete, et *per meissos* quartum et recetum, et in kalendis .ı. sextarium civate et .xıı. denarios monete; et .ı. queque appendaria redit in maio .ııı. denarios monete, et *per meissos* quartum, et in kalendis .ı. *cartal* civate et .ııı. [denarios] monete.

Ad villam que vocatur Strata est terra cum pratis, et mansiones cum ortis, et unaqueque mansio cum orto redit .ıııı. denarios, et terra redit quartum.

Ad Calmem est unus dimedius masus qui redit in maio .vı.
v° denarios, | et *per meissos* similiter et quartum, et in kalendis .ı. eminam civate et .xıı. denarios et .ı. primam baconis.

Ad Seveirachum est .ı. appendaria alodi, et debet .ı. eminam *sigle* et .ı. *cartal ordi* et .vıııı. denarios pro *frigingia*.

331

[*Umbertz Airaudz vendet .j. mul al prior Ebrard*].
[1082-8].

Umbertz Airaudz vendet .j. mul Ebrard al prior, e donet l'en vineais el broil de Manz a guatje per .l. sols e .j. appen-

daria a Laira Vulp (1), *de que eisunt .iij. denier* & *.j. cartals de civada* & *.ı. chapos, el desme del mas del Verdigeir* (2); & *aqui eus lo desme de .iij. appendarias, el quartum de la terra de Chantaloba,* & *.j. appendaria a Sanctinac, de que eisunt .viij. denier,* & *aiso a a gatje per .lx. sols a sa vida;* & *si monzia volia, qu'om la le' n do al cebelir,* & *on que moira, laisa o deslivre al sains e sa chavalgadura e so vestiment e son leit.*

332

[*Chalmeta, Chatones, Fracsenetum, Mons Launart*].

| Ad Fracsenetum sunt quinque masi et .ııı. appendariae; et unusquisque masus de tribus melioribus redit in maio .xıı. denarios, et in kalendis .vıııı. denarios; et de duobus minoribus masis, exiit in maio, de unoquoque, .vıııı. denarii, et in kalendis .vıı. denarii; et unusquisque de omnibus redit in Pascha pro agno .ııı. denarios; et unaqueque appendaria redit .ııı. denarios et .ı. *cartal* civate. sans n°

Ad Chalmetam est unus masus qui redit in maio pro agno .ııı. denarios et pro pratis ıı^{cim}., et *per meissos* .ııı. denarios et quartum, et in kalendis .vııı. denarios et .ı. sextarium civate.

Ad Chatones est unus masus qui redit in maio .vı. denarios, et in kalendis .vı. et quartum.

Ad Montem *Launart* unus masus.

333

[*Raimundus de Mercorio prior, census levatos tempore Petri de Podio bajuli, annotari curai*].

[1213]

Notum sit omnibus presentibus et futuris quod, anno ab incar-

---

(1) « Pasturale vulgariter appellatum de Layra Volp », 1349. Arch. nat., P 494², cote 86, reconn^{ce} de Pierre Monzie, d'Artites. — Ce nom de lieu signifie « Jappe Renard ».

(2) Le 4 octobre 1660, Jean de Cusson, seigneur et baron de Bauzac, Apinac, Laroux, etc., acensa les terres appelées du *Verdeyer* et de Tourton à Jean Chousson, de Bauzac (Fonds de Chamalières).

nacione Domini .M. CC. XIII°., Raimondus de Mercorio, prior Camaleriarum existens, volens profectum domus sue previdere ^{ans n°} in posterum | ut pavet providus et discretus, cum, propter guerras et alias angustias, terre non possent redere antiqum censum sicut erat antiquitus in veteribus cartulis adnotatus, timens de morte bajuli Petri de Podio qui per multum tempus eum levaverat in *Montana,* set ad tantam senectutem pervenerat quod tunc illuc ire sine difficultate nonpoterat sicut prius, quod videns dictus prior, cavens domus hujus jacturam, ne omnino census, si predictus Petrus dicederet, oblitui traderetur, fecit censum Montanee in hac carta descripbere, ut ipse Petrus sub periculo anime sue docuit, sicut tunc temporis in predicta Montanea se habebat.

334

[*Fraice, aus Pis, Sanctus Agricola, Ufargias, Urciniac*].

Sciendum igitur quod in mandamento de *Rocha* est quedam villa que dicitur *Urciniac : Giris d'Andable* .ii. sextarios de *segel; Giraust d'Aurast* .i. eminam *segel* et .ii. solidos.

Aus Pis .iii. *meiteincs* siliginis et .i. *cartal* civate, *el desme de la terra parceira* et de carne similiter, et .viii. denarios et .iiii. peguacios.

Ad *Ufargias* .iii. *cartals* frumenti.

Ad Sanctum Agricolam : G. *Airaust* .i. sextarium *segel* et .i. eminam civate et .v. solidos et .i. *mei* gallinam; *Simons* .i. sextarium *segel* et .i. eminam civate et .v. *scls* et .i. *mei gallina; Peire Ros* .iii. *meiteincs segel;* S. *Nicola* . . . . . .iii. *meiteincs segel;* P. *Vertaures* .i. eminam *s[egel]*; W. *Nicola* .i. eminam *segel de desme* et .i. *cartal* civate et .ii. solidos; W. *Jerdas* .i. *cartal* civate et .ii. solidos; *Bertalmeus* . . . . . . solidos; *Joannets del Fraise* .i. *cartal segel,* .i. *cartal ordi,* .i. *cartal* civate et .iii. solidos et .i. gallinam; *Pons de Fraice* .i. eminam *segel,* .i. *cartal* civate, .ii. solidos, .i. *gallina; Peire Faiencs* .iii. *cartals* civate, .iiii. solidos.

335

[*Astogii, Bonafons, Fraccius, Paucha Villa, Prunairolas, Ronchavolp*].

Ad Bonam Fontem : B. de *Bonafont* .IIII. sextarios *segel* et .I. pro decima et .VIII. solidos, et de Fraccio .III. *eminas segel* et .II. solidos .VIII. denarios ; *Durans de Bonafont* .I. sextarium *segel* et .XVI. denarios et *cartal segel* pro decima *a* mensuram majorem.

Ad Astogios : *Bruneus* .I. eminam *segel*, et .VI denarios ; W. *d'Atois* .I. eminam *segel* et .VI. denarios.

Ad *Ronchavolp* .I. *cartal segel*.

Ad Paucham Villam .I. eminam *segel*, .I. eminam civate, .I. *pan*, .I. *gallina* et .II. solidos.

| Ad *Prunairolas* : *Durans Bolers* .III. *cartals segel* et .XV. *sans nº* denarios ; P. de *Brunairolas* .III. *cartals segel* et .XV. denarios.

336

[*Amarus, Baisach, Cotas, Crapona, Cubairolas, Laves, Solatjes*].

[*A Bai*]*sach* : P. de *Baisac* .I. *cartal* civate et .X. denarios.

A *Cubairolas* .I. *mina segel* et .XII. denarios.

A *Crapona* : . . . . . Bos *Jocs* .III. sextarios *segel*, .XX. solidos ; *li Gualo* . . . . . .V. *meiteincs* civate et .III. solidos et .III. denarios ; Malsanggus .I. *cartal segel*, .III. denarios ; P. *Jordana* .I. *cartal segel*, .VI. denarios ; D. *Balbs* .I. *meiteinc segel* et .X. denarios et medalam ; W. *Agulos* .III. *meiteincs segel*, .III. *meiteincs* civate, .II. solidos .VII. denarios.

Ad *Amarus* : G. *Aujeirs* .I. *meiteinc segel a mensura* majorem, et .IIII. denarios ; G. *Teleneirs* .I. *meiteinc segel*; Joanet .I. *meiteinc segel*.

A *Cotas* .I. sextarium civate, .VII. solidos.

A *Laves* : P. .I. sextarium *segel*, .I. minam civate, .XII. denarios.

A *Solatjes* : B. Bonus Jocus .V. *cartals segel*, .V. civate et .X. basos kalendis.

337

[*Crispinac, Garda, la Guazela, las Oleiras, al Pos*].

Ad Gardam .vi. denarios, .i. gallinam, .ii. *pejas*.

A *la Guazela* .v. *cartals segel* .i. *cartal* civate, .x. solidos, .viii. denarios, .iiii. *pejas*.

A *Crispinac* .i. mina civate, .xii. denarios et mediam gallinam; P. de *Cre[s]pinac* et G. et *Giris* .i. *meiteinc* ordei et .iii. *mealas*.

A *las Oleiras* : *Pons Reis* .i. *cartal* civate, .ii. solidos ; D. *Reis* .i. *meiteinc* civate, .xii. denarios ; *et una femna* .i. *meiteinc* civate, .xii. denarios.

Al Pos .vi. *cartoneiras comolas* fromenti.

338

[*Donum Gotiscalchi præsulis Vallavensis in Roseriis, Camalariis, Ventresaco et Colentia*].

Decretum et donum quod fecit domnus Gotiscalchus, Aniciensis episcopus, monasterio Sancti Theofredi, de Roseriis, Camalariis, Ventresaco et Colentia.

[937-8]

In nomine Dei Summi, amen. Notum sit omnibus ordinum gradibus, tam presentibus quam futuris, quod anno secundo regnante Lodoico rege, cum ego Gotiscalchus, humilis præsul Vallavensis ecclesiæ, pro meo posse providerem clerum et plebem, incidit desiderium in corde meo ut locum Sancti Theofredi Calmiliensis cœnobii, quod olim regale fuit et a prædecessoribus nostris regali beneficio obtentum, et per incuriam et sæcularem cupiditatem res præfati loci male direptæ sint et exigente inopia religionis status inibi penitus annihilaretur, in pristinum pro posse restituerem sui ordinis gradum ; unde accitum domnum Arnulphum de cœnobio Sancti Geraldi abbatem, deprecatus sum eum ut prædictum locum in sui dominio susciperet et fratres ibi regulariter secundum normam patris Benedicti delegaret. Caventes itaque recidivam cupiditatis rabiem successorum nostrorum, assensu Geilini marchionis et plurimorum episcoporum, dedimus eis licentiam, ut supra dictum est, ut monita sancti patris Benedicti observent et memores nostri Christum pro nobis quotidie precibus exorent, et cum nostro communi consilio, cum fuerit necessarium, eligant talem rectorem qui illos bene regere sciat; si autem, quod absit, instigante diabolo a proposito bono deviaverint, non solum illa quæ perceperunt amittant, sed et illud etiam quod nobis Dominus præstitit ut concederemus, hoc est Roserias cum suis adjacentiis et villam Colentiam de communia fratrum, Camalerias etiam et Ventreciacum cum illorum finibus, quæ benevolo animo tribuimus, ad nostram redeant utilitatem. Et istas res supradictas eo tenore concedimus eis ab hac die et deinceps, ut quotidie, exceptis diebus festis, unaquaque hora pro nobis et successoribus nostris tam pontificibus quam clericis, et omnibus adjutoribus et benefactoribus nostræ sedis et ecclesiæ, duos psalmos flexis genibus decantent, pro defunctis vero, quando possibile est, vigiliam et missam. Res autem Sancti Theofredi, quas nostra vel quælibet sæcularis potestas tenere videtur aut beneficiario jure, ab abbate ejusdem loci et monachis ibidem degentibus obtineat, eo tenore ut quandiu vixerit censualiter teneat, post mortem vero ipsorum absque ulla contradictione rector et monachi ejusdem loci recipiant. Si quis autem hæc temerare præsumpserit, tam nostra quam coepiscoporum præsentium excommunicatione et æterna damnatione se innodandum sciat, nisi resipuerit et satisfaciendo emendare studuerit. — S(ignum) Gotiscalchi episcopi. — S. Gerontii Bituricensis archiepiscopi. — S. Begonis episcopi. — S. Widonis episcopi. — S. Bernardi abbatis. — S. Dalmatii abbatis et S. aliorum plurimorum testium.

M. le chan. Ul. Chevalier, *Cartularium S. Theofredi*, LIII.

339

De Dalmatio abbate.

Cujus [Gotiscalci episcopi] tempore suscepit curam monasterii [Sancti Theofredi] pæne jam desolati vir egregius Dalmatius ; qui, nobilis genere et religiosus vitæ conversatione, multa bona contulit huic loco per industriam sui laboris operumque bonorum exhibitione. Acquisivit enim locum Camalariæ, in pago Vellaico, in hæreditate parentum suorum, tunc quidem parvum oratorium in honore beatæ semper Virginis Mariæ, nunc vero per divinam gratiam nobile monasterium effectum propter sanctorum patrocinia quæ ibi venerantur, et præcipue beati Ægidii meritis, cujus corporis maxima pars in eodem loco reposita conservatur : quod qualiter peractum sit ut ibi sanctissima membra defferentur a loco proprii sepulchri, pleniter in eadem ecclesia litteris descriptum habetur.

Acquisivit isdem abbas Dalmatius, in pago Vellaico, non longe ab eodem Calmelariensi loco, ecclesiam Sancti Martini, in Valle quæ dicitur *Roserias,* et in villa *Fabricas* quæ vicina est de villa Amblavense, mansum et appendariam unam, largiente quadam nobili fæmina Hermegardis nomine, consentiente viro suo Guidone; pro redemptione delictorum suorum et salute animarum perpetualiter consequenda, dederunt ipsas res cum omni integritate Domino Deo sanctoque Theofredo et sancto Martino cæterisque sanctis ad habendum in perpetuum. Quod manu propria firmaverunt et testes alios pariter adhibuerunt, sicut mos est in chartulis conscribere, et tempus et diem mensemque quo factum est inserere, hoc est die dominica mense januario, regnante Ludovico II rege.

M. le chan. Ul. Chevalier, *Cartularium S. Theofredi*, LXXIV, LXXV.

340

[*De translatione corporis S. Ægidii*].

Ex hagiologio ms. Calmeliaci ac calendariis mss. Calmeliaci et Camalararium.

IV Nonas Maii. Translatio corporis Sancti Ægidii.

Dom Estiennot, *Antiquitates Benedictinæ in diœcesi Podiensi*, Bibl. nat., ms. lat. 12749, p. 211.

341

[*Donum Gibonis et Annæ in Confolente*].

De loco qui dicitur Confolentis.

[Janvier 988-996]

In pago etiam Vellaico, in vicaria Bassensi, in loco qui dicitur Confolentis, juxta fluvium Ligerim, dedit quidam vir nomine Gibo, cum uxore sua nomine Anna, totum quantum ibi possidebat Domino Deo et sanctæ Mariæ sanctoque Petro, ad ædificandam ibi ecclesiam et monasterium construendum, quod foret semper in subjectione monasterii Beati Theofredi Calmiliacensis, et in providentia et ordinatione abbatis ipsius loci : cum tali tamen tenore, ut quinto semper anno tres solidos abbas de Sancto Theofredo persolvat in censum Sancto Petro de Roma. Facta est donatio hæc in mense januario, regnante Ugone rege.

M. le chan. Ul. Chevalier, *Cartularium S. Theofredi*, LV.

342

[*Compositio inter ecclesias Sancti Georgii Podiensis et de Campo de quinque solidis*].

[1172]

In nomine sancte et individue Trinitatis. Ego P[etrus] de Bellomonte Dei gratia abbas Sancti Theotfredi, omnibus in perpetuum. Digna vox est que ait : « Nichil esset vita hominis sine litteris, nisi quedam vanitas oblita preteritorum. » Ad majorem ergo memoriam posteris relinquendam, compositionem factam inter ecclesiam Sancti Georgii et nostram ecclesiam de Campo super quadam querela quam adversus eam clerici Sancti Georgii de Podio proponebant, huic presenti scripture commendamus. Clerici enim Sancti Georgii .v. solidos in ecclesia de Campo ex legato cujusdam clerici se habere dicebant, et a capellano ejusdem ecclesie se per .xl. annos et amplius habuisse et quiete possedisse asserebant. Nos vero hec ita se habere inficiabamur. Venientes igitur et nos et ipsi, ex mandato domini P[etri] Aniciensis episcopi, ante presentiam Otonis sacriste et P. Giraldi archipresbiteri, allegationes nostras utrimque posuimus. Tandem predicti arbitri, facta compromissione ab utraque parte in eosdem, hanc amicabilem compositionem inter nos et illos fecerunt, ut ecclesia Sancti Georgii pro. v. solidis. III^{or}. solidos deinceps in ecclesia de Campo in perpetuum haberet, et sacerdos quicumque eidem ecclesie preesset hos. III^{or}. solidos, remota omni condicione et fraude, libere, nullo retento usu, ad ecclesiam Sancti Georgii in sinodo Pentecostes singulis annis afferret. Hanc igitur compositionem in presentia nostra factam, cum communi assensu capituli Sancti Theotfredi et conventus de *Chamaleiras*, sigillo nostro munimus et in predictis clericis confirmamus, et ut sigillo P[etri] Aniciensis episcopi corroboretur efficiemus. Hec compositio facta fuit in capitulo Aniciensi, anno ab incarnatione Domini. M^o. C^o LXX° II°, presente P[oncio] priore ecclesie de *Chamaleiras* ad quam ecclesia de Campo dinoscitur pertinere, et presente W[illelmo] priore Sancti Petri de Podio, et multis aliis fratribus nostris, Hugone de *Vilanova*, capellano ecclesie de Campo ; presentibus etiam O[tone] sacrista et P. Giraldi, hujus compositionis auctoribus, et Bertrando Cellarario, succentore Aniciensis ecclesie, et clericis Sancti Georgii : D. *Gui*, P. Guascone, W. Bernardi, P. Adalardi, P. Eustachii, Caslario, Martino et Boscheto, sacerdotibus.

Haute-Loire, fonds Saint-Georges du Puy, orig. sur parchemin scellé d'un sceau en cire très mince et entièrement fruste, cousu en un sachet de parchemin.

343
Excerpta ex Necrologio Camalariensi.

[XIII° et XIV° s.]

VII KALENDAS FEBROARII. Domnus Stephanus Hugoneti, prior hujus prioratus, legavit, pro se et pro domno reverendo Eracleo, abbate monasterii Sancti Theotfredi, unam cartam, et IV siliginis ad mensuram Roseriarum pro abbatissa Bellecumbe.

VIII IDUS FEBR. Dominus Guillelmus, quondam dominus de Chalanconio, legavit IIII convivia et xx solidos Turonensium.

VII [IDUS FEBR.]. Domina Clementia de Rupe, quondam domina de Chalanconio, legavit I convivium et xx solidos Turonensium.

Dominus Guyotus, filius dictorum conjugum, quondam dominus de Chalanconio, legavit I convivium et xx solidos Turonensium.

IV IDUS FEBR. *L'evesque Esteve de Chalancon* XXIIII *cartas de segla*, I *sexter de sivada*, xv solidos Podiensium et II *gallinas*. Armandus de Gorsia debet.

III NONAS MARTII. *Na Beatrix, domina de Rocha*.

NONAS. Obiit Hugo de Roca, miles.

VIII IDUS MARTII. Obiit domina Alazia, uxor quondam domini Raymundi Adhemarii, militis ; xxv solidos pro II conviviis dedit.

Petrus de Gorsia miles, Hugo de Gorsia XII solidos VI denarios Turonenses.

Armandus de Gorsia XII solidos IIII denarios Turonenses.

VI IDUS [MARTII]. Joya, noverca dicti Armandi, XII solidos VI denarios Turonenses. Dominus Petrus de Gorzia miles debet.

IIII NONAS MAII. Obiit dominus Gaucelmus de Barjaco, quondam prior Camalariarum.

IIII IDUS JULII. Obiit *na Florensa de Mercoyret :* II *cartals* de fromento qui percipiuntur apud *Vouce*.

IX KAL. SEPTEMB. Obiit Raymundus Adhemarii, miles.

KALEND. OCTOB. Obiit Guillelmus *Mitta,* abbas Sancti Anthonii : missa et officium mortuorum.

Dominus Stephanus Hugoneti, prior hujus prioratus, legavit

pro Raymunda Hugoneta, matre sua, et pro Deodato Hugoneti, patre suo, duo anniversaria seu convivia, pro quibus dedit xxx solidos Turonensium.

xiv Kal. Januarii. Obiit domina Delphina de Montebuxerio : xv solidos Turonensium qui percipiuntur super decimas de Ollierjo.

<small>Dom Estiennot, *Antiq. Bened. in diœc. Podiensi*, pp. 213-5.</small>

344

[De sacri Clavi Camalariensis reliquiario].

<small>Ex codice ms. Camalararium.</small>

[1er juin 1487].

In hoc monasterio asservatur sanctus Clavus quo Christus Dominus fuit cruci affixus, quem abbas Calmilii Dalmatius attulit de cænobio Sancti Ægidii anno incarnationis dominicæ DCCCCXLVI. Dederat autem illum sancto Ægidio et abbati ac monachis Karolus Magnus imperator qui eum acceperat ab imperatore Constantinopolitano.

Hactenus visitur iste Clavus ad modum freni equi efformatus et auro pene obductus. Includitur in theca argentea in cujusculo hæc leguntur :

Ce present reliquiaire a esté donné au saint Cloul de Chamalieres par hault et puissant seigneur Claude Armand visconte de Polignac l'an M. CCCC. LXXXVII, *le* 1er *jour de Juin.*

Hujusce translationis sacræ reliquiæ festum recolitur kalendis septembris, at nihil habetur proprii, nec quidquam de sancti Clavi allatione dicitur.

<small>Dom Estiennot, *Antiq. Bened. in diœc. Podiensi*, pp. 211-2.</small>

INDEX CHRONOLOGIQUE DES CHARTES

Nos d'ordre.	DATES	SOMMAIRE DES CHARTES	Pages.
116	923-936	Venditio a Bernardo et Barnelde ecclesiæ de Bausaco facta	59
118	923-936	Donum Abonis ecclesiæ de Bausaco factum.	60
338	937-8	Donum Gotiscalchi præsulis Vallavensis in Roseriis, Camalariis, Ventresaco et Colentia	164
191	937-945?	Donum Airaldi in Vereniaco.............	98
253	938	Donum ecclesiæ S. Johannis deus Bracos a Gauzna, matre Dalmacii Bellomontis abbatis, factum	127
256	Avril 938	Donum Rodavi Bellomontis ad Tres Olerias, in Frigiavilla et in Solaticis...........	128
106	15 fév. 940	Donum Ademari in Podenciago	55
117	946	Donum Gotbrandi in Montilio...........	60
168	946	Donum Stephani vicarii in Mannis.......	88
267	947	Donum Gotiscalci in Casalis.............	131
226	947	Donum Autberti in Arciaco.............	116
227	947	Donum Rainerii et Ermengardis in Arciaco.	116
269	952	Donum Stephani vicecomitis ad Altrenacum....................	132
167	954	Donum Ademari in Planeziis.	88
100	954-981	Donum Guitardi in Siricalmis	51
265	954-982	Donum Nicezii et Emengardæ in Boisoleto.	130
17	958	Donum Aldiardis, uxoris Bernardi, ad Cambolivas....................	11
218	958	Donum Rodavi Bellomontis in Campo et Ancia....................	113
172	Oct. 958	Donum Leodegarii in Chambolivis........	90
24	959	Donum Otonis et Blitgardis ad Pigerias....	13

Nos d'ordre.	DATES	SOMMAIRE DES CHARTES	Pages.
304-305	960	Donum Abbonis de Bellomonte et Inbergæ in Karaisaco..................	145
268	Mai 962	Donum Gauberti in villa Escoborie........	131
258	962	Donum Abbonis de Bellomonte et Inbergæ, uxoris ejus......................	158
126	Sept. 967	Donum Grimaldi in Monte Cornaton......	63
127	Mai 969	Donum Guitbaldi in pago Aurigo..........	63
115	970	Donum Costavoli et Geraldæ in Montilio super Bauzacum...................	59
128	970	Donum Rostangni et Alexandræ in Chalmis.	64
193	971	Donum Theutonis et Ermengardæ a Venasals......................	99
182	976	Donum Girberti et Biliardis in Flacheria...	95
220	976	Donum Rodavi Bellomontis in Chasota.....	114
183	981	Donum Truandi in Filinis................	95
55	981-6	Donum Odalrici junioris in Maximiaco....	26
262	982	Donum Girberti et Aiæ in Montilio........	130
263	982	Donum Carissimæ ad Crosum............	130
184	984	Donum Flotherii in Filinis...............	95
18	985	Donum Benigni, sacerdotis, in Chambolivis.	11
30	985	Donum cellarii de Rosariis a Girberto factum......................	16
266	985	Donum Girberti ad Firmos.............	131
19	Vers 985	Donum Lambergæ in Chambolivis.........	11
39	985-6	Donum Aldesendis a Volnac..............	20
53	985-6	Donum Aldesendis in Volnaco............	26
185	985-6	Donum Girberni et Aialmodis in Cerviseriis.	96
16	985-1001	Donum Benigni in Chambolivis..........	10
165	986	Donum Martini in Mirabilia.............	88
201	Juin 986	Donum Girberti et Biliardis in Sollempniaco........................	105
289	Déc. 986	Donum Rodavi a la Brocia..............	140
109	986-7	Donum Gauznæ, dominæ Bellomontis, ad Gelaitivos et Sarlangas................	56
105	987-996	Donum Achardi, clerici, in Brenatis......	55
228	987-996	Donum Maiasendis ad las Valetas.........	117
288	987-996	Donum Heldeberti et Guiraldi de Artigiis a la Brocia........................	139
341	988-996	Donum Gibonis et Annæ in Confolente.....	166
50	989-990	Donum Oldarici et Radgundis in Maximiaco.	25

INDEX CHRONOLOGIQUE DES CHARTES

Nos d'ordre.	DATES	SOMMAIRE DES CHARTES	Pages.
190	989-990	Donum Eldeberti ad Lantriacum..........	98
20	990-1	Donum Benigni laici.....................	12
280	990-1	Donum Girardi in villa de Vouce.........	136
169	991	Donum Benigni, sacerdotis, in Chambolivis...................................	89
170	991	Donum Lauderitæ in Chambolivis	89
186	992	Donum Gauberti ad Montilum.............	96
41	993-4	Donum Aspasiæ in Volnaco...............	21
56	Vers 996	Donum Audiardis et Berneldis in Maximiaco.....................................	27
251	996-1014	Donum Acionis ad Chabazanellas	126
252	996-1031	De censu ecclesiæ de Crapona (faux)......	126
120	997-1031	Donum Constanciæ in Bausaco	61
65	998-9	Donum Gauceranni et Raimodis in villa Catonis....................................	30
181	x⁰ siècle	Donum Girberti in villa de Ram..........	94
255	x⁰ siècle	Donum Placiburgis a Garanezet..........	127
34	Fin du x⁰ s.	Donum Guorgoriæ et Smidonis in villa del Chalmez.................................	19
187	Fin du x⁰ s.	Donum Gorgoriæ ad Calmils..............	97
272	Vers 1000	Donum Arnaldi in Chamiaco..............	133
300	Vers 1000	Donum Rainoardi et Archinnedis a Jussac.	143
174	1000?-1012?	Donum Blismodis et Galberti de Miseris ad Ollacium.................................	91
241	1014	Donum Bertrandi Archadi in Chabazangiis......................................	122
257	1014	Donum Geraldi Bellomontis in Tres Oleriis.	128
29	Vers 1014	Donum Blismodis et Galberti in Olliaco....	15
25	Vers 1014	Donum Tehotberti et Annæ in Pigeriis.....	14
40	Vers 1014	Donum Leohtguardis a Volnac............	21
248	1014-1020	Donum Bertrandi, clerici, in Brusaco......	125
21	1016?-1020	Donum Adalberti et Girberni in Cambolivis.	12
42	1016?-1020	Donum Austorgii in Volnaco..............	22
51	1016?-1020	Donum Asterii et Gauznæ in Maximiaco...	25
217	1016?-1020	Donum Bertrandi in Brusaco.............	113
282	1016?-1020	Donum Berlandi et Girardi ad Artigetas...	137
194	1016?-1031?	Donum Guigonis et Cathaburgis in Brugeria.....................................	99
198	1016?-1031	Donum Rostagni in Chambilaco	103
247	1016?-1031	Donum Geraldi Bellomontis a Doleus......	125

Nos d'ordre.	DATES	SOMMAIRE DES CHARTES	Pages.
292	1016?-1031	Donum Duranni ad Sarlangas.............	141
293	1016?-1031	Donum Garentonis, abbatis, in Monte de Marteto................................	141
311	Vers 1020	Donum Ugonis in villa de Ram............	147
61	1021	Donum Giraldi et Umberti in Montelleto...	28
67	Vers 1021	Donum Annæ in Cubleziis et Malo Verneto.	31
239	1021	Donum Guilelmi Barollæ in Bonafonte.....	122
240	1021	Donum Girberti in Fraxino...............	122
27	1021-8	Donum Desiderii et Ermessendis in Donazaeris................................	15
28	1021-8	Donum W. et Cautburgiæ in Donazeris et Vessa.................................	15
49	1021-8	Donum Suficiæ de Beljoc a Becet..........	24
54	1021-8	Donum Willelmi et filiorum suorum in Volnaco.................................	26
57	1021-8	Donum Isarni in Chasalis.................	27
58	1021-8	Donum Agni ad Arzilarium et podium de Glavenas..............................	27
62	1021-8	Donum Godolenæ in Chalmeta.............	29
63	1021-8	Donum Rotberti et Agiardis in Sangatis...	29
64	1021-8	Donum Stephani in Monte Godone.........	30
104	1021-8	Donum Villelmi in Brenatis...............	55
160	1021-8	Donum Aldeberti de Artigiis in Malavalle..	86
171	1021-8	Donum Raimberti et Archimbaudi in Chambolivis................................	89
189	1021-8	Donum Guidonis et Barneldis ad Pinos....	97
274	1021-8	Donum Willelmi a Pozols et Anderx.......	134
275	1021-8	Donum Petri et Theotburgis in Boscheto...	134
283	1021-8	Donum Aldeberti de Rocha ad Artietas.....	138
284	1021-8	Donum Heldeberti de Artigiis ad Artietas..	138
285	1021-8	Donum Heldeberti de Artigiis in Cancellata...................................	138
294	1021-8	Donum Hieuzonis Airaldi et Aiæ in Marteto..................................	141
295	1021-8	Donum Adraldi, Stephani et Leothardorum in Monte de Martheto...................	142
119	1021-8 ou 1037-8	Donum ecclesiæ S. Privati a Rodavo et Sulpicio factum........................	? 60
219	1021-8 ou 1037-8	Donum Benaiæ et filiorum ejus a Sosde...	114

Nos d'ordre	DATES	SOMMAIRE DES CHARTES	Pages
233	1021-8 ou 1037-8	Donum molendini in villa de Feudo a Willelmo factum................	119
276	1021-8 ou 1037-8	Donum Girberti in Pirario................	134
277	1021-8 ou 1037-8	Donum Willelmi in villa Rocha...........	135
278	1021-8 ou 1037-8	Donum Giraldi et Agnetis in Sentiniago...	135
291	1021-8 ou 1037-8	Donum Benaiæ a la Rocheta et ad Orsairolas................	140
297	1021-8 ou 1037-8	Donum Aldeberti a Jussac................	142
298	1021-8 ou 1037-8	Donum Girberti et Aiæ a Jussac...........	143
302	1021-8 ou 1037-8	Donum Guigonis a la Rovoura............	144
306	1021-8 ou 1037-8	Donum Ebraldi a Lavez................	145
192	4 août 1024	Donum Ademari in Clausis................	98
60	1027	Donum Rotberti................	28
55	1027	Donum Willelmi et Adalgardis in Marniaco	28
97	1027	Donum Ademari et Dalmaciæ in manso S. Juliani................	50
98	1027	Donum eorumdem in Chabannariis........	50
48	10 fév. 1028	Donum W. de Salsac in Monte Calvo, Villanova et Apillac................	24
99	1031-1047?	Donum Gersoendis de Prosme in Provis...	51
202	1031-1047?	Donum ecclesie S. Andree deus Felchos...	105
221	1031-1047?	Donum Bertrandi de Artigiis in Mala Brocia................	114
223	1031-1047?	Donum Duranti de Articas et Adalgardis in Mala Brocia................	115
235	1031-1047?	Donum Ugonis et Autlargis ad Orbos......	120
299	1031-1047?	Donum Abonis et Blismodis a Jussac......	143
110	1031-1060	Donum Bertrandi ad Montem Torterium...	57
111	1031-1060	Donum Blandinæ in Fageto.............	57
112	1031-1060?	Donum Duranti et Petronillæ al Montel....	58
259	1035	Donum ecclesie S. Florii ab abbate Arberto factum................	129
208	8 juillet 1037	Donum Dalmacii et Aldeiardis in Montilio.	108

Nos d'ordre.	DATES	SOMMAIRE DES CHARTES	Pages.
212	1037-8	Donum ecclesiæ S. Boneti de Medairolas a Geraldo Bellomontis factum.............	111
213	1037-8	Donum Geraldi ad Albas Petras............	111
224	1037-8	Donum Giraldi Bellomontis et Larsoendis in Monte Bertholomeo..................	115
296	1037-8	Donum Girardi et Larsoendis in Masello ..	142
303	1037-8	Donum Pontii Nautæ a la Rovoura........	144
308	1037-8	Donum Rotbergiæ et Petri in Aurzone et ad Duos Canes	146
309	1037-8	Donum Asterii et Berteldis in Aligerio	147
232	1038	Donum Trutberti in Croseto.............	118
261	26 mars ou 20 août 1038	Donum Bertrandi et Rodavi in Montilio....	129
245	1040-7?	Donum Arberti abbatis a Cheiapauc.......	124
246	1040-7?	Demissio Arberti abbatis apud S. Johannem et alibi...............................	124
188	Vers 1050	Donum Willelmi Achardi in Mainilio.......	97
310	Vers 1050	Donum Abbonis de Bellomonte ad Cozagas.	147
260	1060-1108	Donum Stephani Bellomontis in Burdellis..	129
203	1074-1108	Donum Ebraldi castri Chalanconii ad Chalanconium, lo Mainil et Chasanova......	106
101	1082	Donum Geraldi de Rochos et Brunicardis ad Lengurinas.......................	52
200	Vers 1082	Donum ecclesiæ S. Juliani Sollempniacensis, ab Ademaro Aniciensi episcopo factum.................................	104
23	1082-9	Donum mansi de Lingurinis pro monachatu Blismodis, neptis Ebrardi prioris	13
26	1082-9	Donum Umberti Crispi in Pigeriis, Faiola et Granosc...........................	14
32	1082-9	Girinus de Miseris annuale prandium dimittit................................	18
33	1082-9	Donum Umberti Crispi in Bonavilla.......	18
44	1082-9	Donum Arimandi Blanci in Volnaco et Pigeriis	22
52	1082-9	Donum Dalmacii Asterioli in Filice et Maximiaco................................	25
107	1082-9	Donum Umberti Ranulphi a Masmega et a Rocher	56
108	1082-9	Donum Umberti Gladii ad Pijairolas.......	56

Nos d'ordre.	DATES	SOMMAIRE DES CHARTES	Pages.
113	1082-9	Donum Pontii Nautæ in Varenis de Bausaco et Meravila..........................	58
114	1082-9	Donum Petri Austorgii ad Montilium super Bauzacum............................	58
205	1082-9	Donum Umberti in Vetulo Prato, Draoçangas et Chalmont.......................	107
207	1082-9	Donum Pontii Aimarici ad Chaselas.......	108
301	1082-9	Donum Girberti et Aiæ in parrochia Retornaci...............................	143
331	1082-9	Umbertz Airaudz vendet .j. mul al prior Ebrard.............................	160
196	1087	Donum Duranti de Rocha et Ausiliæ in S. Mauricio...........................	101
195	Avril 1087 ou janvier 1088	Donum ecclesie S. Mauricii a Duranto de Rocha factum.........................	99
197	8 sept. 1095	Donum capelle de Rocha a Duranto de Rocha factum............................	101
216	1095-8	Donum Ademari Archatii a las Poleiras et a Guaraniaret..........................	112
222	1095-8	Donum Willelmi Moreti in Mala Brocia....	115
254	1095-8	Donum Rodavi Bellomontis aus Esbranchaz.	127
102	1096	Donum ecclesiæ de Bausac ab Ademaro Aniciensi episcopo factum.................	53
210	26 juil. 1096	Donum ecclesie S. Petri de Campo a Bertrando de Aruso et fratribus suis factum.	109
31	Vers 1096	Donum ecclesiæ S. Johannis de Roseriis ab Heraclio vicecomite factum............	16
5	1097	Jarento prior Camaleriarum terram de Combris acquirit.........................	4
6	1097	Donum Ugonis Guillelmi et Stephanæ in Combris..............................	6
7	1097	Donum Jarentonis et Poncii Bargæ in Combris................................	7
8	1097	Donum Aichardi et Agatæ in Combris.....	7
9	1097	Donum Gaucerandi de Muris et Guillelmæ in Combris...........................	7
10	1097	Donum Aicelenæ uxoris Gotiscalchi de Sancto Agrippano in Combris...........	8
11	1097	Donum Petri Pagani et Raimodis in Combris.................................	8

12

Nos d'ordre.	DATES	SOMMAIRE DES CHARTES	Pages.
12	1097	Donum Adraldi de Ispalido et Luciæ in Combris............	9
13	1097	Donum Caruli de Ispalio et Guillelmi Ebraldi in Combris............	9
14	1097	Donum Aviti de Ispalido et Guillelmæ in Combris............	10
236	1098?	Donum ecclesie SS. Martirum Agricole et Vitalis a Roiravo S. Aniciensis ecclesie canonico factum............	120
214	XIe siècle	Donum Tralgarii a la Gazela, a Lestrada et ad Aulancrium............	112
129	XIe siècle	Donum Aleugargis et Galerii in villa S. Romani............	64
130	XIe siècle	Donum Bosonis in Polliniada............	65
206	XIe siècle	Donum Jordani ad Draosangas............	107
211	XIe siècle	Donum Arimandi in Chaissac............	110
238	XIe siècle?	Donum Asterii a Piasac............	121
279	XIe siècle	Donum Willelmi in Sentiniago et Sennaiet.	136
43	1100?-1130?	Donum Bertrandi Disderii de Miseris a Volnac............	22
45	1100?-1130?	Donum Petri Disderii de Miseris in Maximiaco............	23
46	1100?-1130?	Donum Austorgii de Glavenas a Bedals....	23
173	1100?-1130?	Demissio Guigonis de Rocha ad Arthietas et Chambolivas............	90
209	1100?-1130?	Donum Ranulfi Bellomontis militis ad Solos............	108
242	1100?-1130?	Donum Uniæ in Astodiis............	122
103	1101?	Bertrandus de Bas, adiens Jerusolimam, legat suas decimas de Bauzac............	54
229	Mai 1104	Donum Bertrandi de Aruso et fratrum ejus a la Bastida............	117
215	Vers 1142	Donum Juliani de Rocha ad Vosairas......	112
237	1142	Donum Galnæ uxoris Geraldi de Boiols a Piasac............	121
22	Vers 1142?	Permutatio mansi Versiliaci pro manso de Baisac............	12
47	Vers 1145?	Donum Geraldi de Senuil in Vadiliis.......	23
166	Vers 1145?	Donum Stephani et Austorgii Girini in Planeziis............	88

INDEX CHRONOLOGIQUE DES DATES 479

Nos d'ordre.	DATES	SOMMAIRE DES CHARTES	Pages.
234	Vers 1145?	Donum Guigonis Bruni et Uneldis in Vosairaco et ad Genestos..................	119
281	1158	Donum Pontii Nautæ a Voucer, Mans et ad Intermontem	137
69	Vers 1158	Donum Mariæ, uxoris W. Arimanni de Artigiis, in Sentiniaco et Chareis............	32
70	Vers 1158	Donum ejusdem ad Arnosc et Malivernat..	32
73	1160	Donum Arberti Rufi a Laizac, Trenchaborsa, Monbuza, la Brugaircta et Varscenac....	35
71	1162-4 janv. 1163	Donum Petri Disderii ad Laurec, Pigairolas, Sostellas, Branzac et Vaure.............	33
177	1162-1172	Definitio super villicatione Roseriarum....	92
178	1162-1172	Impignoratio bonorum Pontii villici Roseriarum	93
179	1162-1172	Donum Pontii et Umberti in Chavannaco...	94
180	1162-1172	Donum Guandalmi a Chasaloul...........	94
72	30 mars 1163	Definitio Duranti de Bellomonte super baillia S. Johannis de Bracos...............	33
74	14 avril 1163	Demissio villæ de Ram W. Agnoni facta...	36
76	30 avril 1163	Donum Dalmatii de Montibus in Cumba juxta Jussac.........................	37
77	1er sept. 1163	Constitutio refecturarie a Petro de Belmont priore	37
78	21 oct. 1163	Donum Willelmi Arberti ad Cortil.........	39
79	11 nov. 1163	Donum Aumari de Artigiis, clerici, in Casota.	40
75	1163	Donum Umberti de Chaslus juxta Mans...	36
80	7 mars 1165	Donum Ebrardi, clientis de Artigiis, ad Lingustras..............................	40
81	13 mars 1165	Donum Ermidonis de Roca, mariti Fainæ, in Pigeriis.............................	41
82	3 juin 1165	Donum Geraldi de Turre ad Serroilz.......	42
90	22 janv. 1166	Donum Aumari de Artigiis in Chareis	46
83	1166	Donum Airaldi de Roca in Mannis........	43
84	1-5 déc. 1166	Demissio mansi de Vaicenac a W. de Bedorzet................................	43
85	1166 et 9 janv. 1167	Donum Petri Arimandi ad Sainas.........	44
86	30 janv. 1167	Donum Falconis de Bauzac in Fraxineto juxta Montem Ibiæ....................	44
87	13 avril 1167	Venditio bailiæ de Bauzac a Barba de Linone	45

N°ˢ d'ordre.	DATES	SOMMAIRE DES CHARTES	Pages.
88	2 mai 1167	Demissio Guichardi de Artigiis in vineis de Bauzac	45
89	Déc. 1167	Venditio bailiæ de Vaicenac ab Ainardo, clerico de Chalancone	46
161	1171	Donum Jordanæ, relictæ Duranti Salmonis, ad Granos	86
162	1172	Demissio Pontii Aguirelli in Planezis et Pigeriis	86
163	12 oct. 1172	Donum Eliæ de Miseris ad Olas	87
92	13 déc. 1172	Donum Ponciæ de Retornaget ad Arnosc...	47
342	1172	Compositio inter eccl. sias Sancti Georgii Podiensis et de Campo, de quinque solidis.	167
93	1173	Donum Agnetis, uxoris Poncii Ermidonis, ad Chamiac, Mans et Sainas	47
121	1ᵉʳ mai 1173	Donum B. Leodegarii ad Monastrolium et Nant	61
164	4 mai 1173	Pactum de villicatione decimæ de Laisac..	87
122	Vers 1173	Donum Umberti Herilegis	62
123	Vers 1173	Donum Gotolendis a la Mura	62
94	3 mars 1174	Definitio Rainerii et Guigonis de Rocha, super decimis S. Agricolæ	48
95	Vers 1174	Donum Raimundi Alferanz a Mercoiret, Vonac et la Blacha	48
124	1175	Donum Gordæ dominæ de Bausaco	62
175	23 avril 1176	Venditio terræ de Champgiraut et medietatis de la Faiola a Guigone de Chareias et Willelma	91
199	Fév. 1177	Donum W. Berengarii et Charetonis a Laissac	103
244	8 mai 1179?	Donum Ranulfi de Bellomonte ad Monclaos.	123
96	Vers 1179	De decimis de Rocha in opus casei donatis.	49
131	1179?-1200?	Pactum de Baillia Roseriarum	65
132	1179?-1200?	Emptio a bajulis Roseriarum in territorio de Ventresac	67
133	1179?-1200?	Emptio bailliæ pratorum de Ventrasac	67
134	1179?-1200?	Definitio super garda villæ S. Flori	68
135	1179?-1200?	Donum Petri et W de S. Pauliano a Legéret et Chambairo	70
136	1179?-1200?	Donum Petri de Murs a Muntel Guari	70
137	1179?-1200?	Definitio super la Faiola et Sainnas	71

N^{os} d'ordre.	DATES	SOMMAIRE DES CHARTES	Pages.
152	1184-1190?	Donum ecclesiæ de Cofolento dedicate in honore B. Petri a Francone abbate factum..	77
153	1184?-1190?	Stabilimentum pelliciarum a Francone abbate factum............................	78
35	XIIe siècle	Donum Rainerii de Rocha in Floiraco......	19
36	XIIe siècle	Donum Julianæ de Rocha in Floraco.......	19
37	XIIe siècle	Donum Stephani Guidonis a Floirac.......	20
38	XIIe siècle	Donum Willelmi de Rochabarone in Floiraco	20
225	XIIe siècle	Donum Pontii Willelmi in Malisvernatis, ad Pollerias, ad Pontum Guilenti et in manso S. Michaelis.....................	116
249	XIIe siècle	Donum Arimandi Genzonis in Baisaco.....	125
264	XIIe siècle	Donum Willelmi Saleira a la Rocheta......	130
138	Fin du XIIe s.	Donum plenæ refectionis in castro Artigiarum..................................	72
139	Fin du XIIe s.	Donum Aumari de Artigiis a Saintinac et Chabannolas...........................	72
140	Fin du XIIe s.	Donum ejusdem in villa del Vilar.........	73
141	Fin du XIIe s.	Donum Willelmæ de Ventrasac a Trenchaborsa...................................	73
142	Fin du XIIe s.	Donum Duranti de Artigiis a Sainas et Voucer......................................	74
143	Fin du XIIe s.	Donum Bollerii militis de Chalanco a Velpra.	74
144	Fin du XIIe s.	Donum Gaucerandi de Artigiis ad Atigietas, Chausac et Espeleu.....................	74
145	Fin du XIIe s.	Donum Aumari et Eliæ de Salsac a Chairiac et Tellas................................	75
146	Fin du XIIe s.	Donum Austorgii de Domosola............	75
147	Fin du XIIe s.	Donum Umberti de Cenoil................	75
148	Fin du XIIe s.	Donum Marchæ de Rocha in villa Nemoris.	76
149	Fin du XIIe s.	Donum Poncii bajuli ad Sarlangas et Ventresac.................................	76
150	Fin du XIIe s.	Donum W. Ebrardi a Ponrainart, Chesanova, Crumairolas, etc.................	76
151	Fin du XIIe s.	Donum Petri Roure de Vertamisa a Bauzac.	77
154	Fin du XIIe s.	Donum Ugonis Vivacii ad Pigerias........	80
204	Fin du XIIe s.	Donum Pontii Botler de Chalanconio in S. Andrea.............................	106
243	Fin du XIIe s.	Donum W. Rocabaronis et Bertrandi Chalanconis in ecclesia Craponæ...........	123

Nos d'ordre.	DATES	SOMMAIRE DES CHARTES	Pages.
250	Fin du XIIe s.	Donum Bertrandi de Chalancone in Baisaco	125
270	Vers 1203	Donum Galberti de Roseriis in Montilio et appendaria Lardairolencha.............	132
156	1212	Donum Girundæ et Arimandi in Pigeriis...	80
157	1212-3	Donum Aelidis de la Mastra in Pigeriis....	82
158	1212-3	Donum Arnaudi de Roscos in Pigeriis.....	83
290	1212-3	Donum Girini de Lerm in Artigetis........	140
155	1213	Donum W. de Andable in melandino Roserio................	80
312	1213	Definitio super mensuris in Podio, Camalariis et Confolenco (faux)................	148
333	1213	Raimundus de Mercorio prior, census levatos tempore Petri de Podio bajuli, annotari curat..............	161
230	15 juil. 1218	Donum convivii annui in domo de Feudo..	117
231	1219	Donum convivii annui in tenemento del Vern...............	118
271	1er mai 1226	Definitio super garda et clausura castri Galbertenchi de Mezeras	133
125	1246	Definitio super decimis Ventreciaci........	63
286	1299	Cessio decimarum Ventreciaci ab episcopo Aniciensi (faux)	139
343	XIIIe et XIVe s.	Excerpta ex necrologio Camalariensi.....	169
344	1er juin 1487	De sacri Clavi Camalariensis reliquario....	170
1	S. D.	Petrus de Bellomonte, primus auctorum hujusce cartularii, narrat reformationem monasterii Sancti Teohtfredi ab abbate Dalmatio de Bellomonte.............	1
2	»	Dalmacius de Bellomonte, abbas, corpus sancti Ægidii ad locum Camaleriarum transfert..............	2
3	»	Petrus de Bellomonte pristinam parvitatem loci Camaleriarum comparat cum magnificentia ejusdem loci tempore suo.......	2
4	»	Petrus de Bellomonte hujusce cartularii rationem explicat.................	4
313	»	Tabularium geographicum	148
340	»	De translatione corporis S. Ægidii........	167

INDEX ALPHABETICUS LOCORUM

Les chiffres renvoient aux numéros du cartulaire. Les localités non suivies du nom du département, appartiennent à celui de la Haute-Loire.

Adiac (domus d'), 153. — ADIAC, com. de Beaulieu.
Albas Petras, 213, 326. — AUBAPEYRE, com. de St-Pierre-Duchamp.
Aliger, Aligerio (in), 309, 317. — L'ALLIER, com. de St-Anthême (Puy-de-Dôme).
Altrenacum, 269. — LARCENAC, com. de St-Vincent.
Amarussio (in), Amarus, 318, 336. — MARUS, village et montagne de la com. de St-Jean-d'Aubrigoux.
Amorors, Amors, 246, 316. — AMOUR, com. de Sauvessanges (Puy-de-Dôme).
Ancia, 109. — L'ANCE, rivière; — 218. ANCETTE, com. de St-Julien-d'Ance.
Anderx, 274. — Com. de Retournac.
Anicii ecclesia, 31, 102, 104, 121, 156, 159, 236.
— terra, 22.
— urbs, 125. — LE PUY.
Antremanz, 113. — ENTREMONT, com. de Beauzac.
Apinacum, 235. — APINAC.
Arciacus, 226, 227, 321. — ARSAC, com. de St-Pierre-Duchamp.
Arnosc, 70, 92, 150. — ARNOUX, com. de Beaux.
Arthie, Arthietas, Artietas, Artigietas, 138, 144, 173, 283, 284, 290, 329. — ARTITES, com. de Retournac.

Artigiis (de), 138. — ARTIAS, com. de Retournac.
Arszo, 246. — ARZON, com. de Chomelix.
Arzilarium (mansus), 58. — L'ARZALIER, com. de St-Julien-du-Pinet.
Aspraloita, 155. — Com. de St-André-de-Chalencon.
Assalenz, 202. — SAILHENS, com. de Beauzac.
Astodiis, Astogios, Atodios, Atuis, 77, 242, 323, 335. — THEUX, com. de St-Georges-Lagricol.
Aulanerium, 214. — Com. de St-Pierre-Duchamp.
Aureliaci (abbas), 1. — AURILLAC (Cantal).
Auvrigum (pagus), 127. — St-Didier-Mont-d'Or (Rhône).
Aurzo, 308. — ARZON, com. de St-Pierre-Duchamp.
Aus Pis, 344. — LOUS PIS, com. de St-Julien-d'Ance.
Avezacum, 322. — BAISSAC, com. de Craponne.

Baisac, Baisach, 22, 249, 250, 336. — BAISSAC, com. de Craponne.
Bassense (territorium), 106, 112, 129, 341. — BAS.
Basso (de), 109. — BAS.
Bastida, 326. — LA BASTIDE, com. de Retournac.

Bauzac, Bauzacus, 70, 71, 78, 79, 87, 88, 102, 103, 104, 105, 107-118, 124, 151, 153, 303, 330. — BEAUZAC.
Becet, 49. — BESSET, com. d'Yssingeaux.
Bedals, 46. — BEAUX.
Bellacumbe (monasterium), 64, 152. — BELLECOMBE, com. d'Yssingeaux.
Bernaz, 329. — BRENAS, com. de Beauzac.
Bertolemeu, 326.
Bessum, 318. — LE BEZ, com. de St-Pierre-Duchamp.
Bezas, (ad), Bezis (in), 77, 321. — BESSE, com. de St-Pierre-Duchamp.
Blacha, 95. — LA BLACHE, com. de Malrevers.
Boicetum, Boiset, 77, 302, 325. — BOISSET, com. de St-Pal-en-Chalencon.
Boisoleto, 265.
Boisolum (terra), 246.
Bonacense (territorium Sancti Evodii), 61. — St-VOY.
Bonafons, 239, 335. — BONNEFONT, com. de St-Georges-Lagricol.
Bonam Noctem (ad), 328.
Bonna Villa, 33. — BONNEVIALLE, com. de Rosières.
Bonna Villa, 192. — *Vide* Clausis.
Boscheto (villa de), 275. — LE BOUCHET, com. de Beaux.
Braschenes, 317. — *Vide* Sancti Joannis ad Braconos.
Branzac, 71. — BRANSAC, com. de Beauzac.
Brenatis, 104. — BRENAS, com. de Beauzac.
Brocia, 288, 329. — LA BROUSSE, com. de Retournac.
Brugaireta, 73. — Com. de St-Maurice-de-Roche.
Brugaireta Montis Calvi, 48. — MONTCHAUD, com. d'Yssingeaux.
Brugeria, 194, 325. — LES BRUYÈRES, com. de Montregard.
Brujaireta, 314. — LA BREURETTE, com. d'Usson (Loire).
Brus (boscus), 214. — Com. de St-Pierre-Duchamp.
Brusachum, Brusaco (de), 217, 248, 319. — BRUAC, com. de Beaune.
Burdellis (de), 260. — BORDEL, com. de Médeyrolles (Puy-de-Dôme).

Burriana (appendaria), 131, 177. — BOURIANNE, com. de Rosières.

Calanconii, Calanconis, Chalanconis castrum, 202, 203, 204, 325. — Château de CHALENCON.
— ecclesia, 77, 153, 202. — CHALENCON.
Calma, Calmen, 129, 330. — LA CHAMP, com. de Retournac.
Calmis (de), 187. — LE CHOMEIL, com. de Rosières.
Calmont (mons de), 285.
Camalarium (conventus, ecclesia, parrochia, terra) *passim*. — CHAMALIÈRES.
Campo (de), 218, 342. — ST-PIERRE-DUCHAMP.
Cancellata (terra), 284, 285. — Com. de Retournac.
Casaletum, 318. — CHAZELLES, com. de St-André-de-Chalencon.
Casali, 267. — CHAZEAUX, com. d'Yssingeaux.
Casaltis (de), 325. — CHALES, com. de Tiranges.
Casanova, 330. — CHAISENEUVE, com. de Beauzac.
Casa Vetula, 313.
Casellas, 316, 325. — CHELLE, com. de Médeyrolles (Puy-de-Dôme).
Casota, 79. — LA CHAZOTTE, com. de Retournac.
Catones, 65, 322. — LES CHATONS, com. du Chambon-de-Tence.
Celtos (ad), 320. — CÉAUX D'ALLÈGRE.
Cerviseriis (de), 185. — SERVESIÈRES, com. de Rosières.
Chabannarie, 98. — LES CHABANNERIES, com. de St-Maurice-de-Lignon.
Chabannata (terra), 285. — Com. de Retournac.
Chabannolas (ad), 139. — CHABANOLLES, com. de Retournac.
Chabazanellas (ad), 251. — CHABASSENELLE, com. de Craponne.
Chabazangie, 241. — SAUVESSANGES (Puy-de-Dôme).
Chairiac, 145. — CHEYRIAC, com. de Rosières.
Chaissac, 211. — CHEYSSAC, com. de St-Pierre-Duchamp.
Chalanco. — *Vide* Calanco.

Chalmelis (de), 217. — CHOMELIX.
Chalmeta, 62, 332. — LA CHAUD, com. de Lapte.
Chalmez, 34. — LA CHAUD, com. de Rosières.
Chalmis, 128. — JAREZ, canton de Rive-de Gier (Loire).
Chalmis (de), 246. — LA CHAUMETTE, com. de Craponne.
Chalmont, 205. — CHAUMONT, com. de Boisset.
Chalvesangiis (de), 306, 308, 319. — SAUVESSANGES (Puy-de-Dôme).
Chambairo, 135. — CHAMBERON, com. de Roche-en-Régnier.
Chambilliaco (de), 198. — CHAMBILLAC, com. de Roche-en-Régnier.
Chambolivis (de), 15, 16-19, 21, 77, 172, 173. — CHAMBOULIVES, com. de Vorey.
Chamgiraut (terra), 175. — Com. de Chamalières.
Chaniaco (de), 93, 272. — CHANGEAC, com. de Vorey.
Chantaloba (terra), 331. — CHANTELOUBE, com. de St-Jean-d'Aubrigoux.
Charaizac, 72, 246, 304, 305, 319. — CHEYRAC, com. de St-Victor-sur-Arlanc.
Charcias, Chareis (de), 69, 90, 329. — CHARRÉES, com. de Retournac.
Chasaloul, 180. — CHASSALEUX, com. de St-Paulien.
Chasota, 220. — LA CHAZOTTE, com. de Retournac.
Chatones. — *Vide* Catones.
Chausac, 144. — CRAUSSAC, ferme, com. de Beauzac.
Chavannacum, 179. — CHAVAGNAC, com. de St-Paulien.
Chasalis (de), 57. — LES CHAZAUX, com. d'Yssingeaux.
Chaselas (ad), 207. — CHAZELLES, com. de St-André-de-Chalencon.
Cheiapauc, 245. — PAUCHEVILLE, com. de Craponne.
Cheirac, 156. — CHEYRIAC, com. de Rosières.
Chesanova, 150, 202, 203. — CHISENEUVE, com. de Beauzac.
Civitas Vetula, 113. — SAINT-PAULIEN.
Clausis, *sive* Bona Villa, 192. — CLAUSE, com. de Raucoules.

Colentia, 338. — COLANCE, com. de Chadron.
Colombarios (ad), 319. — LE COLOMBIER, com. de St-Jean-d'Aubrigoux.
Combris (terra de), 129. — COMBRES, com. de St-Sauveur-en-Rue (Loire).
Combris (de), Combrus, 6-10, 13, 14, 77, 159. — COMBRES, com. de Chamalières.
Concas, 77. — CONCHES, com. de St-Pal-en-Chalencon.
Concheta, 315. — CONCHES, com. de St-Pal-en-Chalencon.
Confolentis (graverium, domus, ecclesia), 125, 151, 159, 312, 341. — CONFOLENT, com. de Beauzac.
Cortil, 78. — LE CORTIAL, com. de Beauzac.
Cotas (a), 336. — COTTES, com. de Sauvessanges (Puy-de-Dôme),
Cozngas, Cozangas, 310, 313. — COUSSANGES, com. de Viverols (Puy-de-Dôme).
Craponna, 76, 141, 243-245, 247, 252, 356. — CRAPONNE.
Crestos (subteriores-superiores), 327. — CREST, com. de St-André-de-Chalencon.
Crispinac, 337. — CRESPIGNAC, com. de Solignac-sous-Roche.
Croseto (de), 232. — LE CROS, com. de St-Geneys.
Crosum. — *Vide* Croseto.
Crumairolas, 150. — CRÉMEROLLES, com. de Bas.
Cubairolas, 322, 336. — CUBEROLLES, com. de Craponne.
Cubleziis (de), 67. — Com. de St-Jeures.
Cumba (terra), 76. — Com. de Retournac.
Cumbas (versana in), 171. — Com. de Chamalières.

Doiolum, Doleus, 247, 330. — DOULIOUX, com. de Craponne.
Domus Sola, 146. — MAISONSEULE, com. de Retournac.
Donazaeris (in), 27, 28. — DONAZE, com. de Vorey.
Dorscer, (rivus), 142. — Ruisseau d'ORSIER, com. de Retournac.
Dovol (mansus), 303. — Com. de Beauzac.
Draoçangas, Drossangis (de), 77, 207, 208. — DROSSANGES, com. de Tiranges.

Duos Canes (ad), 308, 316. — Douchanet, com. de Monistrol-d'Allier.

Duos Pinos (ad), 317. — Dous Pis, com. de St-Jean-d'Aubrigoux.

Egidii (conventus, ecclesia... sancti). — Vide Camalarium.

Embranzaz (ad), Esbranchaz (aus), 254, 324. — La Branchade, com. de St-Georges-l'Agricol.

Escoborie, 268. — Escobeyre, com. de Malrevers.

Espeleu, 144. — Espalieu, com. de Vorey.

Fabricas (villa), 339. — Fabras (Ardèche).

Fagetus (boscus), 111. — Com. de Beauzac.

Faiola (boscus), 26, 137, 175. — La Faiolle, com. de Chamalières.

Favum, 246. — Le Favet, com. de Félines.

Fazendencus, 227. — Com. de St-Georges-Lagricol.

Felinas (ad), 183, 320. — Félines.

Fescalcos (ad), 325. — St-André-de-Chalencon.

Feudo (territorium de), 230, 324. — Le Fieu, com. de St-Julien-d'Ance.

— (villa de), 77, 233. — Le Fieu, com. de St-Julien-d'Ance.

Fevet, 77.

Fevo, 77. — Vide Feudo.

Ficalma, 129. — La Champ, com. de Retournac.

Filinis (de), 183. — Vide Felinas.

Filis (de), 52. — Faugères, com. d'Yssingeaux.

Firmos (ad), 266. — Frimas, com. de Craponne.

Flacheria, 182. — La Flachière, com. de Rosières.

Floiraco (de), 35, 38. — Florac, com. de Rosières.

Fonte (appendaria de), 299. — Com. de Retournac.

Fracsenetum (ad), 332. — Freycenet, com. d'Yssingeaux.

Fraicenetum, Fraicenotum, Fraisenetum (ad), 153, 307, 313. — Fraissonnet, com. de Viverols (Puy-de-Dôme).

Fracsinus, Fraisse, 77, 240, 246, 323, 334.

— Le Fraisse, com. de St-Georges-Lagricol.

Fraise Jurios (ad), 72. — Fraisse, com. d'Usson (Loire).

Fraxineto (de), 86. — Com. de Retournac.

Fraxinus. — Vide Fracsinus.

Frigiavilla, 256. — Freydeville, com. de St-Jean-d'Aubrigoux.

Galbertenchi de Mezeras (castrum), 271. — Mezères.

Garainac, Garanezet, 255, 316. — Varagnat, com. de Médeyrolles (Puy-de-Dôme).

Gardam (ad), 328, 337. — La Garde, com. de St-André-de-Chalencon.

Garmaisum, 306.

Gazella, 214, 337. — La Gazelle, com. de St-André-de-Chalencon.

Gelados (in), Gelaitivos (ad), 109, 124. — Jalayoux, com. de Retournac.

Genestos (ad), 77, 234, 314. — Le Genestoux, com. de Saillant (Puy-de-Dôme).

Gibertina (appendaria), 292. — Com. de Retournac.

Glavenas (podium de), 58. — Montagne de Glavenas, com. de St-Julien-du-Pinet.

Godone (mons de), 64. — Mont Gouyon, près Joux, com. de Tence.

Gonterius (mansus), 292. — Com. de Retournac.

Gramosc, 26, 161. — Granou, com. de Chamalières.

Guaraniaret, 216. — Varagnat, com. de Médeyrolles (Puy-de-Dôme).

Guazella. — Vide Gazella.

Hermenradescum (mons), 109. — Com. de Beauzac.

Hierosolima, Hierusolima, 89, 109, 178, 284. — Jérusalem.

Intermontem, 281. — Entremons, com. de Retournac.

Issarlangas, 109. — Vide Sarlangas.

Issingau, Issingodo (de), 39-42, 44-46, 47-58, 77. — Yssingeaux.

Jares (territorium de), 128. — JAREZ, \ canton de Rive-de-Gier (Loire).
Julanias, Julangis (de), 261, 262, 264. — JULLIANGES.
Jussacum, 76, 297, 298, 329. — JUSSAC, com. de Retournac.

Karaciacum, Karaisiachum. — *Vide* Charaizac.

Lacus (mansus), 69. — Com. de Beauzac.
Laira Vulp, 331.
Laisac, Laissac, Laizac, 73, 77, 164, 199. — LEYSSAC, com. de St-Pierre-Duchamp.
Lamura, 123. — LAMURE, com. de Bas.
Langonia, Lingoniacensis, 13, 31. — LANGOGNE (Lozère).
Lantriacum, 190. — LANTRIAC.
Lapte, 62. — LAPTE.
Lardairolencha (appendaria), 270. — Com. de Rosières.
Lardairolium, 189. — LARDEYROL, com. de St-Pierre-Eynac.
Laurec (mansus), 71. — LIOREC, com. de Beauzac.
Laves, Lavez, Levez, 306, 315, 336. — LAVET, com. de St-Jean-d'Aubrigoux.
Legeret, 135. — LEYRET, com. de Roche-en-Régnier.
Lestrada, 214. — ESTRADE, com. de Beaune.
Liger (fluvium) 5, 77, 341. — La LOIRE, fleuve.
Lingurinas, 23, 101. — SARRALIER, com. de Chamalières.
Lingostras, Lingustras, 80, 287, 328. — LINGOUSTRE, com. de Retournac.
Lino, 87. — LIGNON, com. de St-Maurice-de-Lignon.
Lucdunensis provincia, 127-129. — Le LYONNAIS.

Mainil, 203. — LE MEYNIS, com. de St-André-de-Chalencon.
Mainilium, 188. — Le MEYNIAL, com. de Rosières.
Mala Brocia, 221-223, 326. — MALABROSSE, lieu dét. près Malivernas, com. de St-Pierre-Duchamp.

Mala Valle (in), 160.
Mali Evernati, Malisvernatis (de), Malos Yvernatis, 67, 212, 213, 225, 346. — MALIVERNAS, com. de St-Pierre-Duchamp.
Malivernat (terra), 70. — Com. de Beauzac.
Malo Verneto (de), 67. — ST-JEURES.
Malus Pertusus, 327.
Mans, Mannis (de) 75, 83, 95, 168, 281. — MANS, com. de Roche-en-Régnier.
Mansus *vel* Masus Marcii, 14. — PRADOMARS, com. de Vorey.
Marmonteda (campus de), 116. — Com. de Beauzac.
Marniacum, 59, 77. — MARNHAC, com. d'Yssingeaux.
Martetus, 293-295. — MARTRET, com. de Retournac.
Mas, 3. — MAS-DE-BERNARD, com. de Chamalières.
Masmega (mansus), 107. — MASMÉAT, com. de Beauzac.
Mazel, 150. — LE MAZEL, com. de Retournac.
Mazelet (appendaria), 72. — LE MALET, com. de St-Jean-d'Aubrigoux.
Masellum, Mazellum. — *Vide* Mazel.
Maximiacus, 45, 50-52, 55, 56. — MEISSIGNAC, com. de Bessamorel.
Meravila (vinea de), 113. — MIRABEL, com. de Retournac.
Mercoiret, 95. — MERCURET, com. de Retournac.
Mezeirachum, 318. — MEYRAC, com. de Craponne.
Mirabilia. — *Vide* Meravila.
Molini (pratum), 3.
Monastrolium, Monistrol, 153. — MONISTROL-SUR-LOIRE.
Monbuza, 73. — Le suc de MONTBUZAT, com. de Retournac.
Monclaos, 244. — Com. de Craponne.
Monledum, 320. — MONLET.
Mons Bartholomeus, 224.
Mons Cornaton, 126. — Territoire de Vienne, en Dauphiné.
Mons Ibie, 86, 140. — PEIDIBLE, com. de Beauzac.
Mons Torterius, 110. — MONTROTIER, com. de Beauzac.

Montel (del), 112. — LE MONTEIL, com. de Beauzac.

Montilium, 186, 270.— LE MONTEIL, com. de Rosières.

Montilium, 261, 262. — MONTREGUERRY, com. de Jullianges, (Puy-de-Dôme), *vide* Montilium Garini.

Montelietum, Montelletus, 61, 66. — LE MONTEILLET, com. de St-Voy.

Montem Buzanum (ad), 328. — *Vide* Monbuza.

Montem Launart (ad), 332.

Montem Pedorsum (ad) 321. — MONT-PEYROUX, com. de St-Pierre-Duchamp.

Montilium, 102, 114-117. — LE MONTEIL, com. de Beauzac. — 271.— LE MONTEIL, com. de Rosières.

Montilium Garini, Muntel Guari, 136, 319. — MONTREGUERRY, com. de Jullianges, (Puy-de-Dôme).

Monzia, 77, 315. — MONZIE, com. de St-Pal-en-Chalencon.

Monzia (terra), 88. — Com. de Beauzac.

Muzona (mons et nemus), 285. — MIONE, com. de Retournac.

Nant, 121. — NANT, com. de Monistrol-sur-Loire.

Nemus, 148. — LE BOIS, com. de Roche-en-Régnier.

Olaria, 324. — LE suc D'OULIER, com. de Roche-en-Régnier.

Olus, Olliacus, 29, 163, 174. — OLLIAS, lieu dét. com. de Rosières

Oleiras, 77, 337. — OLLIAS, com. de Craponne.

Orbos (ad), 233. — LES ORS, com. d'Apinac, (Loire).

Orsairolas, 291. — ORCEROLLES, com. de Craponne.

Pauca Villa, 323, 335. — PAUCHEVILLE, com. de Craponne, *vide* Cheiapauc.

Petra Sancti Johannis, 325. — LE PEYRON-ST-JEAN, loc. dét., com. de St-Pierre-Duchamp.

Piaciagum, Piasac, Piasagum, 77, 237, 238, 323. — PIASSAC, com. de St-Georges-Lagricol.

Pigeiras, Piers, Pieyres, 24-26, 81, 154, 156-158, 162. — PIEYRES, com. de Chamalières. — 44. — PIEYRES, com. d'Yssingeaux. — 77, 315. — PIEYRES com. de St.-Pal-en-Chalencon.

Pijairolas (mansus), 71, 108. — PIROLLES, com. de Beauzac.

Pinetum, 330. — LE PINET, com. de Monistrol-sur-Loire.

Pinos (ad), 189, 327. — LOUS PIS, com. de St-Étienne-Lardeyrol.

Pinus, 314.— LE PIN, com. d'Uson (Loire).

Pirarius, 276. — LE PERRIER, com. de St-André-de-Chalencon.

Pisa, 46. — BEAUX, com. d'Yssingeaux.

Pisturia (molendinum), 202. — Com. de St-André-de-Chalencon.

Plancheta, 313. — LES PLANCHES, com. d'Églisolles, (Puy-de-Dôme).

Planezis (de), 162, 166, 167. — PLANÈZES, com. de Mézères.

Podenciago (in), 106. — ST-MAURICE-DE-LIGNON.

Podiensis ecclesia, 22. — *Vide* Anicii.

Podium, 312. — LE PUY, *vide* Anicii.

Podium Nigrum, 321. — PUGNER, com. de St-Just-près-Chomelix.

Poietis (in), 3. — LE POYET, com. de Chamalières.

Poiolar (mansus), 39. — Com. d'Yssingeaux.

Poleiras, Polleiras, 216, 225. — Com. de St-Pierre-Duchamp.

Polliniada, 130. — POUILLY-LES-NONNAINS, (Loire).

Pontasteir, Pontum Asterii (ad), 77, 315. — PONT-ASTIER, com. de St-Pal-en-Chalencon.

Pontum Guilenti (ad), 225.

Pontrainart, 150. — PONT-RENARD, com. de St-Pal-en-Chalencon.

Pos (al), 337.

Posc, 159. — LE POUX, com. de Chamalières.

Posaget, 212.

Pozols, 274. — Com. de Retournac.

Pratum Crosum, 289. — Com. de Retournac.

Provis, 99. — LE PRÈGE, com. de St-Didier-la-Séauve.

Prunairolas (ad), 322, 335. — PRÉMEROL, com. de Craponne.

Raimundesca (appendaria), 319.
Ram, 181. — RAM, lieu dét. com. de Beaulieu.—74, 311. — RANC, com. de St-Maurice-de-Lignon.
Rasapota (mansus), 317. — Com. de Sauvessanges, (Puy-de-Dôme).
Retornacus, 3, 69, 73, 76, 80, 84-86, 89, 90, 92, 132, 133, 137-140, 142, 144, 149, 273-285, 288, 289, 293, 296, 301, 302. — RETOURNAC.
Retornaget, 92. — RETOURNAGUET, com. de Retournac.
Rigaldenchus (mansus), 317.
Ripas (ad), 324. — LES RIBES, com. de Retournac.
Rocha, 96, 197, 334. — ROCHE-EN-RÉGNIER.
Rocha, 136, 163, 277. — Com. de Retournac.
Rochabaro, 123. — ROCHEBARON, com. de Bas.
Rocher, 107. — Com. de Beauzac.
Rocheta, 291. — LA ROCHETTE, com. de Craponne. — 264. — LA ROCHETTE, com. de Jullianges (Puy-de-Dôme).
Rocos, 27, 28. — RECOURS, com. de Beaulieu.
Rodenna, 130. — ROANNE, (Loire).
Ronchavolp, 335. — RANCHOUT, com. de Craponne.
Roseriæ, 6, 23, 29-33, 77, 82, 83, 131, 132, 139, 145, 159, 173, 174, 176-178, 181-188, 270, 273, 338, 339. — ROSIÈRES.
Roserium (molendinum), 155. — LE RODIER, com. de St-Julien-d'Ance.
Rovoura (la), 302, 303. — LA REVEURE, lieu dét., com. de Retournac.

Sainas, Sainnas, 85, 93, 137, 142. — LES SAGNES, com. de Retournac.
Salicem (ad), 329. — SARLANGES, com. de Retournac.
Sancte Marie (terra), 129.
Sancti Agricole (ecclesia) 73, 77, 94, 239, 334. — ST-GEORGES-LAGRICOL.
Sancti Andree deux Felchos *vel* Felcos *vel* de Calanconio, 155, 202-204. — ST-ANDRÉ-DE-CHALENCON.
Sancti Boneti de Medayrolas (ecclesia), 212. — MÉDEYROLLES (Puy-de-Dôme).

Sancti Desiderii (ecclesia et castrum), 99. — ST-DIDIER-LA-SÉAUVE.
Sancti Egidii (conventus, ecclesia, etc.). — CHAMALIÈRES.
Sancti Evodii (ecclesia), 61, 66. — ST-VOY.
Sancti Florii (ecclesia), 134, 259, 260, 315. — ST-FLOUR, com. de Sauvessanges (Puy-de-Dôme).
Sancti Gorii (ecclesia), 63, 66. — ST-JEURES.
Sancti Johannis de Pallegiago (ecclesia), 194. — MONTREGARD.
Sancti Johannis de Retornac (ecclesia). — *Vide* Retornacus.
Sancti Johannis doux Bracos (ecclesia), 72, 152, 253, 304, 317. — ST-JEAN-D'AUBRIGOUX.
Sancti Juliani (mansus), 97. — LE MAS-ST-JULIEN, lieu dét., com. de St-Maurice-de-Lignon.
Sancti Juliani de Ancia (ecclesia), 218, 233, 234, 306. — ST-JULIEN-D'ANCE.
Sancti Juliani de Sollempniaco (ecclesia), 200, 201. — SOLIGNAC-SOUS-ROCHE.
Sancti Martini de Roseriis, *vide* Roseriæ.
Sancti Mauricii de Proenciaco (ecclesia), 73, 75, 83, 92, 97, 98, 135, 195, 196, 198, 199, 215, 220. — ST-MAURICE-DE-LIGNON.
Sancti Michaelis (mansus), 225.
Sancti Pauli (ecclesia), 77, 208, 209. — St-Pal-en-Chalencon.
Sancti Pauliani (ecclesia), 180. — ST-PAULIEN.
Sancti Petri, *vel* Sancti Petri de Campo (ecclesia), 210-214, 229. — ST-PIERRE-DUCHAMP.
Sancti Privati (ecclesia), 119, 153. — ST-PRIVAT, lieu dét., com. de Beauzac.
Sancti Romani (villa), 129, 330. — ST-ROME, com. de Retournac.
Sancti Stephani de Combrolio (ecclesia), 189. — ST-ÉTIENNE-DE-COMBRIOL, *nunc* St-Étienne-Lardeyrol.
Sancti Stephani de Rocolas (ecclesia), 192. — RAUCOULES.
Sancti Victoris (perochia), 305. — ST-VICTOR-SUR-ARLANC.
Sancti Theofredi (monasterium), *passim*. — LE MONASTIER.

Sanctinac, Sanctinacum, Sanctiniacus, 69, 329, 331. — SAINTIGNAC, obm. de Retournac.
Sangati (in), 63. — SANJAS, com. de St-Jeures.
Sarlangas, Sarlangias, 88, 109, 149, 153, 292. — SARLANGES, com. de Retournac.
Sazacum, 321. — SASSAC, com. de Chomelix.
Sennaiet, 279. — SANNAY, com. de Chomelix.
Sennetum, 320. — *Vide* Sennaiet.
Sentenachum, 320. — SENTENAC, com. de Chomelix.
Sentiniacus. — *Vide* Sanctinac.
Serroilz, 82. — FARROUY, com. de Rosières.
Seveirachum, 330. — CEVEYRAC, com. d'Yssingeaux.
Silvam Lucdunensem (ad), 129. — LA SÉAUVE, com. de St-Didier-la-Séauve.
Siricalmis (in), 100. — LA-GARDE-CHALIN, com. d'Usson (Loire).
Soils, Solos (ad), 77, 209. — LES SEUILS, lieu dét., com. de St-Georges-Lagricol.
Sollempniacus, 131, 177, 201. — SOLIGNAC, com. de Rosières.
Sosde, 219. — SODDES, com. de St-Paulien.
Sos Tellas, 71. — SOUS LE THEIL, com. de Beauzac.
S. Regis (tenementum), 199. — Com. de St-Maurice-de-Lignon.
Strata, 330. — L'ESTRADE, com. de Retournac.

Tellas, 145. — LE THEIL, com. de Beauzac.
Tencianencis (ecclesia), 65. — TENCE.
Terracias, Terrascias, 93, 314. — LES TERRASSES, com. d'Usson (Loire). — 326. — LES TERRASSES, com. de St-Pierre-Duchamp.
Teuletum, 318. — TRIOLET, com. de St-Jean-d'Aubrigoux.
Tiraniæ, Tirangiæ, 143, 205, 206, 325. — TIRANGES.
Trencaborsa, Trenchaborsa, 73, 141, 322. — TRANCHEBOURSE, com. de St-Georges-Lagricol.
Trenorcium, 71. — TOURNUS, en Bourgogne.

Tres Olarias, 246-257, 317. — TRIOULAYRE, com. de St-Jean-d'Aubrigoux.
Tres Vicos (a), 317. — TRIVIS, com. de St-Jean-d'Aubrigoux.

Ufargias (ad), Ufargis (in), Usfaurgias (ad), 77, 324, 334. — UFFARGE, com. de St-Julien-d'Ance.
Ugonensis (mansus), 311. — Com. de Viverols (Puy-de-Dôme).
Urciniac, Ursiniacum, 328, 334. — ORSINHAC, com. de Roche-en-Régnier.
Ursairolas, 77. — *Vide* Orsairolas.
Ussoni (castrum), 100. — USSON (Loire).

Vachairolas (ad), 327. — VACHEROLLES, com. de St-Julien-d'Ance.
Vacharecias, 327. — VACHERESSE, com. de St-Julien-d'Ance.
Vadiliis (de), 47. — VAREILLES, com. de St-Jeures.
Vaicenac, 83, 84, 89. — VAISSENAC, terroir, com. de Chamalières.
Valleta (terra), 225.
Valletas, 205, 228. — LES VILLETTES, com. de Tiranges.
Valorgue, 313. — Vallée de l'Ance.
Valz (molendinum), 233. — Com. de St-Julien-d'Ance.
Vareniacus, 313. — *Vide* Garainac.
Varenis (in), 113. — LA VARENNE, com. de Beauzac.
Varsenac, 73, 74. — *Vide* Vaicenac.
Vaure, 71. — VAURE, com. de Beauzac.
Vellaicus pagus, 339, 341. — LE VELAY.
Velpra, 143, 205. — PRAVEL, com. de Tiranges.
Venasals, 193. — VERNASSAL.
Ventrasac, Ventreciacum, Ventresac, 3, 77, 125, 132, 133, 137, 149, 159, 286, 338. — VENTRESSAC, com. de Chamalières.
Verchmoailium, 321. — VERMOYAL, com. de St-Pierre-Duchamp.
Verenas, 329. — *Vide* Varenis.
Vereniacus, 191. — *Vide* Garainac.
Vern, 231. — LE VERT, com. de Retournac.
Vernetum, 246, 316, 318. — LE VERNET, com. d'Églisolles (Puy-de-Dôme).
Versiliacus, 22. — VERSILHAC, com. d'Yssingeaux.
Vessa, 28.

Vetulum Pratum, 205. — *Vide* Velpra.
Viannense (territorium), 126, 129. — VIENNE (Isère).
Villa Nova, 48. — VILLENEUVE, com. d'Yssingeaux. — 326. — VILLENEUVE, com. de St-Pierre-Duchamp.
Vilar, 140. — LE VIALLARD, com. de Beauzac.
Virinas (ad), 324. — VEYRINES, com. de St-André-de-Chalencon.

Vivairols, 310. — VIVEROLS (Puy-de-Dôme).
Volnac, Vonac, 39, 44, 53, 54, 95. — VAUNAC, com. d'Yssingeaux.
Vosairac, Vosairaco (in), 77, 215, 234. — VAIRAC, com. de St-Julien-d'Ance.
Vouce, Voucer, Voucium, 113, 142, 280, 281, 328, 343. — VOUSSE, com. de Retournac.
Vourei, 17, 19-21, 43, 147, 272. — VOREY.

INDEX ALPHABETICUS PERSONARUM

A., abbas, 175; — de Montrevello, 237; — de Rocos, miles, 157, 158; — filius Aeilidis de la Mastra, 157.

ABO VEL ABBO, 118, 213, 224, 239, 240, 251, 257, 258, 264, 276, 306; — Bellomontis, 198, 260, 304, 305, 310; — conjux Blismodis, 299; — de Sancto Bonito, 105; — filiilius Rodani Bellomontis, 218; — filius Stephani Bellomontis, 202; — filius Umberti Gladii, 108.

ACARDUS, 127, 168, 169, 262, 109, 266; — clericus, 105; — filius Guandalmi, 180.

ACARIUS, 101.

ACHARDUS, 109, 266; — clericus, 105; — filius Guandalmi, 180.

ACIO, 251.

ACOTAS, 336.

ADALAIDIS, uxor Girini de Miseris, 32.

ADALANDUS, 307.

ADALARDUS, de Ispalido, 14.

ADALBALDUS, 17, 19; — frater Adalberti, 21.

ADALBERTUS, 21, 25, 289, 319.

ADALBURGIS, uxor Odalrici junioris, 55.

ALDAGARDIS, uxor Duranti de Articas, 223; — uxor Villelmi, 59.

ADALGERIUS, 18, 169.

ADALGIS, 127.

ADALGUARDIS, uxor W. de Salsac, 48.

ADAUGUART, uxor Aumari de Artigiis, 138.

ADEMARUS, 97, 98, 106, 167, 190, 192, 195, 297, 299; — Archatius, 216; — decanus, 174; — de la Vaiseira, 197, 301; — de Rocha, 119, 156, 202; — de Rocha, miles, 156, 230; — de Senoculo, 11; — episcopus, 5, 31, 101, 102, 195, 197, 200, 210, 236; — filius Aldeberti, 297;

— filius Gauzfredi de Rocos, 11; — Gaufredi, 11; — Rufus, 237.

ADENGARDIS, uxor Bosonis, 130.

ADRALDUS, 120, 295; — de Ispalido, 11, 13.

AELIS de la Mastra, 157.

AENRICUS, rex, 99, 110, 202, 208, 212, 221, 232, 235, 245, 259, 264, 299, 307.

AGARNUS, 17.

AGATA, uxor Aichardi, 8.

AGIARDIS, uxor Rotberti, 63.

AGNELLUS, bajulus, 72.

AGNES, uxor Giraldi, 278; — uxor Poncii Ermidonis de Rocha, 93.

AGNUS, 58; — Agnus, filius Austorgii, 42.

AIA, 294; — uxor Giberti vel Girberti, 262, 298, 301.

AIALMODIS, uxor Girberni, 185; — uxor Geraldi, 202.

AICARDUS vel AICHARDUS, 8, 18, 275.

AICELENA, uxor Gotischalchi de Sancto Agrippano, 10.

AIMO, 193; — de Senuil, 88.

AINARDUS, 55; — clericus de Calanco, 89; — pater, 89.

AIRALDUS, 25, 107, 109, 112, 114, 126, 190, 191, 202, 208, 268, 309; — Derroca, 83; — de Sancto Mauricio, 73; — filius Dalmacii, 208; — filius Gauzne Bellomontis, 109.

AIRAUDUS, 215.

ALADAIZ, uxor Raimundi Alferanz, 95.

ALAZIA, uxor quondam Raymundi Adhemarii, militis, 344. 343

ALBERTUS, 226.

ALDEBERTUS, 30, 105, 109, 165, 204, 265, 275; — de Artigiis, 160; — de Rocha,

283; — filius Guigonis, 302; — pater Ademari et Arnaldi, 297.
ALDEBRANDUS, 30.
ALDECENSIS, 53.
ALDEFREDUS, 247.
ALDEIARDIS, uxor Dalmacii, 208.
ALDESENSIS, uxor Jarentonis, 39.
ALDIARDIS, uxor Bernardi, 17.
ALEUGARGIS, domina, 129.
ALEXANDER, papa, 175.
ALEXANDRA, uxor Rostagni, 128.
ALGARDIS, 100.
ALGERIUS, 116.
AMALRICUS, filius Grimaldi, 126.
AMBLARDUS, 66, 104, 194, 208, 293; — decanus ecclesie Camalararium, 30, 56, 109; — prior Camalariarum, 55, 183; — sacerdos, 61; — scriptor, 189, 278.
ANDREAS de Roghac, 134; — filius P. de Roseriis, 156.
ANNA, domina, 67; — uxor Gibonis, 341; — uxor Tehotberti, 25.
ARBERTULUS, 73.
ARBERTUS, 101, 213, 234, 241, 295; — abbas Sancti Theofredi, 198, 224, 239, 257, 259; — Bellomontis, abbas Sancti Petri de Turre, 245, 246; — filius, 287; — filius Umberti, 205; — filius Willelmi Achardi, 188; — Rufus de Roca, 73, 74; — Ugo, 150.
ARCHAZ, 325.
ARCHIBAUDUS, 171.
ARCHIMBALDUS, 18, 20.
ARCHIMBAUDUS, 16, 263.
ARCHINNEDIS, uxor Rainoardi, 306.
ARDUINUS, 172.
ARIBERNUS, 116, 184; — bajulus de Vessa, 28.
ARIMANDUS, 58, 172, 203, 211, 303; — abbas Sancti Theofredi, 126, 128; — Blancus, 44; — clericus, 156; — de Porta, 10; — de Rocos, 157; — filius Benaie, 219; — filius P. Truch, 156; — Genzo, 249; — Nauta, 303; — prior Camalariarum, 45, 173, 209, 242; — vicecomes, 294.
ARIMANNUS, 33; — abbas Sancti Theofredi, 18; — prior Camalariarum, 173.
ARLIBAUDUS, scriptor et monachus, 268.
ARLUINUS, 128.

ARMANDUS de Gorsia, 343; — frater Guigonis, 302.
ARNALDUS, 112, 185, 272; — de la Vaiseira, 301; — de Rocos, 157, 249; — filius Aldeberti, 297; — filius Gauceranni, 65; — filius Jarentonis, 39; — filius Leohtguardis, 40; — filius W. et Cautburgie, 28; — monachus, 194.
ARNARDUS, filius Aldecensis, 53.
ARNULFUS, 189; — abbas Aureliaci, 1, 338.
ARRICUS, 98; — filius Leohtguardis, 40.
ARTALDUS, filius Dalmacii, 208; — filius Gorde, 124.
ASPASIA, uxor Umberti, 41.
ASPASIANA, 29.
ASTERIUS, 51, 56, 105, 217, 238, 248, 269, 288, 295; — conjux Berteldis, 309; — filius Suficie de Beljoc, 49.
ASTORGIUS, filius Girberti, 301.
AUBERTUS, 137.
AUDIARDIS, 56.
AUMARUS, 74, 81, 97, 194; — clericus, filius Duranti de Artigiis, 142; — clericus, frater Duranti de Artigiis, 142; — de Artigiis, 74, 77, 84, 85, 88, 92, 93, 138, 161, 164, 175; — de Artigiis, clericus, 79, 90, 134, 138-140, 142, 152; — conjux Adaugart, 138; — nepos, 138; — de Salsac, miles, 145.
AUMAS Coyro, 134.
AUSILENDIS, uxor Bertrandi Alamelle, 85.
AUSILIA, uxor Duranti de Rocha, 195, 197.
AUSTORGIUS, 30, 42, 58, 94, 126, 195, 201, 236, 298, 299; — de Aruso *vel* Aurso, 210, 229; — de Chambiliaco, 114; — de Domosola, 146; — de Glavenas, 46; — de la Vaiceira *vel* Veiseira, 108, 301, — de Lerm, filius Girini de Lerm, 290; — de Malis Isvernatis, 197; de Sancto Pauliano, 291; — filius Girberti, 181; — filius Willelmi, 54; — frater Ebrardi, prioris Camalariarum, 23; — frater Stephani Girini, 166; — nepos Albeberti, 297.
AUTBERTUS, 226, 227; — Ferrandus, 202.
AVITUS, 62, 97, 265; — de Ispalido, 13, 14; — de Salsac, filius, 48; — monachus, 194.

B., abbas Sancti Theotfredi, 90, 281; — Calcatus, 210, 229; — Chalanconii, 156; — Chavarius, filius, 156; — Comarc, 271; — de Bonafont, 335; — de Chalanco, 209; — de Feudo, filius, 230; — de Feudo, miles, 230; — episcopus Aniciensis, 156; — Leodegarius, 121; — Malez, monachus, 204, 243; — presbiter, 157, 158; — sacerdos, 156; — Umbertus, 156.

BARBA, homo de Linone, 87.

BARNALDUS, 300.

BARNELDIS, uxor Bernardi, 116; — uxor Guidonis, 189.

BEATRIX, domina de Rocha, 343.

BEGO, 120, 193; — episcopus, 338.

BENAIA, 219, 291.

BENEDICTUS, 100, 105.

BENIGNUS, 15, 17; — laicus, 20; — sacerdos, 18, 169, 171.

BER. de Rialeriis, 134, 137.

BERALDUS, 277; — abbas Sancti Theotfredi, 71, 74, 75, 77, 79, 80, 90; — Dalberti, 70; — de Roseriis, 131; — filius Aichardi, 8; — filius Gorde, 124; — prior Camalariarum, 188, 311.

BERAUDUS Laugerius, 123.

BERLANDUS, 282.

BERNARDA, domina de Rocha, 75.

BERNARDUS, 17, 57, 65, 72, 116, 129, 215, 267; — abbas Sancti Theotfredi, 338; — filius Adalbaldi, 21; — filius Leohtguardis, 40;—sacerdos, 29;—Vivaz, 166.

BERNELDIS, filia Audiardis, 56.

BERNO, 97, 98, 117, 125.

BERTALAICUS seu BERTÆLAICUS, prior Camalariarum, 50, 190.

BERTALMEUS, 334.

BERTELAICUS, 267.

BERTELDIS, uxor Asterii, 309.

BERTRANDUS, 104, 110, 111, 114, 185, 202, 217, 240, 242, 254, 255, 259, 261, 265, 295, 296, 301, 304, 308, 309;— Alamelle, 85; — Archacus, 237; — Archadi, 241; — Besso, 202; — Calanconis, 74; — Cellararius, succentor ecclesie Aniciensis, 342; — Chalvi, 119; — clericus 248; — de Artigiis, 221; — de Aruso vel Aurso, 135, 210, 229; — de Bas, canonicus, 103; — de Cairelz vel Caireuz, 137, 138, 152; — de Chalenco vel Chalancone, 134, 152, 234, 250; — Disderii de Miseris, 43; — dominus Chalenconis, 243; — filius Abbonis Bellomontis, 310; — filius Aldeberti de Artigiis, 160; — filius Beraldi Datberti, 70; — filius Girini de Miseris, 32; — filius W. et Cautburgie, 28; — frater Florencie, 71; — Giberti, miles, 72; — Malet, 134; — Maleti, 77; — monachus, 7; — Salmonis, 88; — Willelmi, 43.

BERTRANS de Alamanciis, 72.

BESSO, 202.

BILIARDIS, uxor Girberti, 182, 201.

BLANCUS Aguirelli, 162.

BLANDINA, domina, 111.

BLIOSENDIS, uxor Stephani vicecomitis, 269.

BLISMODIS, 29; — domina, 174; — filia Austorgii et uxor Ugoleni de Ispalido, 23; — uxor Abonis, 299.

BLITGARDIS, uxor Otonis, 24.

BOEIRA, uxor Martini, 133.

BOLLERZ, miles de Chalenco, 143.

BONA FILIA, 275.

BONAFOCIUS, frater Willelmi Beraudi del Monester, 164.

BONEFACIUS vel BONIFACIUS, 90, 96, 134, 135, 301; — canonicus, 103; — filius Aldeberti de Artigiis, 160; — monachus, 113.

BONUS HOMO, 280.

BONUS JOCUS, 336.

BOSCHETUS, sacerdos, 342.

Bos Jocs, 336.

Boso de Lardairolo, canonicus Podiensis, 22; — miles, 130.

BROCARDUS Rochabaronis, electus Aniciensis, 159.

BRUNEUS, 335.

BRUNICARDIS, uxor Gerardi de Rochos, 101.

BRUZ, capellanus, 131.

CAMBOS BAILES, 87.

CARISSIMA, domina, 263.

CARULUS de Ispalio, 13.

CASLARIUS, clericus Sancti Georgii, 342

CATHABURGIS, uxor Guigonis, 194.

CAUTBURGIA, uxor W., 28.

CHARETOS, 199.

CLAUDE-ARMAND, vicomte de Polignac, 344.
CLEMENSA *vel* Clementia, 133; — de Rupe, 343.
COME, nepos Willelmi Asterii, 164.
CONRADUS, rex, 126.
CONSTANCIA, 120.
COSTAVOLUS, 115.

D. Bellomontis, 310; — Coiro, prior Camalariarum, 271; — Coiros, monachus, 156; — Coyro, 134; — de Artigiis, 163, 175; — de Artigiis, frater Aumari, 138, 175; — de Rocha, 96; — frater Johannis de Rialeriis, 156; — Foresters, 219; — Geraldus, 242; — Gui, clericus Sancti Georgii, 342; — Magistri, 175; — Marchis, 310; — Reis, 337; — Ros, 237.
DALFINUS, miles, 121.
DALMACIA, uxor Ademari, 97.
DALMACIUS *seu* DALMATIUS, 1, 166, 202, 203, 255, 277, 307; — abbas Sancti Theofredi, 168, 191, 226, 267, 338, 3°9, 344; — Ateriolus, 52; — Bellomontis, abbas Sancti Theofredi, 2, 253; — conjux Aldeiardis, 208; — decanus, 259; — frater W. de Montibus, 76; — de Munrevel, 134; — d'Ussom, 134; — Malet, 102.
DANIEL, 117, 118.
DELPHINA, domina de Montebuxerio, 343.
DEODATUS Hugoneti, 343.
DESIDERIUS, 27.
DISDERIUS, 115, 190, 268.
DOMINICUS, 288.
DOMNOLENUS, 17.
DURANDUS, 236.
DURANNUS, 292.
DURANS Bolers, 335; — de Bonafont, 335.
DURANTUS, 107, 112, 195, 203, 208, 213, 221, 224, 232, 235, 239, 254, 257, 259, 261, 278, 306; — Aumas, 134; — avunculus Guandalmi, 180; — Bovis, 103; — capellanus de Rocha, 96; — Coiro, 159; — de Articas, 223; — de Artigiis, 77, 79, 92, 93, 142; — de Artigiis, miles, 138; — de Bellomonte, 72; — de Pireto, presbiter, 72; — de Rocha, 173, 195-197; — filius Abonis Bellomontis, 198; — filius Dalmacii, 208; — frater Aumari, 81; — frater Aumari de Artigiis, clerici, 140; — frater Umberti, 205; — Salmo, miles, 161.

EBLO, frater Girberti Willelmi, 210.
EBRALDUS, 306; — castri Chalanconii, 203; — sacerdos, 202.
EBRARD al prior, 331.
EBRARDUS, 105, 107, 232, 272, 291, 301, 329; — cliens de Artigiis, 80; — de Chambolivis, 135; — filius Abonis et Blismodis, 299; — filius Aldeberti, 297; — filius Petri et Theotburgis, 275; — Medicus, 73; — monachus de Rocha, 13; — prior Camalariarum, 23, 26, 32, 52, 101, 107, 113, 173, 195, 205, 210, 301.
ELDEBERTUS *vel* HELDEBERTUS, 190, 220, 221, 247, 278, 280, 293; — decanus, 21, 25, 248, 257; — frater Duranti de Rocha, 197.
ELDINUS, 117.
ELENA, uxor Umberti Herilegis, 122.
ELIAS de Miseris, 163; — de Salsac, miles, 145.
ELIZEUS, 307.
EMENGARDA, uxor Elias de Miseris, 163; — uxor Nicezii, 265; — uxor Theutonis, 193; — uxor Rainerii, 227.
ERACLEUS, abbas Sancti Theofredi, 343.
ERACLIUS, 17, 30, 269; — frater Bernardi, 17; — vicecomes, 31, 176.
ERMENGARDA, mater Aumari de Artigiis, clerici, 139.
ERMENGUARDA, mater Petri Disderii de Miseris, 45.
ERMESSENDIS, filia Desiderii, 27.
ERMIDO de Roca, 80, 93.
ESCHIVA, uxor Ebrardi, 80.
ESMIDO de Rocha, 96.
ESTEVE de Chalencon, évêque, 343.
EUSTACHIUS de Munrevel, 134.
EUSTORGIUS, miles, 94.

FAINA, uxor Ermidonis de Roca, 81.
FALCO, 28; — de Bausac, 86.
FLORENCIA, mater Girberti, 71.
FLORENSA de Mercoyret, 343.
FLOTBERTUS, 180, 232.
FLOTHERIUS, 184.

FOLCHERIUS, 100.
FORAIAS, 77, 84.
FRANCO, 202, 247; — abbas Sancti Theoffredi, 96, 152, 153, 159.
FREDERICUS, imperator, 175.
FULCO, 221.
FROTBERTUS, 293, 301.

G. Aimonis, 215; — Airaust, 334; — Aujeirs, 336; — de Singau, 96; — de Veirinas, 124; — del Feu, 209; — Ebraldi, 74, 85, 96; — filius Ranulfi, militis de Bellomonte, 244; — Moterii, 237; — Peitavis, 209; — Teleneirs, 336; — Vicarii, 18.
GALBERGA, uxor Leotardi, 64.
GALBERTUS, 52, 53, 59, 97, 105, 109, 127; — clericus, 6, 14, 26; — de Miseris, filius Blismodis, 29, 174; — filius Galberti militis de Roseriis, 270, 271; — filius Ugonis, 311; — frater W., 28; — miles, 6; — miles de Roseriis, 270; — scriba, 182.
GALDINUS, canonicus Podiensis, 22.
GALERIUS, conjux Aleugargis, 129.
GALIANA, uxor Willelmi Petri, 163.
GALMARUS, 168.
GALNA, uxor Geraldi de Boiols, 237.
GALO, 115.
GALTERIUS, 24, 25, 116, 128, 190, 288, 311.
GANIEL, 117.
GAPHERINUS, 115.
GARENTO, 64, 111; — abbas, 293.
GARINUS, 115, 128; — filius Duranti de Artigiis, 142.
GARNERIUS, 167.
GAUBERTUS, sacerdos, 184, 186, 268.
GAUCELMUS, 264; — de Barjaco, prior Camalariarum, 343.
GAUCERANDA, mater Pontii Botlers, 204.
GAUCERANDUS de Artigiis, miles, 144; — de Muris, 9.
GAUCERANNUS, 65.
GAUFREDUS, 218, 289; — de Rocha, 153; — filius Pontii Nauta, 281; — monachus, 162.
GAUFRIDUS, 19; — bajulus, 75, 76, 90; — monachus, 84.
GAUSFREDUS, 8, 256; — de Rocos, 11.
GAUZBERTUS, 227.

GAUZNA, domina Bellomontis, 109; — mater Asterii, 51; — mater Dalmacii Bellomontis, abbatis, 253.
GEILINUS, 338.
GEOHTBERTUS vel GEOTBERTUS, 29, 168, 171.
GEOTFREDUS, 168.
GERALDA, uxor Costavoli, 115.
GERALDUS, 66, 104, 135, 156, 174, 186, 212, 213, 234, 237, 240, 249, 256, 257, 259, 296, 306, 307; — Amblardus, 66; — Bellomontis, 247, 257; — canonicus de Chalanconio, 202; — de Merchorio, 14; — de Sancto Pauliano, 7; — de Singau, 134; — de Turre, 82; — Ebraldi, 87; — filius Abonis Bellomontis, 198; — filius Geraldi Bellomontis, 247; — filius Petri Pagani, 11; — filius Umberti, 235; — filius Umberti Gladii, 108; — frater Arberti Bellomontis, abbatis Sancti Petri de Turre, 245, 246; — magister, 69; — monachus, 77; — Moretus, 213; — nepos Stephani, bajuli, 131, 132; — Pagani, 82; — prior Camalariarum, 69; — senex, de Senuil, 47.
GERARDUS d'Aurso, 135; — de Mans, 323; — filius Aldeberti de Artigiis, 160; — filius Geraldi Bellomontis, 247; — senex, miles de Rochos, 101.
GERONTIUS, archiepiscopus Biturencis, 338.
GERSOENDIS de Prosme, 99.
GIBERTUS, conjux Aie, 298, 301; — Pelez, miles, 230; — scriptor, 275.
GIBO, conjux Annæ, 341.
GINABERTUS, 227.
GIRALDENCHAM, 285.
GIRALDUS, 61, 100, 105, 109, 116-118, 128, 165, 211, 218, 227, 228, 262, 266, 280, 288, 311; — Bellomontis, 224; — prior magister Camalariarum, 281; — conjux Agnes, 278.
GIRARDUS, 29, 182-185, 280, 282; — conjux Larsoendis, 296; — filius Adalberti, 21.
GIRAUST d'Aurast, 334.
GIRBERNUS, 55, 99, 125, 166, 167, 192; — conjux Aalmodis et avunculus Gauberti, sacerdotis ecclesie de Roseriis, 185; — filius Adalberti, 21.

GIRBERTUS, 30, 63, 100, 101, 104, 105, 111, 181, 182, 185, 226, 240, 255, 266, 276; — Willelmi, 210; — canonicus Podiensis, 22; — clericus, 6; — conjux Aie, 262; — conjux Biliardis, 182, 201; — de Meseras, 103; — de Miseriis, monachus, 71, 159; — filius Petri Desiderii de Miseris, 71; — nepos Girberti, 276; — Pelez, miles, 230.

GIRINUS, 59, 66; — de Andable, 155; — de Artigiis, 134, 142; — de Lerm, 290; — de Miseris, 32; — nepos Umberti Crispi, 26; — Saramandus, 196.

GIRIS, 337; — d'Andable, 334.

GIRUNDA, uxor P. Truch, 156.

GOLFALDUS, GOLPHALDUS, GOLFAUDUS, GOLPHAUDUS, abbas Sancti Theofredi, 17, 24, 100, 115, 167, 182, 258, 265, 304, 305.

GOLFARDUS, 66.

GORDA, domina de Bausachio, 124.

GORGORIA, 187.

GOSCHALZ, 137.

GOTBRANDUS, 117.

GOTISCALCUS, GOTISCALCHUS, 98, 156, 191, 267; — bajulus, 131, 134; — archipresbiter, 102; — de Calmilisio, 319; — de Sancto Agrippano, 10; — episcopus Aniciensis, 1, 2, 176, 338.

GOTOLENDIS, domina, 123.

GREGORIUS, 156.

GRIMALDUS, 126.

GUABO, 101.

GUALBERTUS, 101.

GUANDALMUS, 180.

GUIBO, 99.

GUICHARDUS, 129, 235; — de Artigiis, 88.

GUIDABERTUS, 172.

GUIDO, 17, 24, 64, 97, 269, 296; — conjux Barneldis, 189; — de Salsac, filius, 48; — filius Godolene, 62; — frater Bernardi, 17.

GUIGO, 20, 24, 66, 99, 100, 111, 221, 236, 242, 251, 259, 278, 289, 301, 303; — abbas Sancti Theofredi, 16, 20, 25, 29, 30, 39-41, 105, 109, 169, 185, 186, 190, 228, 241, 251, 257, 280, 288; — Bruni, 234, 235; — canonicus Sancte Marie, 96; — clericus, 58; — conjux Cathaburgis, 194; — de Andable, 155; — de Chareias, miles, 175; — de Chareis, miles, 79, 81; — de Roca vel Rocha, 77, 94, 152, 173; — de Veirenas, 129; — dominus de Rocha, 96, 135; — episcopus, 50; — filius Austorgii, 42; — filius Austorgii de Glavenas, 46; — filius Placiburgis, 255; — filius Willelmi, 274; — frater Armandi, 302; — laicus, 58; — monachus, 204; — Nauta, 303.

GUILLELMA, de Ventresac, 133; — uxor Aviti de Ispalido, 14; — uxor Gaucerandi de Muris, 9.

GUILLELMUS, 6, 234; — abbas Sancti Theofredi, 6, 235; — Barolla, 239; — de Mercorio, 131; — dominus de Chalanconio, 343; — Ebraldus, 13; — filius Adraldi de Ispalido, 12; — filius Gotiscalchi de Sancto Agrippano, 10; — filius Ugonis Guillelmi, 6; — Mitta, abbas Sancti Antonii, 343.

GUINDUS, miles de Rocha, 94.

GUIRALDUS de Artigiis, 288.

GUITARDUS, 62, 100, 228, 288; — sacerdos, 100.

GUITBALDUS, 127.

GUITGERIUS vel GUIGERIUS, sacerdos ecclesie de Bausaco, 116, 118.

GUITO del Pon, 133.

GUNABERTUS, 268.

GUORGORIA, domina, 34.

GUYOTUS, dominus de Chalanconio, 343.

HECTOR, 61, 66, 278.

HELDEBERTUS vel ALDEBERTUS de Artigiis, 284, 285, 288.

HEMARDUS, 98.

HERMEGARDIS, conjux Guidonis, 339.

HERACLIUS, vicecomes, 31.

HIEUZO Airaldus, 294.

HOMARUS, 115.

HOMBARUS, 192.

HUGO de Gorsia, 343; — de Roca, miles, 343; — de Vilanova, capellanus ecclesie de Campo, 342.

HUGUA, uxor Pontii Nauta, 281.

ICTERIUS, 100, 236, 305; — archipresbiter, 102; — prior Camaleriarum, 84.

ILDEBERTUS, vel ELDEBERTUS, 274; — frater Duranti de Rocha, 195, 197; —

decanus Camaleriarum, 29, 217, 241;
— filius Geraldi, 212; — prior Camaleriarum, 40, 42, 51, 282; — Trencacosta, 23.
INBERGA, uxor Abbonis Bellomontis, 258, 304.
ISARNUS, 57, 183.
ISIMBARDUS, 201.

J., Olers, 156; — servitor, 125; — Sureus, 175.
JACOBUS, monachus, 156-158.
JARENTO, 39, 59, 254; — Amido, 10; — Barga, 7; — Barja, 31; — canonicus, 23, 173; — de Malis Isvernatis vel Malz Ivernaz, 90, 197; — de Rocha, canonicus Podiensis, 22; — filius, Girini de Miseris, 32; — filius Gotiscalchi de Sancto Agrippano, 10; — filius Petri Pagani, 11; — frater Duranti de Rocha, 195, 197; — Lingoniacensis, 13; — Podii, prior, 23; — prior Camaleriarum, 5-10, 12-14, 31, 197, 216, 222, 236, 254; — prior de Langonia, 31; — sacrista, 210, 229.
JAUCERANDUS, 73.
JAUFRIDUS, bajulus, 81.
JAUSBERTUS, 20.
JEOHTBERTUS, scriptor, 64.
JEREMIAS, 236.
JOANNETS del Fraise, 334.
JOANET, 336.
JOHANES vel JOHANNES, Calcatus, prior Camaleriarum, 72; — de Comines, episcopus Aniciensis, 286; — d'Espeleu, 137; — de Chalmo, 73; — de Pauliano, 31; — de Rialeriis, 156; — Faber, 156; — Olers, 134, 135, 156; — Olers filius, 156; — prior Camaleriarum, 22, 166, 215, 237; — sacerdos, 287; — scriba, 276; — scriptor, 63; — Surrardi de Bausaco, 79.
JOHANS Olers, 157.
JORDANA de Artigiis, uxor Duranti Salmonis, 161; — mater Geraldi, 77.
JORDANUS, 96, 206, 234; — de Rocos, 82.
JOYA, noverca Armandi de Gorsia, 343.
JULIANA, domina de Rocha, 36.
JULIANUS Chautart, 84; — de Rocha, 215.
JUVENELLUS, presbiter, 72.

KAROLUS, abbas de Segureto, 236; — Magnus, imperator, 344.

LAMBERGA, 19.
LAMBERTUS, 66; — de Rochabaro, 134; — filius W. de Rochabarone, 34.
LANFREDUS, decanus, 117.
LARSOENDIS, uxor Geraldi, 212; — uxor Giraldi Bellomontis, 224; — uxor Girardi, 296.
LAUDERITA, 170.
LEODEGARIUS, 172.
LEOHTGUARDIS, domina, 40.
LEOTGERIUS, 24.
LEOTHARDUS, vel LEOTARDUS, 64, 193, 295, 311.
LEUZA, uxor Austorgii de Glavenas, 46.
LODOVICUS, rex, 71, 72, 75, 79, 80, 106, 109, 117, 124, 167, 168, 175, 199, 226, 253, 256, 267, 269, 289, 338, 339.
LOTARIUS, LOTHARIUS, LOTERIUS, LOTHERIUS, rex, 17, 18, 24, 30, 39, 53, 55, 100, 115, 127, 165, 172, 182, 183, 185, 193, 201, 218, 220, 262, 266, 268, 304.
LUCIA, uxor Adraldi de Ispalido, 12.

MAIASENDIS, domina, 228.
MAIFREDUS de Castro Novo, 10.
MALINODIS, uxor Geraldi, canonici de Chalanconio, 202.
MALSANGGUS, 336.
MARCELLUS, monachus, 113.
MARCHA, domina de Rocha, 148.
MARCOMBALDUS, 126.
MARIA, uxor Jarentonis de Malz Ivernaz, 90; — uxor W. Arimanni de Artigiis, 69.
MARTINUS, 129, 165, 224; — maritus Boeire, 133; — Sabaterz, 135; — sacerdos, 278, 342.
MATHEUS, bajulus de Roseriis, 131, 132, 139; — clericus de Roseriis, 178; — Filiol, 137; — frater Pontii, villici de Roseriis, 177; — Sabaterz, 131.
MAURICIUS, 173; — monachus, 156, 215.
M., filius Galberti, militis de Roseriis, 270; — monachus, 156.
MOREZ, 156.
MOTARELLUS, 323; — filius, 292.

NEBULO, 101.

NICEZIUS, NIZECIUS, NIZETIUS, 17, 167, 201, 263, 289, 305; — conjux Emengarde, 265.
NICHOLAUS, nepos W., sacerdotis Sancti Johannis, 136.
NICOLAUS, monachus, 156, 204.
NORBERTUS, 182, 190, 201, 267.

ODILO, 166; — de Rocha, monachus, 156; — de Senol, 209.
ODO, 96, 267; — filius Marche, domine de Rocha, 148.
OLDARICUS, 58; — conjux Radgundis, 50; — junior, conjux Adalburgis, 55.
OLIVARIUS, filius Willelmi Achardi, 188.
OTO, 24; — miles, 72; — sacrista, 342.

P, abbas et prior, 121, 161; — Adalardi, clericus Sancti Georgii, 342; — Adzemari, 173; — Arbertus, 124; — Boschez, monachus, 156, 157, 243; — Calatra, 49; — Chavarius, filius, 156; — Coiros *vel* Coyro, 134, 156; — d'Arzenc, 49; — de Baisac, 336; — de Bellomonte, abbas Sancti Theofredi, 342; — de Belmunt, 134; — de Belmunt *vel* de Bellomonte, prior Camalerium, 80, 89, 90, 131, 177; — de Brunairolas, 335; — de Cervissas, prior Camaleriarum, 96, 131-134, 137, 153; — de Chalancon, monachus, 157; — de Chalencone, prior Camaleriarum, 164, 175; — de Chaselas *vel* Chasellas, monachus, 156, 157; — de Crespinac, 337; — Giraldi, 343; — de Glavenas, monachus, 157, 158; — de Lode, 196; — de Rialeras, 124; — de Rialeriis, 80, 121, 134, 164, 175; — de Rialeriis, filius, 134; — de Roseriis, 156; — de Solatges, 124; — episcopus Aniciensis, 175, 342; — filius Aelidis de la Mastra, 157; — filius Benaie, 219, 291; — filius Poncii de Rialeriis, 132; — filius Pontii Aimarici, 207; — filius Pontii, bajuli, 156; — filius Pontii Surelli, 156; — Gaudini, abbas Sancti Theofredi, 159; — Gaudini monachus, 243; — Giraldus, archipresbiter, 342; — Guasco, clericus Sancti Georgii, 342; — Hermio, 271; — Johannis, 74, 90; — Johannis, operarius, 80, 81, 162; — Jordana, 336; — Maders, 156; — nepos J. Olers, 156; — prior Camaleriarum, 96, 124, 163, 342; — servitor, 125; — Truch, 156; — Veiri, 133; — Vertaures, 334; — Viga, 156.

PEIRE Faiencs, 334; — Ros, 334.
PEITAVINUS, filius Ranulfi, militis de Bellomonte, 244.
PETRONILLA, mater Bertrandi de Artigiis, 221; — mater Pontii, villici de Roseriis, 178; — uxor Duranti, 112; — uxor Umberti Gladii, 108.
PETRUS, 8, 33, 111, 242, 248, 296, 309; — Ademarus miles, filius Marche, 148; — Airaldus, 241; — Amoros, 141; — Arimandi, clericus, 85; — Asterii, 164; — Austorgii, 114; — Beraldus de Ispalido, 14; — Beraldus, filius Austorgii, 23; — Beraldus, filius Aviti de Ispalido, 14; — Bellomontis, prior Camaleriarum, 68, 179; — cappellanus de Calancone, 78; — clericus, 43; — conjux Theotburgis, 275; — de Bellomonte, Belmont, Belmonte, prior Camaleriarum, 3, 4, 15, 72, 74, 77, 79, 80, 136, 159; — de Bruzac, 139; — decanus Camaleriarum, 57, 61, 64, 66, 104, 119, 208, 212, 233, 239, 261, 294, 297, 306, 307; — de Cervissas *vel* Cervissaz, prior Camaleriarum, 152, 153, 159; — de Glavenas, 134; — de Gorsia, miles, 344; — del Poi, 131; — dels Ais de Sancto Bonito, 134; — de Mercorio, sacerdos, 103; — de Murz, miles, 136; — de Podio, bajulus, 333; — de Rigmanda, 10; — de Serviçaz, abbas Sancti Theofredi, 270; — Desiderii, miles de Miseris, 71; — de Sollemniaco, episcopus Podiensis, 75, 77, 79, 80; — Disderii de Miseris, 45; — episcopus Podiensis, 71, 72, 74, 82, 87, 90, 121; — filius Aichardi, 8; — filius Airaldi, 191; — filius Arimandi Genzonis, 249; — filius Galberti, militis de Roseriis, 270; — filius Galne, 237; — filius Geraldi de Senuil, 47; — filius Geraldi Sancti Pauliani, 135; — filius Girberti, 181; — filius Rotbergie, 308; — filius Willelmi, 54, 274; — filius

Willelmi Achardi, 188; — frater Ademari Archatii, 216; — frater Austorgii de Domosola, 146; — Genesii, 32; — Gotiscalcus, 8; — grammaticus, 102; — Guigo, 9; — Joannis vel Johannis, 71, 74, 90; — Johannis, operarius, 79-81; — Johannis, sacrista, 96, 134; — Monzia, 137; — Mosnac, 121; — nepos Airaldi, 191; — Niger, 94; — Niger, miles, 101; — Paganus, 11, 31; — prior Camaleriarum, 27, 48, 49, 54, 63, 75, 82, 83, 87, 134, 160, 171, 180, 189, 219, 224, 274, 276, 278, 283, 284, 302; — prior de Cervissas, 131, 132, 135, 136, 152; — de Rialeriis, 76, 79, 84, 85, 87, 90, 92, 94, 131, 163, 178; — Roure, cliens de Vertamisa, 151; — sacerdos de Chalanco, 153; — Salmonis, patruus, 88; — Sancti Joanis, monacus, 72; — Saramandus, 196; — Ugoni, 291; — Umberti, filius Willelmi de Bedorzet, 84; — Urbanus, canonicus Podiensis, 22; — Vaiserie, presbiter, 72; — Veiriz, 137; — Willelmus, canonicus Podiensis, 22.

PHILIPUS, rex, 5, 26, 32, 44, 52, 102, 107, 159, 195, 197, 203, 210, 229, 260, 286, 301; — filius Gorde, 124.

PLACIBURGIS, domina, 255.

PLATEUS Vivaz, 166.

PONCIA de Retornaget, mater Delfinorum, 92.

PONCIUS Aimarici, prior claustralis Camaleriarum, 80, 81, 90; — Aimarici, 71; — Arnaldus, 131; — Austorgii, 291; — bajulus, 137; — bajulus de Ventresac, 149; — Barga, 7; — Barja, 31; — Blanchus, 6; — Calanconis, 84; — Calcatus, monachus, 6, 12-14, 31; — clericus, filius Marche, 148; — de Artigiis, miles, 137, 142; — de Artigiis, nepos, 138; — de Bellomonte vel Belmunt, 134, 136; — de Calancone, prior Camaleriarum, 91; — de Doia, 202; — de Feudo, filius, 230; — de Glavenas, 329; — del Verdier, 133; — de Munrevel, 134; — de Rialeriis, 76, 79, 80, 85, 87, 90, 92, 94, 132, 134, 135, 137; — de Rocabarone, 77; — Ermido Derrocha, 93; — filius Aumari de Artigiis, 79; — filius Bertrandi Giberti, 72; — filius Duranti de Artigiis, 79; — filius W. de Rochabarone, 38; — filius Willelme de Ventrasac, 141; — Lautardus, 153; — Monetarius, 31; — prior Camaleriarum, 92; — Willelmus, 225.

PONS de Fraice, 334.

PONS Reis, 337.

PONTIUS, 98, 99, 104, 110, 125, 189, 202, 208, 255, 261, 264, 292, 303; — Aguirelli, 162; — Aimaricus, 205, 207; — bajulus, 156; — Besso, 202; — Botlers, 204; — de Artigiis, 301; — de Artigiis, monachus, 113; — de Chalancone, prior Camaleriarum, 121, 162; — de Chaselas, monachus, 204; — de Rialeriis, 163, 178; — filius Aldeberti de Artigiis, 160; — filius Autlargis, 235; — filius Bertrandi, domini Chalanconis, 243; — filius Geraldi, 212; — filius Guigonis, 302; — filius Umberti, 235; — frater Bertrandi de Chalancone, 250; — frater Geraldi Bellomontis, 257; — Geraldus, 156; — Marchis, 221; — miles, 179; — Nauta, 113, 281, 303; — nepos Umberti, 205; — prior Sancti Mauricii, 230; — Surellus, 156; — villicus de Roseriis, 178.

R. Ademarus, 124, 175.

RADGUNDIS, uxor Odarici, 50.

RADULFUS, 235.

RADULPHUS, rex, 116.

RAIMBERTUS, 21, 171.

RAIMODIS, 224; — uxor Gauceranni, 65; — uxor Petri Pagani, 11.

RAIMONDUS de Mercorio, prior Camaleriarum, 155-159, 290, 333.

RAIMUNDA, 85.

RAIMUNDUS, 264, 305; — Alferanz, miles de Mercorio, 95; — de Insula, 31; — de Insula, miles, 9; — de Ventrazac, filius, 84; — filius Girini de Miseris, 32; — Radulfus, 96; — Raolz, 96.

RAINALDUS, 58, 118, 247.

RAINAUDUS, 168.

RAINERIUS, 24, 30, 169, 186, 220, 226, 227, 274, 289, 300; — conjux Emengardis, 227; — de Malis Evernatis, 12; — de Rocha vel Derroca, 35, 77; — dominus de Rocha, 94, 138; — filius Jarentonis de Malz Ivernas, 90; — filius W. Arimanni de Artigigiis, 69, 70; — monachus, 6, 9, 31; — Saramandus, 196.

RAINOARDUS, 30, 185; — conjux Archinnedis, 300.

RAMALDUS, 247,

RANULFUS *vel* RANULPHUS, 118, 171, 228, 274, 280; — Bellomontis, miles, 209; — filius Ranulfi, militis de Bellomonte, 244; — frater Geraldi Bellomontis, 257; — miles de Bellomonte, 244; — scriba, 186.

RATBERTUS, 127.

RAYMUNDA Hugoneta, 343.

RAYMUNDUS Adhemarii, miles, 343; — de Mercorio, 159.

REDENTUS, 28.

REIDONUS, 224.

RENCO, 128; — forisdecanus, 102.

RICARDA, uxor Eraclii *vel* Heraclii, vicecomitis, 31.

RICARDUS, 115.

RICHARDUS, 262.

RICO, 112, 120; — filius Achardi, 109.

RIGALDUS, 213, 224.

RIGAUDUS, 175.

RODAVUS, 104, 109, 110, 119, 167, 168, 226, 240, 261, 289, 292, 298; — Bellomontis, 218, 220, 254, 256; — filius Abbonis Bellomontis, 310; — filius Gauzne Bellomontis, 109; — filius Geraldi, 212; — filius Girberti, 181.

ROIRAVUS, canonicus ecclesie Anicii, 236; — de Bellomonte, 2; — filius Girberti, 301.

ROMANUS, bajulus, 133.

RORGUES de Polemniaco, 96.

ROSTAGNUS, 218, 224, 256; — canonicus, 198, 257.

ROSTANGNUS, 128, 259; — filius, 128.

ROTBERGIA, 308.

ROTBERTUS *vel* ROTHBERTUS, 33, 60, 63, 129, 174, 300; — rex, 24, 27, 29, 42, 48, 49, 51, 54, 56, 59, 61, 66, 97, 101, 104, 120, 171, 174, 189, 192, 194, 198, 217, 239, 247, 251, 252, 257, 274, 284, 293; — sacerdos, 112, 119.

ROTGERIUS *vel* ROTHGERIUS, 126, 184.

ROTLANDUS, filius Rostagni, 128.

ROYRAUDUS, 301.

S., filius Aumari de Artigiis, clerici, 139; — filius P. de Rialeriis, 175; — frater Aumari de Artigiis, clerici, 140; — frater Rigaudi, 175; — Nicola, 334; — Platelli, 52; — Regis, 199; — Salvain, 133.

SILVIO, 65, 189, 254.

SILVIUS *vel* SYLVIUS, 134, 274; — de Rialeriis, 131, 134, 135, 137; — de Fai, prior Camaleriarum, 88, 94, 131, 177, 234; — filius Girini de Miseris, 32; — filius Godolene, 62; — filius Poncii de Rialeriis, 132, 164, 175; — Malet, 102.

SIMEON, 96.

SIMONS, 334.

SMIDO, 34.

STEPHANA, uxor Ugonis Guillelmi, 6.

STEPHANUS, 25, 99, 261, 295, 298, 304, 305, 307, 308, 317; — Arzilac, 219; — bajulus, 131, 132; — Bellomontis, 202; — Bellomontis, filius Abonis, 260; — Bellomontis, frater Arberti, abbatis Sancti Petri de Turre, 245, 246; — Cussacz, 137; — de Artigiis, miles, 138; — de Chalanco, 152; — de Lerm, filius Girini de Lerm, 290; — de Liurio, 103; — filius Abbonis Bellomontis, 310; — filius Girberti, 181, 301; — filius Leotardii 64; — frater Geraldi, 212, — frater Pontii, villici de Roseriis, 178; — Girini, 166; — Guido, 37; — Hugoneti, prior Camaleriarum, 343; — miles, 138; — Oliverii, 291; — Platellus, 26; — Rigaldus, 131, 134; — Umbertus, 131; — vicarius, 168; — vicecomes, 269.

SULFICIA de Beljoc, domina, 49.

SULPICIUS, frater Rodavi, 119.

SUTBERTUS, 128.

SYMEON, 135; — cellararius, 134.

TEOHTBERTUS, 21, 24, 25.

TEOTARDUS *vel* THEOTARDUS, 183, 300.

THEOTBURGIS, uxor Petri, 275.

THEUTIO, 169.

THEUTO, 193, 220.

TOTHTARDUS, 24.

TRALGARIUS, 214.

TRUANDUS, presbiter ecclesie Sancti Martini de Roseriis, 183.

INDEX ALPHABETICUS PERSONARUM

TRUANNUS, 61.

U. Tronchet, conjux Gorde, 124.
Uco, 29, 107, 195, 218, 294, 303, 311; — rex, 20, 41, 50, 105, 169, 186, 190, 228, 280, 288, 341; — Austorgii, 216; — conjux Autlargis, 235; — de Cerveira, 80; — de Lerm, filius Girini de Lerm, 210; — de Lode, 96; — Dentem, 6; — de Ripis, 175; — de Sancto Pauliano, 197; — filius Autlargis, 235; — filius Benaie, 291; — filius Guigonis, 302; — filius Umberti Crispi, 26; — filius W. Arberti, militis Calanconis, 78; — filius W. et Cautburgie, 28; — filius Willelmi Achardi, 188; — Longus, 202; — senior de Miseris, 174; — Troncheti, 88; — Vivacius, miles, 154; — Vivaz de Meseris, 175; — W., 31.

UGOLENUS de Ispalido, 23; — filius Adraldi de Ispalido, 12.

UGUO Artaldus, 134; — filius Willelme de Ventrasac, 141; — frater Poncii, bajuli de Ventresac, 149; — Vivatz, 131, 132.

UMBERTUS, 41, 53, 55, 58, 66, 72, 84, 99-102, 114, 125, 183, 184, 306; — Armandi, patruus Rainerii, 70; — Crispus, 25, 33; — d'Aurso, 135; — de Chasluco, 73; — de Chaslus, filius Bernarde de Rocha, 75; — de Platia, 87; — filius W., 84; — frater Giraldi, 61; — frater Pontii Botlers, 204; — Gladii, 108; — Herilex, 122; — Langerius, 123; — Maleti, 77; — miles, 179; — miles de Cenoil, 147; — nepos Geraldi vel Giraldi, 61, 66; — nepos Ugonis, 235; — pater Arberti, 205; — Peitavini, miles, 231; — Ranulphi, 107; — sacerdos, 114.

UMBERTZ Airaudz, 331.

UNELDIS, uxor Guigonis Bruni, 234.
UNIA, 242.
UNIGENIUS, 117.
URBANUS, papa, 5.

V. de Bellomonte, monachus, 157, 158.
VITALIS, 308.
VIVATZ de Miseris, 131, 132.
VUIGO, 221; — filius Guigonis, 302.

W. Agulos, 336; — Arberti, miles Calanconis, 78; — Balbs, 336; — Bernardi, clericus Sancti Georgii Anicii, 342; — Blancus, 26; — d'Altois, 335; — de Alamanciis, frater Bertrandi, 72; — de Altaripa, prior Podii, 72; — de Andable miles de Chalanconio, 155; — de Mercorio, 77; — de Miseris, 71, 90; — de Miseris, sacrista, 79-81; — de Montibus, 76; — de Retroroca, 78; — de Rochabarone, 38; — de Salsac, 48; — de Ventrazac, 84; — Ebraldus, miles, 150; — filius Umberti Crispi, 26; — frater Austorgii de Domosola, 146; — frater Florencie, 71; — Galdinus, 22; — Joannis, presbiter, 72; — Jordas, 334; — Martini, 75; — nepos W., sacerdotis Sancti Johannis, 136; — Nicola, 334; — Niger, 94; — Pimenta, 152; — prior Sancti Petri de Podio, 342; — Purenta, pistor, 152; — Roiravus, 32; — sacerdos Sancti Johannis, 136.

WIDO, episcopus, 338.
WIGO, abbas Sancti Theofredi, 165; — Botlerius, 205.

WILLELMA, domina de Ventrasac, 141; — uxor Guigonis de Chareias, 175.

WILLELMUS, 28, 54, 66, 99, 104, 113, 165, 191, 195, 203, 208, 215, 233, 242, 266, 274, 276, 277, 279, 280, 296, 299, 304, 305; — abbas Sancti Theofredi, 5, 21, 22, 27, 32, 42, 49, 51, 52, 54, 57, 61, 66, 96, 99, 101, 104, 171, 189, 192, 194, 195, 197, 198, 202, 203, 208, 210, 212, 217, 221, 223, 224, 239, 247, 259, 261, 274, 278, 282, 284, 292, 293, 296, 299, 301, 306, 307, 310; — Achardi, 188; — Agno de Linone, 73, 74; — Asterii, 164; — Beraudi del Monester, 164; — Berengarius, 199; — Besso, 210, 229; — Brunencus, 213; — Caballarii, 199; — canonicus, 245, 257; — Chavarius, 156; — Clancers, 219; — conjux Adalgardis, 59; — Coiros, 156, 157; — de Aruso vel Aurso, 210, 229; — de Bedorzet 84; — de Bruzac, 139; — de Chareias, filius, 175; — de Monte Pessulano, 124; — de Rocha, 173; — de Varcia, abbas Sancti Theoffredi, 96; — Disderii, 43; — episcopus Claromontensis, 102; — filius Aldeberti de Artigiis, 160; — filius Dalmacii, 208; — filius Galberti, militis de Roseriis, 270; — filius Geraldi Sancti Pauliani, 135; — filius Giraldi Bellomontis, 224; — filius Guigonis, 302; — filius Suficie de Beljoc, 49; — filius Umberti Gladii, 108; — filius Willelmi, 54; — frater Achardi, 105; — Meschis, 49; — miles, 101; — Moretus, 222; — Peitavinus, 107; — Petri, conjux Galiane, 163; — prepositus, 102; — Rochabaronis, 243, 252; — sacrista, 173; — Salmonius, 205; — Saleira, 264; — Sochus, 132.

Wuillelmus de Baffia, 134.

Ysnardus, 129.

Zacarias, miles, 94.

www.ingramcontent.com/pod-product-compliance
Lightning Source LLC
Chambersburg PA
CBHW051917160426
43198CB00012B/1923